中国分析哲学 2010

北京启真馆

■ 中国现代外国哲学学会分析哲学专业委员会 编

中国分析哲学

ANALYTIC PHILOSOPHY IN CHINA 2010

2010

ZHEJIANG UNIVERSITY PRESS
浙江大学出版社

图书在版编目（CIP）数据

中国分析哲学：2010／中国现代外国哲学学会分析哲学专业委员会编. —杭州：浙江大学出版社，2011.9
ISBN 978－7－308－09077－3

Ⅰ.①中… Ⅱ.①中… Ⅲ.①分析哲学－文集
Ⅳ.①B089－53

中国版本图书馆 CIP 数据核字（2011）第 184661 号

中国分析哲学：2010
中国现代外国哲学学会分析哲学专业委员会　编

策　　划　朱　岳
责任编辑　王志毅
装帧设计　王小阳
出版发行　浙江大学出版社
（杭州天目山路 148 号　邮政编码 310007）
（网址：http：//www.zjupress.com）
排　　版　北京京鲁创业科贸有限公司
印　　刷　杭州杭新印务有限公司
开　　本　787mm×1092mm　1/16
印　　张　17.75
字　　数　240 千
版 印 次　2011 年 10 月第 1 版　2011 年 10 月第 1 次印刷
书　　号　ISBN 978－7－308－09077－3
定　　价　50.00 元

浙江大学出版社发行部邮购电话（0571）88925591

中国分析哲学·2010

Analytic Philosophy in China, 2010

卷首语

江　怡

一个非常偶然的机会，我在网络上看到一篇评论当代中国分析哲学现状的小文。虽然文中充满了对中国分析哲学研究现状的不满，但却引起了我的这样一些思考：如果说分析哲学传入中国已经有百年历史，哲学分析的方法也被运用于不同的研究领域和问题，为什么人们对分析哲学及其方法依然怀有一种漠视的态度：或者是认为分析哲学并非真正在中国落地安家，或者是认为我们根本无法真正了解分析哲学？为什么分析哲学始终被理解为一种技术性很强的哲学，虽然分析的方法一直被用于不同的学科领域？为什么哲学与分析的结合在中国当代文化的背景中会带来如此大的反差，以至于从事分析哲学的研究者往往被看作哲学研究领域里的“另类”而受到特别的冷遇？仔细考虑一下这些问题，我得到的总的想法就是，与西方哲学家相比，我们对“分析哲学”的理解的确还存在很大的差距，或者说，在很大程度上，我们对分析哲学依然“食洋不化”，还没有用人们所能理解的语言阐述这种哲学的精神实质。

虽然我们对分析哲学的发生发展历史以及分析哲学家们的思想都给出了清楚的描述，但我们似乎恰好忘记了一点，分析哲学本身作为西方当代哲学的重要组成部分，它代表和传承着西方哲学的基本思维方式，这就是求物以致知，问学以获理。无论西方哲学在现代发生了多么大的变化，无论分析哲学家们如何声称自己与传统哲学彻底决裂，西方哲学的这种追问真理和知识的根本精神却从来没有被放弃过。而且，从分析哲学家们早期提出的哲学理想中可以更清楚地看到，这些哲学家之所以举起反对黑格尔哲学的大旗，一个重要原因就是他们认为，以黑格尔哲学为代表的思辨哲学正是背离了从事物本身追问真理的方向，在他们看来，唯有以自然科学研究的方式从事哲学研究，才能使哲学回到自己的康庄大道。其实，在欧洲大陆，回归真正传统思维方式的哲学倾向也出现在被看作当代哲学弄潮儿的那些哲学家的思想中。或者说，正是对近代以来的西方哲学完全背离了科学研究之路的不满，分析哲学家们才提出以具体问题的研究方式反对理性构建的宏大叙事方法，用更为客观的形式分析代替揭示思想的内容阐述。可见，这种研究方式所改变的并非西方哲学的传统，而仅仅是改变了近代西方的一种特有的思辨的思维方式。理解了这一点，我们才能知道，为什么分析哲学家们会在一些看似属于哲学的细枝末节的问题上煞费苦心，为什么我们对分析哲学的理解总是感觉膈膜而无法真正进入。

我曾在不同的地方说过，分析哲学在中国被理解为一种技术性很强的哲学，以至于被看作是属于纯粹逻辑学研究或语言学研究，这完全是由于对分析哲学本身缺乏了解。虽然早期分析哲学家们的确运用了现代逻辑手段处理哲学问题，并由此提出了各种哲学理论观点，但这并不意味着只有使用了逻辑手段我们才能研究分析哲学。事实上，在20世纪的分析哲学发展中，不同的哲学家们在运用不同的分析方法处理哲学问题，提出了不同的哲学理论。我们理解分析哲学的目的，显然也不是仅仅出于历史方面的兴趣，而是要了解这种哲学方法对我们的哲学研究究竟能够带来哪些有价值的东西。如果是出于这样的目的，我们就不会一味地去责备分析哲学的技术性，而是更为客观地对待分析哲学家们提供的各种分析方法，并通过对这些方法的了解而学习对我们有价值的思想观念，例如，对哲学的科学态度，强调用论证的方式处理各种哲学争端；以思想表达的清晰性作为理解哲学的重要标准，因为晦涩的表达只能给人带来理解上的歧义或混乱，只有清晰的表达才能带来可以理解的思想；提倡思想的对话与交锋，强调思想只有在对话中才能更好的表达和理解。显然，这样一些观念并不是必然地以逻辑分析的技术为前提条件的。令人遗憾的是，我们目前的哲学研究还大量地充斥着意义不清的概念和逻辑混乱的断定式的说法，我们的研究者还满足于对自己观念的“自说自话”，不愿意与他者进行思想的交流，特别是，一旦有研究者对自己的观点提出不同意见，就会被认为这种批评是对自己学术研究能力甚至人格的质疑，因此，被批评者的首先反应不是从学术思想上进行有建设性的讨论，而是为自己作出学术人格上的辩护。正是为了改变国内哲学界在学术批评上的这种现状，近年来我就选择性地对一些在国内有影响力的学者的新著展开学术上的讨论，并在这些学者那里得到了非常积极的有建设性的回应，包括在本文集中我对陈晓平教授著作的讨论和他的有价值的回应。

至于分析哲学为什么在中国哲学界始终被视为“另类”而不被更多的哲学家所接受和理解，这里当然有非常复杂的原因，其中包括中国传统文化的历史背景，也包括了我们对分析哲学的“食洋不化”。以追求“性”、“情”、“体认”为特征的中国传统文化和旨在“致知”“获理”的西方哲学传统之间的思想差异，早已为许多学者所认同，但这样的认同是以承认差异优先为前提的，试图由此表明中国传统文化的特殊性。然而，在当今世界文化的多元格局中，文化之间的交流和对话并非以承认差异为前提的，而是求同存异，是为了追求在差异中获得相互理解的共同前提，因为只有在各种不同文化之间获得可以得到相互理解的共同点，这些文化之间才可能达成交流的目的，也才具备交流的可能性。基于这样一种出发点，我们了解分析哲学的目的就不应当是强调它与中国哲学思维方式的差异，而应当是寻找分析哲学与中国哲学相互对话的共同点或交叉点。事实上，只有通过研究分析哲学的发展历史以及使用哲学分析的具体方法，我们才能从中发现哲学研究的某些共同范式，才不会把分析哲学当作不同于我们哲学的“另类”。

当然，要真正做到使分析哲学进入当代中国哲学的话语体系，使分析的方法真正成为哲学研究者们共同使用的哲学研究方法，我们还有许多工作要做。首先，我们需要用我们自己的语言清楚地表达分析哲学家们的思想观念，还要能够运用分析的方法处理中国传统哲学以及当代哲学的问题，以合乎论证的方式，也就是要以说理的方式，展现哲学观念的思想魅力。无论是在哲学的任何领域中提出的问题，都可以使用分析的方法加以很好地处理。从积极的意义上说，只有建立在理性的逻辑的论证基础之上的问题分析，才能显现分析哲学的独特魅力；从消极的意义上说，凡是无法得到清晰概念的阐明和恰当逻辑论证的思想观念，都无法被接受为真正深刻的思想。这里一定要修订我们通常的一个错误观念，即认为清晰的一定是肤浅的，只有晦涩的才是深刻的。从哲学发展的历史上看，凡是真正被看作属于深刻的思想，其表达方式恰恰是非常清晰的，逻辑论证恰恰是非常严密的；相反，那些表达晦涩而貌似深刻的思想，正是逻辑混乱的结果。应当说，思想的深刻性是建立在合乎理性论证的基础之上的，也就是建立在人类普遍的理性能力的基础之上的。只要是可以为人类理性所掌握的思想表达，就一定是清晰的、严密的。正是由此，对分析哲学的研究在中国当代哲学中就尤其显得必要了。

目　录

逻辑哲学

真理论悖论的弗完全解悖方案　◆ 李慧华　王文方　· 1

论摹状词的三种功能：归属、指谓和指示

——罗素、斯特劳森和唐奈兰的摹状词理论之比较　◆ 陈晓平　· 13

福布斯的反模态实在论　◆ 朱建平　· 47

基于对角线引理和维特根斯坦思想对于悖论的分析　◆ 庄朝辉　· 67

心灵哲学

The Problem of Other Minds Riddled by Zhuangzi's Refutation, Russell's Postulation and Wittgenstein's Dissolution　◆ Quanhua Liu　· 78

无头女人幻觉：现象和论证　◆ 周文华　· 99

论后期维特根斯坦对弗洛伊德的评判　◆ 王海东　· 113

语言哲学

Vagueness in the Epistemic View　◆ Chingming Lin　· 132

一致、真与解释

——戴维森的全知解释者论证　◆ 方红庆　· 138

Understanding the First Person　◆ Yuncheng Zhou　· 151

道德哲学

Contractualism, Consequentialism and the Demands of Morality　◆ Xiangdong Xu　· 171

后果主义、全球贫困与真实世界的道德理想 ◆ 张 曦 · 212
自我欺骗与实践理性
——戴维森论合理性内部烦乱及其解决 ◆ 陈常燊 · 230

学术争鸣

当休谟遇到了康德
——评陈晓平的新著《贝叶斯方法与科学合理性
——对休谟问题的思考》 ◆ 江 怡 · 246
也谈“当休谟遇到了康德”
——答江怡教授 ◆ 陈晓平 · 265

编后记 · 273

Contents

The Philosophy of Logic

The Paracomplete Approach to the Truth -theoretical Paradox ◆ *Huihua Li*, *Wenfang Wang* · 1

On the Three Functions of Descriptions: Attribution, Denotation and Designation ——A Comparison between Russell's, Strawson's and Donnellan's Theories of Description ◆ *Xiaoping Chen* · 13

Forbes's Anti -Modal Realism ◆ *Jianping Zhu* · 47

Analysis on Paradoxes Based on Diagonal Lemma and Wittgenstein ◆ *Chaohui Zhuang* · 67

The Philosophy of Mind

The Problem of Other Minds Riddled by Zhuangzi's Refutation, Russell's Postulation and Wittgenstein's Dissolution ◆ *Quanhua Liu* · 78

The Headless Woman Illusion: Phenomenon and Argument ◆ *Wenhua Zhou* · 99

On Later Wittgenstein's Criticism to Freud ◆ *Haidong Wang* · 113

The Philosophy of Language

Vagueness in the Epistemic View ◆ *Chingming Lin* · 132

Coherence, Truth and Interpretation——Davidson's Omniscient Interpreter Argument ◆ *Hong-qing Fang* · 138

Understanding the First Person ◆ *Yuncheng Zhou* · 151

The Moral Philosophy

Contractualism, Consequentialism and the Demands of Morality ◆ *Xiangdong Xu* · 171

Consequentialism, Global Poverty and Moral Requirements and the Real World ◆ *Xi Zhang* · 212

Self -deception and Practical Reason ◆ *Changshen Chen* · 230

Discussions

When Hume met Kant: A Critical Review of Professor Xiaoping Chen's Recent Book, *Bayes' Approach and the Scientific Rationality* ◆ *Yi Jiang* · 246

A Dicussion about When Hume Met Kant
——A Reply to Professor Yi Jiang ◆ *Xiaoping Chen* · 265

Postscript · 273

逻辑哲学

真理论悖论的弗完全解悖方案

◎李慧华　中国人民大学

王文方　台湾阳明大学

摘　要：弗完全理论通过限制排中律的使用，弱化经典逻辑，采用非经典的三值语言来处理真理论悖论，最终使得形式语言能够一致地包含自身的真谓词。文中我们讨论了弗完全理论的两种形式——基础的弗完全理论和高级的弗完全理论。基础的弗完全理论引入了“真值空缺”的思想，认为句子除了真假之外还有“既不真也不假”的第三值，像说谎者这样的真理论悖论语句就落在真假之空缺中，该理论借助于对不动点定理的归纳构造过程证明了形式语言中真谓词的存在性。高级的弗完全理论在前者的基础上引入一个适当的条件句，定义了一个“更强的真”，发展出了既满足真的素朴模式又具有不动点解释的、一致的高级弗完全理论。

关键词：真理论悖论；弗完全；不动点；条件句；Tarski-等值式

一、引　　言

真理论悖论（truth-theoretical paradox）是指与语句真、假直接相关的悖论，真、假是语义概念，显然，真理论悖论属于语义悖论的范畴。这一术语是由 Beall 在《真和悖论：从哲学角度看》[Bea06] 一文中首次提出来的。最典型、最古老的真理论悖论是说谎者语句，经典的说谎者语句是如下的自指句子：

(λ)：(λ) 是假的。

当考虑语句（λ）真假时，会陷入两难之境。如果（λ）是真的，那么句子“（λ）是假的”就是真的，因此，（λ）是假的；另一方面，如果（λ）是假的，那么这句话“（λ）是假的”又必须被断定为是假的，因为（λ）就是句子“（λ）是假的”，因此，（λ）是真的。这说明（λ）真蕴含着（λ）假，（λ）假又蕴含着（λ）真。在经典逻辑中，每个句子或者是真的或者是假的，因此，据经典逻辑，必定得出（λ）或者是真的或者假的。无论（λ）的取值是真还是假，通过上述推理，都可得出它既是真的又是假的。显然矛盾！矛盾蕴涵着荒谬，蕴含着“每个句子都真”这一平庸的结论。

事实上，“说谎者悖论”这一名称不仅仅是命名如上说谎者语句的，而是命名与这一语句类型相关的悖论家族的。这个悖论家族之所以以其中的一个悖论命名，是因为它们都类似于说谎者语句并同样导致了不一致的结论。在哲学逻辑领域，像上述这样看似简单，但又有很强诱惑性的句子经常被谈到。在公元前4世纪的古希腊时期已经被麦加拉学派逻辑学家欧布里德斯发现了，亚里士多德和西塞罗在其著作中亦提到过，它也是中世纪逻辑学家比如布里丹等广泛讨论的主题。在近代，对这一问题的研究已经成了现代数理逻辑发展不可分割的一部分，也是目前国际学术研究的热点问题。

“说谎者”是一个复杂问题，形式异常简单，但起因又令人无比困惑。它令人困惑之处的实质不是与主观意向、社会规范之类的事情相关，而是与真相关，或者至少，其语义概念与真相关。的确，说谎者语句与关于真的原则一起，通过合乎逻辑的推理推出了矛盾。因此，为了解决这个问题，一个显然的做法是质疑导致说谎者语句产生的句法假设。在经典逻辑框架内，Tarski 用“不可定义性定理”（又称 Tarski 定理）证明了足够丰富的二值语言不能一致地包含自身的真谓词，由此提出了著名的层级理论［Tar36］。由于对真谓词分层的观点不自然、不合乎我们的直觉，随后，修正 Tarski 经典真理论的探讨广为流行，如［Fri, She87］等。但是这种需要弱化经典真理论的方法看起来并不具有吸引力：它们不仅没有把握一般的真概念，同时也没有提供一个令人满意的替代性概念。

这意味着最好的做法是保持经典真理论，弱化经典逻辑。而这正是目前国际学术界关于这一问题研究的主流方案的出发点。以此为出发点来解决悖论的方法又被分为两大流派：一派是以 Kripke［Kri75］）和 Field［Fie02，03c，08］为代表的弗完全方法（paracomplete approach）；一派是以 Priest［Pri97，06］和 Beall［Bea09］为代表的弗一致方法（paraconsistent approach）（一般文献中又译为弗协调方法）。弗完全方法为避免悖论的产生，主张限制经典逻辑中的排中律，采用非经典的三值语言来处理真理论悖论，最终使得形式语言能够一致的包含自身的真谓词。Kripke 给出了基础的弗完全方案，把悖论性语句看成是缺乏真假可言的语句，并因而提出真值空缺的观点，认为句子除了真假之外还有“既不真也不假”的第三值，像说谎者这样的真理论悖论语句就落在真假之空缺中，他借助于对不动点的归纳构造证明了形式语言自身真谓词的存在性。Field 在 Kripke 理论的基础上引入一个适当的条件句，定义了一个“更强的真”，发展出了既满足真的素朴模式又同时具有不动点解释的、一致性的高级弗完全理论。而弗一致方法将悖论性语句归为既真又假的语句，主张有些矛盾为真，并因而提出弗一致逻辑的双面真理论：虽然真理论悖论语句的存在会导致某些矛盾的语句为真（这在双面真理论者看来是合理的），但这不会进一步蕴涵“每一个语句都为真”这一平庸的结论。本文我们主要论述的是以 Kripke 和 Field 为代表的弗完全理论（paracomplete theory）。

“弗完全”一词是从英文“paracomplete”翻译而来，意思是超越完全的（beyond completeness），其中，“paracomplete”中的“Para”来自希腊语 beyond——因语词中涉及相关的术语“complete”（完全的）而被称为弗完全的。最先使用该术语的是［Var99］，也被［Hyd97］使用过，但我们是在更宽松的意义上使用的。Field 称自己的理论之所以称为弗完全的要归功于 Beall［Fie06］。（我们使用的与“弗完全”相关的术语“空缺”一词（“gaps”）是［Fin75］引进的。）据［McG91］和［Soa99］，弗完全理论常常被称为“偏序理论”。

最早使用这一非经典的研究方法来解决说谎者悖论的是 van Fraassen［vF68，vF70］；而 Kripke 在《真理论纲要》［Kri75］一文中所提出的强克林不动点理论是影响最大、最具代表性的基础弗完全方案，这篇文章不仅基于非经典逻辑处理“说谎者”，而且也涵盖多种处理方式。2008 年，Field 在《从悖论中拯救真理》这一著作中则提出了更高级的弗完全处理方法。接下来我们对这两种方案分别做一探讨。

二、以 Kripke 的强克林（Strong Kleene）不动点理论为代表的基础弗完全解悖方案

1975 年，Kripke 发表了《真理论纲要》一文，他希望建立一种新理论，不但能够把握关于真概念的一些重要直觉，而且还要进入到“一个形式结构和数学性质上都足够丰富的领域”，“至少丰富到既足以表达（直接或经由算术化）其自身基本句法，又包含它自身真谓词的语言，并能给予该语言严格的语义公式化”［Kri75］。在这篇重要文献中，Kripke 表明了要能够一致性地谈论某个语言中的语句是否为真，我们并非总是需要使用一个较为丰富的、或较高阶层的元语言不可；有许多三值或多值的语言本身便可以包含自己的真谓词，给这样一个多值的丰富语言提供一个一致性的真定义仍然是可能的，语义悖论因此得以避免。因其限制排中律，故称之为弗完全的。

在对真概念进行定义这一问题上，Kripke 实际主张保留 Tarski 所说的“语义封闭性”，根据 Tarski 定理，这必须以放弃语义经典性为代价。正是在这里，Kripke 使用了“允许真值空缺”出现的非经典真值模式。这样的模式中的语句可以是真的、假的、也可以是既不真也不假的。

Kripke 的强克林模型可以说是弗完全理论的一个缩微模型。它始于一个不包含真谓词的完全经典的语言$\mathcal{L}$，然后把经典语言$\mathcal{L}$作为底语言，增加一个一元谓词符 T，把它扩充为包含真谓词的强克林语言$\mathcal{L}_\kappa$。$\mathcal{L}_\kappa$和$\mathcal{L}$在所有语形方面的规定都相同；在语义方面，扩充经典的“语义赋值”到 $\mathcal{V}=\{1, \frac{1}{2}, 0\}$，就得到了三值的强克林语言$\mathcal{L}_\kappa=\langle \mathcal{L}_\kappa, \mathcal{M}_\kappa, \kappa\rangle$，其特指值像经典逻辑一样，是唯一的元素 1。我们的目标是将“T”解释成“在$\mathcal{L}_\kappa$中为真”这个谓词，并因而让$\mathcal{L}_\kappa$成为一个足够丰富的语言。

强克林模型 $\mathcal{M}_\kappa=\langle \mathcal{D}, \mathcal{I}\rangle$ 和模型 $\mathcal{M}$ 是相同的，除了它指派一个 n-元谓词到 $\mathcal{D}^n \to \{1, \frac{1}{2}, 0\}$ 的元素不同之外。对于一个n-元谓词φ作出一个特定的解释也就是对之指定 D 中一对没有交集的两个集合的序对 $\langle \varphi^+, \varphi^-\rangle$ 前者被称为是谓词φ的外延（extension），也就是相对于谓词φ真的元素所形成的集合，后者则被称为是谓词φ的反外延（anti-extension），也就是相对于谓词φ为假的元素所形成的集合。正如我们所希望的那样，一个解释 $\mathcal{I}$ 可能使得论域中的元素 a 既不在φ的外延中，也不在φ的反外延中。在这种情况下，我们说，相对于该模型，φ对于 a 既不真也不假，恰好落在真假之空缺中。

很容易看出，经典语言是强克林语言的特殊情况，经典逻辑是强克林逻辑的真扩充：$\mathcal{L}_\kappa$有效的都是经典有效的，但经典有效的不一定是$\mathcal{L}_\kappa$有效的。

在强克林赋值模式 $\mathcal{K}$ 中，各种语句的赋值情况如下：

否定：

$\neg$	
1	0
$\frac{1}{2}$	$\frac{1}{2}$
0	1

合取：

$\wedge$	1	$\frac{1}{2}$	0
1	1	$\frac{1}{2}$	0
$\frac{1}{2}$	$\frac{1}{2}$	$\frac{1}{2}$	0
0	0	0	0

蕴涵：

$\rightarrow$	1	$\frac{1}{2}$	0
1	1	$\frac{1}{2}$	0
$\frac{1}{2}$	1	$\frac{1}{2}$	$\frac{1}{2}$
0	1	$\frac{1}{2}$	1

含全称量词的语句的赋值是这么决定的：例如，$\forall(x)\varphi(x)$ 是真的，当且仅当“$\varphi(x)$”对于论域 $\mathcal{D}$ 中所有的元素都是真的；$\forall(x)\varphi(x)$ 是假的，当且仅当“$\varphi(x)$”对于论域 $\mathcal{D}$ 中存在至少一个元素是假的，否则，它既不真也不假。而其他的逻辑联结

词$\vee$、$\leftrightarrow$及特称量词定义如常。

给定的形式语言$\mathcal{L}_\kappa$能包含自身真谓词是由不动点的存在性得以保证的，而不动点的存在性是通过超穷递归的归纳构造过程实现的。从直观上说，我们的目的是通过越来越丰富的语言的跳跃，使得每一个“新”语言都扩充了先前语言中什么是真的陈述。从外延和反外延的角度看，后继的语言扩充了谓词“T”的外延和反外延。当然，我们最终想做到的是找到一个有“不动点”解释的语言，一旦找到了这样的语言，我们就不需要再扩充下去了。

问题的关键在于我们怎样扩充到对真谓词符的解释？这里发挥重要作用的是“跳跃算子（jump operator）J”。其基本思想是，从对真谓词符T的某一次解释出发，利用所谓的“跳跃算子”运算的反复迭代（通常需要迭代超穷多次），这样就有了对T越来越多的解释$\langle \mathcal{T}_i^+, \mathcal{T}_i^- \rangle = \mathcal{T}_i$，它们不仅“扩充”了前面的解释，而且保留了已有的解释。如果一个语句在层级i上是真的，那么我们希望它在下一层级$i+1$上仍然是真的，并且一直保持下去，最终达到“逼近”真谓词的目的。换句话说，跳跃算子的作用是跳过层层语言最终到达一个拥有真谓词的语言中。再由强克林赋值模式κ的单调性，我们就可以实现它的作用。令$\langle \mathcal{T}_i^+, \mathcal{T}_i^- \rangle = \mathcal{T}_i$为谓词$T$在层级i时的赋值，$J(\mathcal{T}_i)$为跳跃算子$J$对$\langle \mathcal{T}_i^+, \mathcal{T}_i^- \rangle$所给出的值。我们希望最终能跳到一个解释$\langle \mathcal{T}_i^+, \mathcal{T}_i^- \rangle$上，使得$\langle \mathcal{T}_i^+, \mathcal{T}_i^- \rangle = J\langle \mathcal{T}_i^+, \mathcal{T}_i^- \rangle$（$= \langle \mathcal{T}_{i+1}^+, \mathcal{T}_{i+1}^- \rangle$）。

依照上述基本思想建立的关于真谓词符T的解释如下：在开始阶段，即0阶段，T的解释是$\langle \emptyset, \emptyset \rangle$，函数$\langle \emptyset, \emptyset \rangle$对该论域中的每一个元素都指派值$\frac{1}{2}$，这形象的表示了我们在最初阶段对直谓的$T$的外延和反外延的忽视。尽管存在这个忽视，也能够判定在该解释下哪些命题为真，哪些命题为假。接下来我们定义一个“跳跃算子”：如果T在阶段i被解释为$\langle \mathcal{T}_i^+, \mathcal{T}_i^- \rangle$，那么在下一阶段$i+1$中，就被解释为$\langle \mathcal{T}_{i+1}^+, \mathcal{T}_{i+1}^- \rangle$，注意，$\mathcal{T}_{i+1}^+$包含所有在前一阶段$i$中为真的句子，$\mathcal{T}_{i+1}^-$包含在前一阶段$i$中为假的所有语句。相应的，对于跳跃算子$J$：

$$J\langle \mathcal{T}_i^+, \mathcal{T}_i^- \rangle = \langle \mathcal{T}_{i+1}^+, \mathcal{T}_{i+1}^- \rangle$$

跳跃算子产生了一系列保留了先前信息的（因单调性）越来越丰富的解释，可以延伸到超限的一个序列过程：

$$\langle \mathcal{T}_0^+, \mathcal{T}_0^- \rangle, \langle \mathcal{T}_1^+, \mathcal{T}_i^- \rangle, \cdots, \langle \mathcal{T}_i^+, \mathcal{T}_i^- \rangle, \cdots$$

通过超限递归，定义 $\langle \mathcal{T}_j^+, \mathcal{T}_j^- \rangle$ 如下：

基础阶段：当$\kappa=0$ 时，$\langle \mathcal{T}_j^+, \mathcal{T}_j^- \rangle = \langle \emptyset, \emptyset \rangle$

后续点（successor）阶段：当$j=i+1$ 时，$\langle \mathcal{T}_j^+, \mathcal{T}_j^- \rangle = J \langle \mathcal{T}_i^+, \mathcal{T}_i^- \rangle$

极限阶段：当j为极限阶段时，$\langle \mathcal{T}_j^+, \mathcal{T}_j^- \rangle = \langle U_{i<j}\mathcal{T}_i^+, U_{i<j}\mathcal{T}_i^- \rangle$

如果到了 $\langle \mathcal{T}_\kappa^+, \mathcal{T}_\kappa^- \rangle$ 之后，跳跃算子J对它的任意迭代都将保持不动，那么，超限序列就到了可以找到所欲寻求的真谓词的阶段，我们也就得到了跳跃算子的不动点：

$\langle \mathcal{T}_\kappa^+, \mathcal{T}_\kappa^- \rangle = \langle \mathcal{T}_{\kappa+1}^+, \mathcal{T}_{\kappa+1}^- \rangle = J \langle \mathcal{T}_\kappa^+, \mathcal{T}_\kappa^- \rangle$

像上述 $\langle \mathcal{T}_\kappa^+, \mathcal{T}_\kappa^- \rangle$（或之后任何的 $\langle \mathcal{T}_j^+, \mathcal{T}_j^- \rangle$ $(j>\kappa)$）这样的解释，就叫一个不动点（fixed-point）的解释。Kripke 的归纳构造法表明至少存在一个不动点。事实上，我们可以进一步证明：跳跃算子J有不止一个不动点，而在它所有不动点中，$\langle \mathcal{T}_\kappa^+, \mathcal{T}_\kappa^- \rangle$ 是其中最小的一个不动点；换句话说，对于任何 J 的其他不动点 $\langle \mathcal{T}_j^+, \mathcal{T}_j^- \rangle$ 来说，$\mathcal{T}_\kappa^+ \subseteq \mathcal{T}_j^+$，并且 $\mathcal{T}_\kappa^- \subseteq \mathcal{T}_j^-$。

在最小的不动点解释下，语言$\mathcal{L}_\kappa$中的许多语句为真，许多的语句为假，但也有许多语句既不为真也不为假。Kripke 称一个语句为“有基”的（be grounded），当且仅当该语句属于最小不动点解释 $\langle \mathcal{T}_\kappa^+, \mathcal{T}_\kappa^- \rangle$ 中“T”的外延或反外延，否则，则称之为无基的。有基语句的真或假可以追溯到某些有基模型中的“非语义事实”。但对于说谎者语句来说，这种追溯是失败的，因此，它是无基的语句。这样，我们就能严格的区分含真谓词符的语句了，像说谎者这样的语句存在的问题在不动点上能很好的显示出来了。Kripke 称一个语句是悖论性的，当且仅当它在任何一个不动点上都不真或不假。根据这一定义，说谎者语句就是悖论性的，因为在任何一个不动点上，它既不在真谓词符 T 的外延中，也不在其反外延中。

总之，Kripke 的强克林理论有个很好的特征：语言本身可以包含自身的真谓词，并且对于任何句子A，$T\langle A\rangle$ 和A 随处可以相互替换。但不足之处在于它缺少一个适当的条件句，使得A，$A\rightarrow B\vDash B$ 和$\vDash A\rightarrow A$ 成立，因为它所包含的唯一的条件句可以以通常的方式用$\neg$和定义，因此，$A\rightarrow A$ 只是排中律的一个特例，不是一个普遍的规则。我们也没有 Tarski-等值式（$\mathcal{T}\langle A\rangle \leftrightarrow A$）的任一部分。很多其他自然的规则，像 $A\rightarrow A\vee B$、$(A\rightarrow B)\rightarrow(\neg B\rightarrow\neg A)$ 等也不是普遍有效的规则。最近，一个重要的完善 Kripke 框架结构工作的是［Fie08］，他所提出的理论基于 Kripke 的强克林理论，但比 Kripke 的工作更进一步，所以，我们称之为高级的弗完全理论。

三、以 Field 的适当条件句理论为代表的高级弗完全解悖方案

Field 自 2002 年以来发表了一系列关于真理论悖论的论文［Fie02］、［Fie03a］、［Fie03b］、［Fie03c］、［Fie06］，2008 年出版了专著《从悖论中拯救真理》［Fie08］，在这些论文和著作中，他提出了一个创新性的、强大的和精确技术化的处理真理论悖论的方案。该方案是在 Kripke 强克林理论的基础上引入一个适当的条件句，定义了一个“更强的真”，然后证明这样的语言不仅仍然会有一个不动点解释，而且同时满足素朴的真理论。而素朴的真理论至少有两方面构成，首先，Tarski-等值式（$T\langle A\rangle \leftrightarrow A$）成立；其次，$T\langle A\rangle$ 和 A 在任何非隐晦的语境中都是可以相互替代的。

现在我们来考察一下 Field 弗完全理论的形式构造。令$\mathcal{L}_{\rightarrow}$表示 Field 的弗完全理论系统，它是在 Kripke 强克林理论$\mathcal{L}_{\kappa}$的基础上增加一个二元条件句联接词→而形成的。为了这部分构造的目的，我们令形如 $A\rightarrow B$ 的公式是原子公式，其他的语形规则和前述$\mathcal{L}_{\kappa}$的语形规则基本相同。语义上，不含条件句的部分，其解释和 Kripke 强克林理论的解释相同，对于如何给新增加的条件句赋值，则是 Field 着重说明的地方。这里要指出的是，虽然它和经典的实质条件句不同，但在排中律对条件句的前件和后件都成立的语境中，它们具有同样的行为模式。

Field 给语言$\mathcal{L}_{\rightarrow}$提供了两种语义论：限制性的语义论（restricted semantics）和推广了的语义论（general semantics）。如何用一个适当的条件句扩充 Kripke 的构造——Field 称之为“限制性语义论”。对于条件句的更加推广了的情景——Field 称之为“推广了的语义论”。事实上，我们可以把限制性的语义论看作推广了的语义论的特殊情况，为了简单起见，我们下面只说明限制性的语义论。

限制性语义论：Field 的目的是扩充强克林逻辑$\mathcal{L}_{\kappa}$，在保持同一律（$A\rightarrow A$）和 Terski-等值式（$T\langle A\rangle\leftrightarrow A$）等成立的情况下，使得扩充后的理论能够一致的包含自身的真谓词。同时定义一个确定性算子 D，$DA =_{df} A\wedge\neg(A\rightarrow\neg A)$，使得像“说谎者在不动点的解释中既不（确定性）真也不（确定性）假”这样的语句可以在理论中表达。事实上，该方案是把 Kripke［Kri75］基础弗完全理论的思想和 Herzberger&Gupta［Her82］&［GB93］的修正理论以一种创新性的方式结合了起来。

Field 提出用 Kripke 式的强克林不动点 $\mathcal{P}^{\kappa}$（κ是 1，2，…，ω，…中任一个序数）的超

限序列来解释该语言，对所有的条件句都指派 $\{1, 0, \frac{1}{2}\}$ 中的元素。而这些不动点之间的关系是这样的：每一个不动点 $\mathcal{P}^{\kappa}$ 都是由某个起始的赋值 $\mathcal{S}_{\kappa}$ 所建构起来的，而每个起始点 $\mathcal{S}_{\kappa}$ 如何对条件句加以赋值，则视它之前的不动点如何对语句加以赋值而定。更详尽地说，$\mathcal{S}_0$，$\mathcal{S}_1$，…，$\mathcal{S}_{\omega}$，…这些起始点对于条件句的赋值是按如下方式决定的：

基础阶段：对于所有的φ及ψ来说，$\mathcal{S}_0(\varphi \rightarrow \psi) = \frac{1}{2}$。

后续点阶段：在这个阶段，我们看它之前的 Kripke 的不动点是如何赋值的：

$$\mathcal{S}_{\kappa+1}(\varphi \rightarrow \psi)\begin{cases}1，如果\ \mathcal{P}^{\kappa}(\varphi) \leqslant \mathcal{P}^{\kappa}(\psi)；\\ 0，否则。\end{cases}$$

极限阶段：在极限 l 阶段，我们看它之前的所有 Kripke 的不动点是如何赋值的：

$$\mathcal{S}_l(\varphi \rightarrow \psi) = \begin{cases}1，对于某些\ j<l\ 和任意的\ i，j<i<l，如果\ \mathcal{P}^{i}(\varphi) \leqslant \mathcal{P}^{i}(\psi)：\\ 0，对于某些\ j<l\ 和任意的\ i，j<i<l，如果\ \mathcal{P}^{i}(\varphi) > \mathcal{P}^{i}(\psi)；\\ \frac{1}{2}，否则。\end{cases}$$

给定了一个这样的起始点 S_{κ} 之后，我们便可以依据之前 Kripke 建构不动点的方法，从该起始点开始逐步地建构出一个对$\mathcal{L}_{\rightarrow}$的不动点解释 $\mathcal{P}^{\kappa}$。而一旦给定了这样的一个不动点解释 $\mathcal{P}^{\kappa}$ 之后，我们就可以依据上述的方法而定义出下一个起始点 $\mathcal{S}_{\kappa+1}$ 的赋值方法。我们可以不停地这样继续操作下去，以至于无穷。[wang09] 由于这一序列的不动点解释对于许多语句的赋值并不完全相同，特别地，我们定义一个对语句φ的“最终赋值”（记为 $|\varphi|$）如下：

对于任何的语句φ来说，如果有序数 j 是这样的：对于任何大于 j 的序数 i 来说，φ在其中的赋值都为 1（或都为 0），那么，$|\varphi|$ 就等于 1（或 0）；否则，$|\varphi|$ 就等于$\frac{1}{2}$。

Field 表明，这样的最终赋值的解释仍然是一个不动点解释，因而在该解释之下，$\mathcal{L}_{\rightarrow}$包含了自身的真谓词，而且，在该解释之下，Tarski 等值式是有效的。

四、结　语

Field 的包含一个适当条件句的高级弗完全理论可以说是自 Kripke1975 年之后近 40 年来解决真理论悖论的最重要的一个方案。和 Kripke 的强克林不动点理论一样，它不仅有着深刻的哲学分析，而且有着精确的形式技术上的处理。该方案的提出基于深厚的理论背景，是作者在充分考察其他竞争性的方案的基础上独具匠心的创新，其所考察的理论包括 Tarski 的理论、Kripke 的理论、Lukasiewicz 的理论、经典间隙理论、超赋值理论、修正理论、情境理论和弗一致的双面真理论等。可以说，形式语义领域有影响的工作，至少与 Field 观点密切相关的工作，他都给出了系统、详细的比较，并在大量议题上都尝试说明该理论的优越性。[Fie08]

相比较而言，Field 所构造的弗完全系统具有以下几个特征：首先，它基于非常自然的语义；其次，它不仅保持了 Kripke 理论中的相互替代性原则，而且使得 Tarski-等值式有效，充分满足了素朴的真理论；再次，该理论的一个重要方面是它有一个适当的条件句，虽然和经典的实质条件句不同，但在排中律对条件句的前件和后件都成立的语境中，它和实质条件句具有同样的行为模式。以上这几个特征保证了该理论能一致的包含自身的真谓词，不再被悖论的报复问题所纠缠。当然，这些特征成立的前提是拒斥排中律。这样，他所勾画的这种理论保留了一个弱化的经典逻辑中的真、满足、性质示例等等的素朴模式，并且避免了困扰经典理论和弱经典理论的那些主要问题。这就给出了一个可以弱化经典逻辑的强的例证。

当然，Field 的高级弗完全理论也存在一些值得我们进一步思考的问题。比如，对条件句的赋值及修正规则进行定义的依据是什么？我们能否调整对条件句的定义，给出一个不同的赋值和修正规则？为什么使用不动点来解释条件句？根据 Kripke 的构造法，我们一开始假设真谓词的外延和反外延是两个空集合，可否假设所有说真话者语句在真的外延或反外延中呢？还有，我们能给条件句逻辑一个完全的公理化系统吗？如此等等，都需要我们更深入地去探讨。

参考文献

[And70] Alan Ross Anderson, 1970, St. Paul's epistle to Titus. In Robert L. Martin, editor, *The Paradox of the Liar*, pp. 1 – 11. Ridgeview, Atascadero.

[BE87] Jon Barwise and John Etchemendy, 1987, *The Liar*. Oxford University Press, Oxford.

[Bea06] Jc Beall. , 2006, "Truth and paradox: a philosophical sketch" . In Dale Jacquette, (ed.), *Philosophy of Logic*, pp. 325 – 410. Elsevier, Dordrecht.

[Bea08] Jc Beall, editor, 2008, *Revenge of the Liar*. Oxford University Press.

[Bea09] Jc Beall, 2009, *Spandrels of Truth*. Oxford University Press, Oxford.

[Fie02] Hartry Field. , 2002, "Saving the truth schema from paradox" . *Journal of Philosophical Logic*,

31: pp. 1 – 27.

[Fie03a] Hartry Field. , 2003, "A revenge-immune solution to the semantic paradoxes" . *Journal of Philosophical Logic*, 32: pp. 139 – 177.

[Fie03b] Hartry Field. , 2003, "The semantic paradoxes and the paradoxes of vagueness" . in Jc Beall (ed.), *Liars and Heaps: New Essays on Paradox*, Oxford University Press, Oxford, pp. 262 – 311.

[Fie03c] Hartry Field, 2003, "Solving the paradoxes, escaping revenge" . in JC Beall ed. *The Liar's Revenge*. Oxford: Oxford University Press, pp. 78 – 144.

[Fie06] Hartry Field, 2006, *Truth and the Unprovability of Consistency*, Mind, pp. 567 – 605.

[Fie08] Hartry Field, 2008, *Saving Truth from Paradox*. Oxford University Press, Oxford.

[Fin75] Fine Kit. Vagueness, truth and logic, 1975, *Synthese*, 30, pp. 265 – 300.

[GB93] Anil Gupta and Nuel Belnap, 1993, *The Revision Theory of Truth*. MIT Press, Cambridge.

[Gup82] Anil Gupta. , 1982, "Truth and paradox" . *Journal of Philosophical Logic*, 11: pp. 1 – 60. Reprinted in [Mar84] .

[Hyd97] Dominic Hyde, 1997, From heaps and gaps to heaps of gluts. *Mind*, 106: pp. 641 – 660.

[Kri75] Saul Kripke. , 1975, Outline of a theory of truth. *Journal of Philosophy*, 72: pp. 690 – 716, Reprinted in [Mar84] .

[Mar84] Robert L. Martin, editor, 1984, *Recent Essays on Truth and the Liar Paradox*. Oxford University Press, Oxford.

[McG91] Vann McGee, 1991, *Truth, Vagueness, and Paradox*. Hackett, Indianapolis.

[Pri97] Graham Priest. , 1997, Yablo's paradox. *Analysis*, 57: pp. 236 – 242.

[Pri06] Graham Priest, 2006, *In Contradiction*. Oxford University Press, Oxford, second edition.

[Pri08] Graham Priest, 2008, *An Introduction to Non-Classical Logic*. Cambridge University Press, Cambridge, second edition.

[Soa99] Scott Soames, 1999, *Understanding Truth*. Oxford University Press, Oxford.

[Tar36] Alfred Tarski, 1936, "The Concept of Truth in Formalized Languages" . *Studia Philosophica*, 1: pp. 261 – 405, 1936. Also in [Tar83], pp. 152 – 278.

[Tar44] Alfred Tarski. , 1944, "The semantic conception of truth" . *Philosophy and Phenomenological Research*, 4: pp. 341 – 375.

[Var99] Varzi Achille, 1999, *An Essay in Universal Semantics*. Volume 1 of Topoi Library. Kluwer Academic Publishers, Boston.

[vF68] Bas C. van Fraassen, 1968, "Presupposition, implication, and self-reference" . *Journal of Phi-*

losophy, 65: pp. 136 – 152.

[vF70] Bas C. van Fraassen. , 1970, "Truth and paradoxical consequence" . In Robert L. Martin, editor, *Paradox of the Liar*, pp. 13 – 23. Ridgeview, Atascadero.

[Wang09] 王文方，2009，《真理概念及相关计划书》。

The Paracomplete Approach to the Truth-theoretical Paradox

Huihua Li, Remin University of China

Wenfang Wang, Taiwan Yangming University

Abstract: By restricting the universal applicability of Excluded Middle and thereby weakening the classical logic, a paracomplete theory shows that a formal language, such as a three-valued non-classical language, can consistently contain its own truth predicate and solve the truth – theoretical paradox. In this paper, we discuss two paracomplete theories-a basic paracomplete theory and an advanced one. The basic paracomplete theory employs the idea of a "truth-value gap", and argues that some sentences, such as liar sentences, are neither true nor false but fall within the gap between truth and falsity. By proving the existence of fixed-points of the "jump function", the basic paracomplete theory also proves that a rich enough language can contain its own truth predicate. On the other hand, the advanced paracomplete theory adds a suitable conditional to the basic theory, defines a "stronger truth" or "determinately true" operator, and proves by giving fixed-point interpretation that a consistent theory containing the naïve truth theory, a suitable condition, and a stronger truth operator is possible.

Keywords: Truth-theoretical; Paradox; Paracomplete; Fixed-point; Conditional; Tarski-equivalence

论摹状词的三种功能：归属、指谓和指示*

——罗素、斯特劳森和唐奈兰的摹状词理论之比较

◎ 陈晓平

华南师范大学

摘　要：唐奈兰指出，关于摹状词的归属性用法和指称性用法都是相对于某一语境而言，而不是固定不变的，并批评斯特劳森同罗素一样脱离语境来看待摹状词的指称问题。笔者指出，斯特劳森也非常注重语境的作用并且也已区分了归属性用法和指称性用法，只不过他的着眼点是一个较大的语境即世界语境，而唐奈兰的着眼点是一个较小的语境即交流语境。笔者进一步从唐奈兰和斯特劳森所说的“归属性用法”中分离出“间接指称”即“指谓”的概念，以区别于“直接指称”即“指示”。指谓是相对于世界语境的指称，而指示是相对于交流语境的指称，指谓和指示同属主词的语言功能即指称；归属性用法仅仅是谓词的语言功能即归属，亦即弗雷格所说的待填充的谓词函项。笔者还认为，罗素的基于现代符号逻辑的摹状词理论能够对日常语言中摹状词的用法提供深层逻辑结构的说明，但却不能代替它；二者之间的关系是互补而不是互斥的；人工语言学派和日常语言学派之间的关系也是如此。

关键词：摹状词；专名；归属；指谓；指示；指称；语境

一、主谓式命题和摹状词问题

简单命题可以分为性质命题和关系命题。性质命题是关于某一对象具有某种性质的，如“孔子是有学识的”；关系命题是关于两个以上的对象之间具有某种关系的，如“孔子赏识颜回”。性质命题和关系命题都具有主－谓结构，即由主词（subject）和谓词（predicate）构成的；主词表达对象，谓词表达性质或关系。因此，简单命题又叫做“主谓式命题”。复合

* 本文得到以下项目的资助：国家社科基金项目 10BZX020；广东省社会科学“十一五”规划项目 09C－01；广东省高校人文社科基地重大项目 10JDXM72001。

命题是由简单命题组合而成的，复合命题的性质最终归结为简单命题的性质，因此，对简单命题即主谓式命题的讨论在哲学上特别重要。

弗雷格（G. Frege）关于专名和概念词的区分就是从主词和谓词的区分中得出的：专名对应于主词，表达某个对象；概念词对应于谓词，表达某个概念。专名（如“孔子”）是意义完整的，而概念词（如“……是有学识的”）是有空位的因而是不完整的和待填充的。弗雷格说道：“关于‘主词’和‘谓词’我们可以从语言的意义上简要地说：概念是谓词的指称；对象是这样一种东西，它绝不能是谓词的全部指称，却能够是主词的指称。”①

笔者赞成弗雷格关于主词指称对象的说法，但不赞成他关于待填充的谓词指称待填充的概念这种说法，因为谓词的待填充性使它没有独立的指称，其功能仅仅在于把某种属性赋予某个对象。笔者把谓词的这种语言功能叫做“归属”（attribution），把主词的这种语言功能叫做“指称”（reference）。这也就是说，主词指称对象，谓词把某个属性归于该对象，一个主谓式命题就是断定某一对象具有某性质或某几个对象具有某关系。其实，这也是弗雷格、罗素和斯特劳森共同持有的观点，只是由于他们顾及语词或语句的其他功能都没有明确地这样说。笔者则认为，主谓式命题的主词和谓词在其功能上的区分是最基本的，在此基础上有利于澄清语词或语句的其他功能或要素。②

弗雷格眼中的主谓式命题与传统主谓式命题之间有一个区别③，即弗雷格认为作为主词的只能是专名（proper name），而不能是通名（common name），因为通名本身就是一个谓词；即使有时通名占据主词的位置，也应把它谓词化，以还其本来面目。例如，“所有哺乳动物都有红血”，这个主谓式命题的主词似乎是通名“哺乳动物”，其实不是；这句话实际相当于“凡是哺乳动物的东西都有红血”。这后一句话的主词是“某些东西”，而“……是哺乳动物”如同“……有红血”是对某些东西起归属作用的谓词。原来的主谓式命题经这样处

① G. Frege, 2003, ‘On Concept and Object’, in A. Sullivan (ed.), *Logicism and the Philosophy of Language: Selections from Frege and Russell*, Toronto: broadview press, p. 168. 参阅中译文《论概念和对象》，见1994，《弗雷格哲学论著选辑》，王路译，商务印书馆，第82页。

② 笔者认为，主词指称对象和谓词赋予对象某种属性这种语言分工根源于“实体－偶性”的先验范畴，而这一先验范畴是亚里士多德和康德都承认的。这一范畴是人们认识世界的基本模式，相应地，主谓式语句是人们描述世界的基本方式。

③ 这里所说的“命题”（proposition）就是弗雷格所说的“语句”（sentence）。语句一般包含陈述句、疑问句、祈使句和感叹句等，弗雷格所说的语句是具有真值的，因而相当于陈述句。罗素直接把命题作为陈述句，即“限制于那些表达真假的符号。”（参阅罗素《数理哲学导论》，第146页）。为了避免“词句”的宽泛性导致的不必要的麻烦，笔者采用罗素给以精确定义的“命题”。不过，罗素关于命题的定义在另一篇文章即“论命题：命题是什么和命题怎样具有意义”中又有所不同。对此，我们将另文加以讨论。

理后仍然是一个主谓式命题，但其形式有很大的不同。[①]

弗雷格通过对主谓式命题的分析严格区分了主词的指称功能和谓词的归属功能。尽管弗雷格把谓词的归属功能看作有空位或待填充的指称，但他强调谓词的这种不完整的指称与主词的完整指称是有本质区别的。这种区别在笔者看来就是归属功能与指称功能的区别。

罗素（B. Russell）接受了弗雷格关于专名具有指称功能和谓词具有归属功能的观点以及他对传统主谓式命题的处理方式。罗素经常提及传统的主谓式命题在哲学上的误导性，不过他所说的主谓式命题只是涉及给一个对象归属某种性质的命题，而不涉及给两个以上对象归属某种关系的命题，因此传统主谓式命题会导致哲学上的一元论。他说："几乎任何一个命题都可以归约为这样一种形式：它有一个主词和一个谓词、由系词将它们联系起来。这很自然地推出：每一个事实都有一个相应的形式，并且都在于通过一个实体占有一个性质。这当然导致一元论"。[②] 罗素建议把主谓式命题扩展到断定多个实体具有某种关系，从而纠正一元论的倾向。我们已经看到，这种扩展很容易做到，不过就是将关于某一对象具有某种性质的主谓式命题推广到关于多个对象具有某种关系的主谓式命题。

这样推广之后，再仿效弗雷格把以通名作主词的命题加以谓词化，一切命题最终可以归结为最简单的主谓式命题。罗素说："属性和关系在命题中似乎是主词的一切命题只有在下面的条件下才可能是有意义的，即这些命题可以具有一个形式，使属性可以被归属、关系可以相关。……因此，'黄'的专门符号不是单词，而是命题函项'x 是黄的'。此处，符号的结构说明'黄'这个词必须有的位置，如果它是有意义的。同样，关系'先于'不可由这个词表示，而由'x 先于 y'这个符号表示，它说明了该符号可以在其中有意义地出现的那种方式。（此处假定的是：说到属性和关系本身时，我们并不把值赋予 x 和 y。）"[③]

在这里，罗素跟随弗雷格把包括形容词和一些介词的所有通名看作谓词，谓词没有独立的意义，其意义只在于其归属的功能，即把某种性质或关系归属于某个或某些对象。因此，谓词是有空位的命题函项，其空位由"x"或"y"这些变项代表，即自变项。一旦对这些自变项赋值，即用专名填入那些空位，命题函项就成为一个命题，即最简单的主谓式命题。罗素说："代表最简单事实的符号仍然具有'x 是黄的'或者'x 先于 y'的形式，唯一不同的是'x'和'y'不再是未确定的变项，而是名称。"[④] 包括关系命题在内的主谓式命题是

① 参阅同上书，p. 167，中译文第 81 页。

② 罗素，1996，《逻辑原子主义》，载《逻辑与知识》，苑莉均译，商务印书馆，第 403 页。

③ 同上书，第 410—411 页。

④ 同上书，第 411 页。

以专名为其主词，以命题函项为其谓词，这正是弗雷格所主张的。专名的功能是指称对象，而谓词的功能是对主词所指称的对象赋予某种属性即归属。

不过，这里存在一个问题。我们知道，使命题函项成为命题的方法除了用专名代入其空位之外还有**概括**，即在命题函项前边加一个全称量词或存在量词，并使其辖域包括整个公式。例如，对于“x 是黄的”这个命题函项，我们可以用“峨嵋金顶”代入 x 使之成为一个命题“峨嵋金顶是黄的”，还可对之进行概括并得到“有些 x 是黄的”。这两个命题都是真的，但前者的主词是一个专名，而后者的主词是一个变项。逻辑学要求 x 的变域不能是空的，至少有一个个体，并且代入变项的专名必须是此变域中的一个成员。由此我们看到，这两个命题的主词有一个共同点即它们指称的对象是存在的。如果它们的指称对象不存在，如 x 的变域是空的或峨嵋金顶不属于 x 的变域，那么这两个命题没有意义。笔者把这称为现代逻辑的主词存在原则。

现代逻辑的主词存在原则不同于传统逻辑的主词存在原则。传统逻辑的主词存在原则被用于任何主谓式命题的主词，而无论该主词是专名还是通名，也无须对通名加以谓词化。例如对于“所有恐龙都已死亡”这个主谓式命题，传统逻辑把“恐龙”看作这个命题的主词，根据主词存在原则，如果恐龙是一个空词，那么这句话是没有意义的。但是，根据现代逻辑，这句话首先被翻译成：“对于任何东西而言，如果它是恐龙，那么它已经死亡”。根据主词存在原则，这句话总是有意义的，因为世间至少有一个东西是存在的，即使恐龙不存在。这意味着，对于传统逻辑是没有意义的某些命题对于现代逻辑是有意义的。这是罗素的摹状词理论的基本思想之一。

在摹状词（description）的问题上，罗素同弗雷格的观点有一定的差别。弗雷格把限定摹状词和专名（proper name）等量齐观，它们都有涵义和指称这两个方面。与之不同，罗素则认为专名只有指称而没有涵义，摹状词必须具有涵义而不必具有指称；相应地，摹状词可以是空的，而专名不可以是空的。例如，“当今法国国王是秃子”的主词“当今法国国王”是一个限定摹状词并且是空的，按照传统逻辑此命题是无意义的。按照罗素的摹状词理论，“当今法国国王”不是专名，而是一个谓词即命题函项“……是当今法国国王”，考虑到限定摹状词的唯一性含义，整个命题应当表达为：

至少有一并且至多有一个体 x，x 是当今法国国王并且 x 是秃子。

由于在现实世界中没有一个个体能够满足谓词“……是当今法国国王”，所以这个命题是假的，而不是无意义的。罗素认为，他的摹状词理论在哲学上的一个重大意义是减少不必要的实体，即把由摹状词表达的抽象实体消除掉。

然而，对于罗素的摹状词理论，斯特劳森提出尖锐的批评，唐奈兰又对斯特劳森的理论提出批评，并在一定程度上把斯特劳森和罗素的理论归为一类，之后克里普克又对唐奈兰的理论提出批评，等等；真可谓螳螂捕蝉，黄雀在后，围绕摹状词的意义问题形成一场“军阀混战”。本文试图对这场“混战”理出一个眉目，对摹状词的意义问题找到一条主线，从而对相关问题尽可能地给出一揽子解决。

二、关于“归属”与“指称”、“指谓”与“指示”的界定

唐奈兰（Keith Donnellan）在其名作《指称与限定摹状词》（1966 年）开宗明义地宣称：“我将要论证，限定摹状词具有两种可能的功能。限定摹状词被用来指称说话者想要谈论的东西，但是它们还会以完全不同的方式被使用。此外，出现在同一个语句中的一个限定摹状词，可以在不同的使用场合以两种方式之一起作用。”① 对于限定摹状词的这两种功能，唐奈兰分别称之为“指称性用法”（referential use）和“归属性用法”（attributive use）。

我们知道，用摹状词来指谓（denote）某个东西与用它来指示（designate）某个东西是不同的。前者是通过摹状词给出的属性来确定具有该属性的那个东西；后者是用摹状词直接对应于某个东西，而摹状词给出的属性只起标识的作用，并不要求被标识的东西一定具有该属性。这就是说，指谓的着眼点是对象的属性，大致相当于唐奈兰所说的归属性用法；指示的着眼点是对象本身，大致相当于唐奈兰所说的指称性用法。用唐奈兰的话说：“在归属性用法中，把限定摹状词所描述的如此这般的性状进行归属是至关重要的，而在指称性用法中并非如此。”② 相应地，在我们不知道或不需要知道具体对象的情况下可以借助于一个摹状词来指谓它，即归属性地使用一个摹状词，但却不可用这个摹状词直接地指称它，即指称性地使用一个摹状词。因此，唐奈兰强调，“不应把指谓（denoting）和指称（referring）相混淆”。③

需指出，唐奈兰所说的指谓和指称，即归属性用法和指称性用法，主要是针对主谓式命题的主词而言的，而与谓词的归属功能是不同的。如果说，罗素关于主词的指谓功能和谓词的归属功能在一定意义上还可以画等号，那么，这两种功能在唐奈兰那里是绝不能画等号的；因为，罗素把用摹状词（或通名）作主词时的指谓功能处理为谓词的归属功能即对主词加以谓词化，

---

① 唐奈兰，1998，《指称与限定摹状词》（1966 年），载马蒂尼奇编：《语言哲学》，牟博等译，商务印书馆，第 447 页。

② 同上书，第 451 页。

③ 同上书，第 460 页。

可是唐奈兰并不主张总是如此地对待主词的指谓功能。为了加以区别，一方面，我们把罗素所理解的主词的指谓功能叫做“主词的归属性用法”，亦即主词的谓词化；另一方面，我们**不这样对待**唐奈兰所理解的主词的指谓功能；也就是说，我们拒绝唐奈兰把“指谓”和“归属性用法”等同起来的做法。主词的指谓功能不是对主词的谓词化，而是保持主词的指称功能，只是不直接指称对象，而是通过主词的内涵（即弗雷格所说的含义）来间接指称对象。

在此，我们把指称（reference）分为“直接指称”和“间接指称”。“直接指称”也叫做“指示”（designation），就是将主词直接对应于某个对象；“间接指称”也叫做“指谓”（denotation），就是通过主词的内涵来指称对象。① 与主词的指称功能不同，归属（attribution）则是谓词的功能，主词的归属性用法就是对主词加以谓词化。

这个区分对于以后的讨论是十分重要的。例如，对于“当今法国国王是秃子”这个命题，罗素首先把“当今法国国王”看作指谓，然后把它等同于归属性用法，将其加以谓词化。但是，斯特劳森（P. F. Strawson）却反对把“当今法国国王”谓词化，仍然作为主词来看待，保持该词的指称功能；他实际上是把这个摹状词的功能看作指谓即间接指称。罗素与斯特劳森的共同点是把“当今法国国王”的功能看作指谓而不是指示（直接指称），不同点是：罗素把主词的指谓功能等同于谓词的归属功能，而斯特劳森反对这样做，坚持主词的指称功能（无论指示还是指谓）与谓词的归属功能之间的原则性区别。唐奈兰则只看到罗素与斯特劳森的共同点，而忽略了他们的不同点，因而指责他们都没有看到限定摹状词的两种用法，而只看到其中的一种用法。

由于唐奈兰没有区分主词的归属性用法和指谓，也没有区分主词的指谓（间接指称）和指示（直接指称），加之罗素和斯特劳森也没有做这种区分，这使得唐奈兰在一定程度上把罗素和斯特劳森的摹状词理论看作一类，而事实上后二者是尖锐对立的。为了厘清他们三者之间的关系，我们必须在区分归属和指称、指谓（间接指称）和指示（直接指称）的基础上进行论述，而不能延用他们各自对有关术语的用法，特别是不能保留唐奈兰关于“指称性

---

① 在英文文献中，“denote”、“designate”和“refer to”常常被作为同义词来使用，在笔者看来，这是造成有关讨论之混乱的原因之一。从有关专名和摹状词的不同用法上看，我们有必要区别三个概念即“指谓”、“指示”和“指称”，笔者让它们分别对应于以上三个英文词。这种对应是有一定根据的，例如，它与罗素、斯特劳森或克里普克等人的用法比较地一致。一个有趣的事实是，罗素于1905年发表了题为“论指谓”（On Denoting）的文章，强调“指谓词组”（denoting phrase）即摹状词的间接指称的作用，进而将其谓词化；而斯特劳森站在批评的立场上于1950年发表了题为“论指称”（On Referring）的文章，强调摹状词可以如同专名具有指称的功能。当罗素把摹状词的间接指称功能叫做“指谓”的时候，他有时把专名的直接指称功能叫做“指示”（designating）。克里普克在一定程度上延用了罗素关于专名的这一叫法。

用法”和“归属性用法”的严重歧义性，以避免“敌友”不分的混乱局面。

前面提到，摹状词和专名（或说名字［name］）之间的区分首先由罗素提出，他说：“我们有两种东西要比较：（1）名字。一个名字乃是一个简单的符号，直接指（designating）一个个体，这个个体就是它的意义，并且凭它自身而有这意义，与所有其他的字的意义无关；（2）摹状词。一个摹状词由几个字组成，这些字的意义已经确定，摹状词所有的意义都是由这些意义而来。”① 这也就是说，名字（专名）是直接地指称其对象的，这个对象就是它的全部意义；而摹状词作为若干语词的组合有其自己的意义，通过其意义间接地指谓（denote）其对象。

显然，罗素已经注意到指示和指谓即直接指称和间接指称之间的区别，只是他把它们分别指派给专名和摹状词，即专名只有指示功能，摹状词只有指谓功能。罗素作出这种区分之后，进一步将摹状词的指谓功能加以谓词化，使主词的指谓功能演变为谓词的归属功能。

当把一个摹状词的指谓限定于某一个特定的对象时便成为限定摹状词（definite description），一个限定摹状词的指称与一个专名的指称可以是同一个对象，如“法国的首都”和“巴黎”。正因为此，弗雷格把限定摹状词和专名等而视之，罗素将二者严格地区分开来并对限定摹状词加以谓词化。斯特劳森承认限定摹状词和专名之间的区别，但这种区别不是绝对的而是相对于语境而言的，并反对在日常语言中把主词的指谓功能加以谓词化。唐奈兰明确区分了限定摹状词的两种用法即指称性用法和归属性用法（即指示和指谓，亦即直接指称和间接指称）。他指责斯特劳森和罗素都只看到限定摹状词的一种用法，而没有看到限定摹状词的另一种用法。

在笔者看来，情况是这样的：**作为主词的限定摹状词不只有两种用法或功能，而是有三种用法或功能，即指示、指谓和归属**。前两者属于主词固有的指称功能，又可叫做“直接指称”和“间接指称”，后者是谓词的固有功能，只有将主词加以谓词化之后才能具有。罗素只看到作为主词的限定摹状词的归属功能，强调对它的谓词化处理。斯特劳森则强调作为主词的限定摹状词的指称功能，尽管他注意到直接指称和间接指称的区别，但他关注间接指称更多一些。唐奈兰也看到了作为主词的限定摹状词的这两种指称功能，但他关注直接指称更多一些。应该说，唐奈兰和斯特劳森是同一条战壕里的战友，只是关注点不同，或者说唐奈兰关于直接指称的深入研究是对斯特劳森理论的一种补充。斯特劳森和唐奈兰都强调摹状词

---

① 罗素，《摹状词》，（选自罗素，《数理哲学导论》，1919 年），载马蒂尼奇编：《语言哲学》，第 407 页。

作为主词时的指称功能，无论直接指称或间接指称，而与罗素强调摹状词作为主词时的归属功能形成鲜明的对比，进而成为日常语言学派和人工语言学派的对垒。关于这一对垒我们将在后面讨论，接下来我们进一步澄清斯特劳森、唐奈兰和罗素的理论之间的关系。

三、斯特劳森关于指称功能和归属功能的区分

前边提到，罗素虽然已经在主词的指示和指谓（他把指谓和归属看作一回事）之间作出区分，但他没有**单在**专名上作出这种区分，也没有**单在**摹状词上作出这种区分，而是把这两种用法分别赋予专名和摹状词。与之不同，斯特劳森却把指示功能和指谓功能同时赋予摹状词，并且反对把摹状词的指谓功能看作归属功能。尽管斯特劳森没有明确地这样宣称，但他实际上是这样做的。

斯特劳森把指称功能和归属功能分别赋予主词和谓词，而不是分别赋予专名和摹状词。他谈道："我们使用语言的主要目的之一，是为了陈述关于事物、关于人和关于事件的事实。如果我们想要实现这一目的，就必须以某种方式首先解答下述问题：第一个问题是，'你正在谈论着什么（谁、哪一个）?'第二个问题是，'你关于它（他、她）正在述说什么?'为首先解答第一个问题所要完成的任务是进行指称（或识别［identifying］）的任务。为首先解答第二个问题所要完成的任务是归属性的（attributive）（或描述性的［descriptive］，或分类性的［classificatory］，或归因性的［ascriptive］）的任务。在被用来陈述，或声称要被用来陈述一个关于个别的事物、人或事件的事实的传统英语语句中，我们能把这两项任务粗略地或近似地指派给可以区分的语词去完成。而在这类语句中，这样地指派语词发挥它们各自的作用，相应于传统语法上对于主词和谓词的分类。在为完成这两项任务而使用可区分的语词上，并不存在什么神圣不可侵犯的东西。其他方法也能使用，并且的确在使用着。"①

简言之，人们使用语言的目的是要对某个（某些）对象的属性说些什么，关于对象的语词是被指称性地（识别性地）使用的，关于属性的语词是被归属性地（描述性地、分类性地或归因性地）使用的。这两种功能一般地分别由主词和谓词来承担，但这种分工并非是绝对的。在这里，斯特劳森明确地区分了语词的两种功能或用法即指称和归属，并且把指称功能主要地归于主词，把归属功能主要地归于谓词。笔者赞同斯特劳森关于"指称"和"归属"的这种区分。

---

① 斯特劳森，《论指称》（1950年），载马蒂尼奇编：《语言哲学》，第433页。

斯特劳森不同于罗素摹状词理论的做法之一是区分了语词本身和语词的使用。斯特劳森谈道："在你使用语句谈论某个特定人物的过程中，你使用语词去提到（mention）或指称（refer to）某个特定人物。但是，显然在这种情况下，并在其他很多种情况下，正如不能说语句本身有什么真或假，语词本身也谈不上提到或指称什么东西。正如同一语句能用来作出具有不同真值的陈述，同一语词也能具有不同的指称使用。'提到'或'指称'并不是语词本身所作的事情，而是人们能够用语词去作的事情。提到某个东西或指称某个东西，是语词的使用的特征，正如'论述'某个东西与或真或假是语句的使用的特征。"①

斯特劳森把语句或语词本身的功能叫做"意义"，意义不同于语句或语词被使用的功能。而罗素的错误之一就是把二者混淆起来了。他说："正是在这方面，我不同意罗素的观点。意义（至少就一种重要的涵义来说）是语句或语词的一种功能；而提到或指称，真或假则是语句的使用或语词的使用的功能。提出语词的意义（就我使用这个词的涵义来说），就是为了把这个语词使用于指称或者提到一个特定对象或特定的人而提出一些一般的指导；提出语句的意义，就是为了把这个语句使用于构成某些真的或假的论断而提出一些一般的指导。这并未谈语句的使用或语词的使用的任何特定场合。"②

需要强调，语句或语词本身的功能与它们被使用的功能之间的区别标志是：前者独立于任何语境，而后者是依赖于某种语境的即"使用的任何特定场合"。相应地，语句或语词本身的功能即意义具有一般性，它为语句或语词在某些特定场合中的使用提供"一般的指导"；也就是说，**语句或语词的使用是在其一般意义的指导下增加了特殊语境的限制**。

与语句或语词本身的功能即意义相比，语句或语词被使用的功能具有特殊性。对语词的使用又分为归属性使用和指称性使用；相比之下，归属性使用具有一般性而指称性使用具有特殊性。关于这两种用法之间的关系，斯特劳森谈道：

"为了把语词在其归属性使用中正确地应用于某一事物，所要求的不过就是，该事物应该属于某一种类、具有某些特性。而为了把语词在其指称性使用中正确地应用于某一事物所要求的则是，超出该语词可能具有的那种归属性意义中产生的任何要求之外的某种东西；也就是说，该词所指称的事物应该处在与说话者和表达的语境的某种关系之中。我把这种要求称作语境要求（contextual requirement）。"③

---

① 斯特劳森，《论指称》（1950年），载马蒂尼奇编：《语言哲学》，第422页。

② 同上书，第423页。

③ 同上书，第435页。

按此说法，归属性用法只是给对象进行归类或赋予某种特性，并不谈论某一具体对象，而指称性用法则谈论某一具体对象；要做到这一点，就必须增加语境的因素。简言之，**指称性用法 = 归属性用法 + 语境要求**。以“我”为例，其归属性用法所赋予的特征是：说话者本人；其指称性用法是在“说话者本人的”的基础上增加语境因素，包括说话者说话的时间、地点等。只有在增加了这些语境描述之后，“我”的指称对象才能唯一地确定下来。

请注意，斯特劳森在这里所说的归属性用法是关于主词的，因而是笔者所说的指谓即间接指称；相应地，他此时所说的指称性用法就是笔者所说的指示即直接指称。具体说，“说话者本人”作为主词具有指谓功能，只有结合具体语境，才能把它与某一对象对应起来，从而具有指示功能。这样一来，斯特劳森关于“归属”的涵义发生了变化，由开始只作为谓词的功能变为主词的功能，从而与“指谓”混为一谈了。关于“归属”和“指谓”的这种混淆后来又被唐奈兰继承下来，并在有关文献中广泛地传播。

斯特劳森把语词或语句的功能分为两种：一种是，语词或语句本身（未被使用）的功能即意义；另一种是，语词或语句被使用的功能。然后把主词的使用功能分为两种，即指谓（所谓的“归属性用法”）和指示（所谓的“指称性用法”），而把谓词的归属功能几乎搁置一旁。语词的意义、指谓和指示这三种功能相比较，其特殊性程度依次递增，表现于对它们所要求的语境因素越来越多。后面将表明，主词的指谓功能是相对于世界语境而言的，主词的指示功能是相对于交流语境而言的，即斯特劳森所说的“该词所指称的事物应该处在与说话者和表达的语境的某种关系之中”。

在斯特劳森看来，由于罗素没有把语词本身和语词的使用区分开来，也没有把语词的意义、指谓（归属性用法）和指示（指称性用法）之间的关系弄清楚，“由此就产生了令人困惑的关于逻辑专名的神话。”① 具体地说，对于专名，罗素只看到其指示性而没有看到其指谓性；对于摹状词，罗素只看到其指谓性而没有看到通过在指谓性上增加语境条件而可形成的指示性，这使得罗素将摹状词和专名截然分开。

然而，罗素一旦看到一般专名所具有的指谓性之后，立刻把它们判为摹状词，并称之为“缩略摹状词”，最后在专名的行列中只留下所谓的逻辑专名。逻辑专名都是些指示代词或“自我中心词”（egocentricity），如“这”“我”“现在”等，罗素认为它们没有指谓性，只有指示性，因而是真正的专名。斯特劳森的分析表明，即使像“我”这样的逻辑专名，也有一定的指谓性即“说话者本人”，其指示性不过是在指谓性上增加语境的因素。限定摹状词

① 斯特劳森，《论指称》（1950年），载马蒂尼奇编：《语言哲学》，第424页。

也具有指示性，其指示性在具体的语境中是明显的。这样，罗素关于专名只有指示性而没有指谓性以及摹状词只有指谓性而没有指示性的“神话”便被斯特劳森破除了。

以上表明，斯特劳森先于唐奈兰提出主词的指谓（归属性用法）和指示（指称性用法）的区分，并据此指出罗素的摹状词理论的单一化的缺陷，即只承认摹状词的指谓功能而不承认其指示功能和只承认专名的指示功能而不承认其指谓功能；并且指出罗素的摹状词理论的根本性错误在于没有考虑语境的因素。斯特劳森通过引进语境的因素，对语句或语词的意义、指谓（所谓的“归属性用法”）和指示（所谓的“指称性用法”）作出区分，从而把关于意义理论的研究向前推进一步。

不过需要指出，斯特劳森关于语词的“归属”的用法是有歧义的，有时是指谓词的归属功能，同于笔者给“归属”所下的定义，有时是指主词的归属功能，同于笔者给“指谓”所下的定义。唐奈兰着重讨论限定摹状词的指称性用法，即笔者所说的指示（即直接指称）。但是，由于唐奈兰也没有明确区分摹状词的指谓功能与归属功能，在一定程度上把斯特劳森和罗素的理论归为一类，这使他对斯特劳森的批评不乏误解之处。

四、唐奈兰对斯特劳森理论的曲解

唐奈兰把争论的矛头同时指向罗素和斯特劳森。他说：“我将要表明，两种最著名的限定摹状词理论（即罗素的理论和斯特劳森的理论）都要对没有注意到限定摹状词的这种功能上的两重性而引以为咎”① 笔者将进一步表明，唐奈兰的这一批评只对罗素的摹状词理论较为适用，而对斯特劳森的摹状词理论并不适用。

前面谈到，斯特劳森在其力作《论指称》中清楚地注意到作为主词的摹状词的两种功能即笔者所说的指示（直接指称）和指谓（间接指称），而且先于唐奈兰指出罗素理论的缺陷。可以说，对于区分主词的这两种用法（在一定程度上相当于唐奈兰所说的指称性用法和归属性用法），唐奈兰是步斯特劳森之后尘的。不过，他们两人对主词的两种用法或功能区分得不够清晰，其理解也不尽相同，特别是对主词存在原则的看法相去甚远。一方面，在主词存在的问题上，笔者倾向于斯特劳森，并将其观点推向深入；另一方面，笔者从唐奈兰对主词的两种用法的细致入微的分析中受益匪浅，从中看到了两种语境的区别即“世界语境”和“交流语境”，尽管唐奈兰本人并没有作这种区分。

---

① 斯特劳森，《论指称》（1950 年），载马蒂尼奇编：《语言哲学》，第 447 页。

唐奈兰承认，斯特劳森看到了语词的两种用法即归属性用法和指称性用法，但却把一个语词的这两种用法分别归于它出现于其中的两个不同的语句。唐奈兰强调，即使在同一个语句中一个语词也可具有这两种用法，只要这个语句出现的场合不同；换言之，一个语词的两种用法不是由它出现于其中的语句决定的，而是由这个语句出现于其中的语境决定的。在唐奈兰看来，由于斯特劳森没有注意到语境的决定性作用，以致他把语词的两种功能分别归于两个单独的语句，确切地说，归于一个语词在语句中的位置，即主词或谓词。

唐奈兰引用了斯特劳森的一段话：对于代词、专名和摹状词等，“其中任何一类里的任何一个表达式，都能作为传统上被认作是单称的主－谓词语句的那种语句的主词而出现；并且，当它们作为语句主词而出现时，它们就会作为我们希望加以讨论的那种使用的例证。”①唐奈兰解释道，斯特劳森把主－谓结构语句中的主词的用法叫做“唯一指称用法”（uniquely referring use）。例如，“1968 年的共和党总统候选人将是一名保守主义者”，其中的摹状词“1968 年的共和党总统候选人”由于在该语句中作为主词，它因此而被唯一指称性地使用。对此，唐奈兰评论道：“我们不能脱离使用这个语句来述说某件事情的某个特定场合而对这个语句采取这种说法；于是，结果会表明，对那个限定摹状词可能进行的是指称性使用，也可能进行的不是指称性使用。”②

唐奈兰的评论给读者造成一种印象，似乎斯特劳森主张，主－谓结构的主词只有一种用法即唯一指称用法的，而与该语句的语境无关。在笔者看来，唐奈兰的这一批评是不符合事实的，因为斯特劳森在接下来的段落里马上给以进一步的说明。

斯特劳森谈道：“我并不打算说，属于这几种类型的语词，除了我想要加以讨论的那种用法之外，别无任何其他用法。恰恰相反，它们显然还有其他用法。显然，任何说出‘鲸鱼（the whale）是哺乳动物’这个语句的人使用‘鲸鱼’这个语词的方式，完全不同于那些有必要严肃地说出‘那条鲸鱼（the whale）袭击了那只船’这个语句的人使用该语句的方式。在第一个语句中，人们显然并没有提到一条特定的鲸鱼，③而在第二个语句中，则显然正在提到一条特定的鲸鱼。”④

这就是说，出现在前一个语句中的“鲸鱼”和出现在后一个语句的“鲸鱼”虽然是同一个语词即“the whale”并且都是作为主词，但是只有后一个“鲸鱼”是指示（直接指称）

① 斯特劳森，《论指称》（1950 年），载马蒂尼奇编：《语言哲学》，第 414 页。

② 唐奈兰，《指称与限定摹状词》，载马蒂尼奇编：《语言哲学》，第 448—449 页。

③ 在英语中，定冠词 the 可和一可数名词单数连用，表示一类东西。——译者注。

④ 斯特劳森，《论指称》（1950 年），载马蒂尼奇编：《语言哲学》，第 414—415 页。

的用法，而前一个却不是（实际上是笔者所说的指谓（间接指称）的用法），导致这种区别的是这两句话的语境不同。顺着这条思路很容易设想，如果一个人在说出“那条鲸鱼袭击了那只船”之后，紧接着说“那条鲸鱼是哺乳动物”，这两句话中的“那条鲸鱼”（the whale）就都是指示的用法了，既然二者出现于同一个语境；相应地，“那条鲸鱼是哺乳动物”这同一句话在不同的语境中便使其主词“那条鲸鱼”有了不同的用法。由此可见，斯特劳森持有唐奈兰所强调的一个观点即：“一个限定摹状词在同一个语句里能够具有两种可能的用法。”① 然而，唐奈兰却说：“我认为他（斯特劳森）没有看到的是：限定摹状词可能具有一种完全不同的用法，即它可能以非指称的（非指示的即指谓的——引者注）方式被使用，甚至在它出现于同一个语句里时也是那样。”② 我们不得不说，唐奈兰对斯特劳森的这一批评是有强加之嫌的。

唐奈兰还批评斯特劳森对语境作用的忽视，他强调说：“除非一个语句在被使用，否则，就无法把限定摹状词识别为这个语句里的指称表达式。……斯特劳森的观点允许我们甚至在一个语句并没有被使用的情况下谈论这个语句里的一个限定摹状词的指称性功能。我想要表明的是，这种观点是错误的。”③ 然而，唐奈兰不得不承认斯特劳森确实谈到语境的作用。看来，唐奈兰至多只能说斯特劳森要求摹状词的指称性用法依赖于语境的程度不够充分。不过，即使如此，这种弱化的批评也不适合斯特劳森，因为斯特劳森明确地区分了语词本身的意义和语词被使用的功能，并强调指称性用法不同于归属性用法的地方就在于增加了关于语境的因素。对此，前一节已有讨论。这里不妨再引用斯特劳森关于语境之重要性的一段论述：

“做出唯一指称一般来说所需要的东西，显然是某种手段（或一些手段），这种手段既要表明打算做出唯一指称，又要表明是什么样的唯一指称，这种手段要求听者或读者识别、并能够使他们识别正在谈论着的东西。为保证得到这个结果，表达的语境是很重要的，语境的重要性不论怎么说都几乎不会是过分的；我用‘语境’这个词至少是指时间、地点、境况、说话者的身份、构成直接的兴趣所在的论题以及说者和听者双方的个人历史。”④

由于唐奈兰对斯特劳森的指称理论不乏误解之处，他的一些评论不仅在学理上站不住脚，甚至在文字上也是说不通的。例如，他说：斯特劳森“没有看到的是：限定摹状词可能具有一种完全不同的作用，即它可能以非指称的方式被使用，甚至它出现在同一个语句里也

① 唐奈兰，《指称与限定摹状词》（1966 年），载马蒂尼奇编：《语言哲学》，第 448 页。
② 同上书，第 448 页。
③ 同上书，第 449 页。
④ 斯特劳森，《论指称》（1950 年），载马蒂尼奇编：《语言哲学》，第 434—435 页。

是那样。斯特劳森指出过限定摹状词的非指称性用法，这是确实的"①。在这段引文中，唐奈兰刚说完斯特劳森没有看到限定摹状词的非指称用法，马上又说他确实指出过限定摹状词的非指称性用法。

为什么唐奈兰在批评斯特劳森的时候显得如此牵强呢？原因就在于他没有区分摹状词作为主词的指谓功能和作为谓词的归属功能。对于主谓式命题，斯特劳森确实把指称功能给予主词，而把归属功能给予谓词，并且这样做一般不需要结合语境来考虑。但是对于作为主词的摹状词，斯特劳森用"归属性"指的是"指谓性"，并强调该摹状词究竟是指示性的（指称性用法）还是指谓性的（归属性用法），几乎完全取决于语境；用他的话说："语境的重要性不论怎么说都几乎不会是过分的。"当唐奈兰看到斯特劳森对谓词的归属功能的论述时，他认为斯特劳森是在脱离语境谈论语词的功能，而当他看到斯特劳森对主词的归属功能（指谓）的论述时，他又觉得斯特劳森确实谈及语境和主词的两种用法。由于唐奈兰没有区分谓词的归属功能和主词的归属功能（指谓），这使他对斯特劳森的批评顾此失彼，甚至自相矛盾。当然，斯特劳森本人也没有明确地区分谓词的归属功能与主词的归属功能。在笔者看来，这是摹状词理论长期处于"混战"的重要原因。

五、关于指称的存在性预设

唐奈兰宣称，罗素和斯特劳森的摹状词理论基于两个共同的假设（assumption）。其一是："我们能够独立于一个限定摹状词的特定使用场合而询问它在某个语句里起作用的方式。"其二是："在很多情形下，使用一个限定摹状词的人能够被说成（在某种涵义上）预设（presuppose）或蕴含（imply）某个东西适合该摹状词。"②

我们在前边已经指出，第一个假设只是罗素持有的，而不是斯特劳森持有的，相反斯特劳森十分强调语境的作用。现在我们要指出，第二个假设虽然是斯特劳森和罗素所持有的，但他们二人赋予这个假设的含义是有本质差别的。我们注意到，唐奈兰小心地用了两个词即"预设"（presuppose）和"蕴含"（imply）。应该说，"预设"是斯特劳森对这个假设的理解，而"蕴含"则是罗素对这个假设的理解。斯特劳森把罗素的这种"蕴含"更准确地称为"断定"（assert），以同自己那种特殊涵义的"蕴含"相区别。在笔者看来，虽然唐奈兰

① 唐奈兰，《指称与限定摹状词》，载马蒂尼奇编：《语言哲学》，第448页。

② 参阅同上书，第449页。

把斯特劳森那种特殊涵义的“蕴含”恰当地称为“预设”，但却没有充分注意到预设和断定之间的根本性区别，以致他把斯特劳森和罗素看作共享第二个假设。

根据罗素的摹状词理论，使用摹状词的人虽然没有预设适合于该摹状词的东西是存在的，但却**断定**它的存在，对摹状词指称功能的消解就是通过把这一断定展示出来而完成的。对此，斯特劳森正确地指出，在日常语言中对一个摹状词的真实使用是预设了适合它的对象存在，而不是断定了适合它的对象存在；因此，罗素的摹状词理论是对摹状词的真实使用的误解。

斯特劳森谈道：“我正在讨论的那种语词在极其多种多样的语境中能用来指称一个唯一的东西，这一点正是这种语词的意义的组成部分。而断定它们正在被如此使用或断定它们被如此使用的条件已经实现，并不是这些语词的意义的组成部分。因此，要求我们在以下两者之间作出完全重要的区别：（1）使用（using）一个语词去作出唯一性指称；（2）断定（asserting）一个且仅有一个具有某些特性的个体。”[①] 斯特劳森要求我们在“使用”唯一性指称和“断定”该指称对象的唯一存在性之间作出严格的区分，因为前者是把唯一存在性作为该语词的意义的一部分，而后者却不是这样，而是外加于该语词的使用条件。不难看出，作为语词意义一部分的唯一存在性是使用该语词的一个预设（presupposition），尽管斯特劳森没有用“预设”这个词。

斯特劳森继续谈道：“罗素所做的工作，是不断地把第一类（预设唯一存在性——引者）中越来越多的语句归入第二类（断定唯一存在性——引者）中的语句，因而，就使他自己陷入有关逻辑主词和有关一般地对个体变项赋值的无法克服的困境当中；把他最后引导到在逻辑上是灾难性的名称理论。”[②]在斯特劳森看来，罗素把唯一存在性的预设看作唯一存在性的断定，这是其摹状词理论所犯下的致命错误。这一错误导致的一个结果是：当所指对象不存在的时候，罗素把一个没有真值的命题看作是假的，如“当今法国国王是贤明的。”

笔者认为，斯特劳森对罗素的摹状词理论的这一批评基本上是对的，它揭示出罗素把作为主词的摹状词加以谓词化的根源所在，即把关于主词存在的预设当作关于主词存在的断定。斯特劳森反对罗素的这种做法就是从根本上反对把主词的指谓功能当作谓词的归属功能。本文第一节就指出，罗素跟随弗雷格把以通名为主词的主谓式语句转化为以个体变项 x 或 y 为主词的主谓式语句，而把通名看作谓词。对于 x 或 y 则只能以专名代入或者进行概括

① 斯特劳森，《论指称》，载马蒂尼奇编：《语言哲学》，第 431 页。

② 同上书，第 431—432 页。

之后把 x 或 y 作为主词，而不能再对专名或 x、y 加以谓词化。因为它们的变域一定不能够是空域，并且专名必须是此变域的一个成员，这是现代符号逻辑的一个基本预设。如果违反了这个预设，全部公式则这成为无意的，而不是假的。这意味着，弗雷格和罗素最终也不能摆脱主谓式语句的结构和主项存在的原则。斯特劳森则坚持不仅作为主词的专名满足主项存在的原则，而且作为主词的摹状词（包括通名）也满足主项存在的原则，因而不应将它们加以谓词化。

前面还指出，唐奈兰关于第一个假设对斯特劳森所做的批评是不符合事实的，而对罗素所做的批评虽然符合事实但被斯特劳森先已做出。现在我们要指出，唐奈兰关于第二个假设对斯特劳森所做的批评虽然不是无的放矢，但却是错误的。下面我们着重讨论有关第二假设的问题。

第二个假设说的是：当使用一个限定摹状词时必有一个符合它的对象存在；换言之，一个限定摹状词所指称的对象一定是存在的，否则以该限定摹状词为主词的语句没有真值。我们不妨把这个假设称之为"限定摹状词的存在性预设"。这个预设确实是斯特劳森所坚持的。

斯特劳森谈道："在'蕴含'（imply）的某种涵义上，可以说，'法国国王是贤明的'蕴含'有法国国王'。但这是'蕴含'的一种非常特殊和奇特的涵义。在这种特殊涵义上，'蕴含'无疑不同于一般涵义上的'衍推'（entail）（或者'逻辑蕴含'［logically imply］）。其根据在于下述事实：当我们说（正如我们所应该说的那样）'没有法国国王'以此作为对他的陈述的回答时，我们确实不该说我们正在反驳'法国国王是贤明的'这个陈述。无疑，我们并没有说这个陈述是假的。我们倒是提出了一条理由来说服这个陈述或真或假的问题根本就没出现。"①

斯特劳森所说的特殊涵义的"蕴含"就是笔者所说的"预设"。由于"法国国王是贤明的"这句话预设而不是（一般意义上的）蕴含"有法国国王"，所以当我们自然而然地回答说"没有法国国王"的时候，这并不是说"法国国王是贤明的"是假的，而是说这句话无所谓真或假，即没有真值。一般而言，**一个语句的主词预设了其所指对象是存在的，如果该对象不存在，那么这句话没有真值**。这就是斯特劳森关于主词或摹状词的存在性预设。

唐奈兰指出，"斯特劳森的理论包括下述命题：(1) 如果某人断定该 Φ 是 Ψ，那么，在没有 Φ 的情况下，他既没有作出一个真的陈述也没有作出一个假的陈述。(2) 如果没有 Φ，那么说话者便没有指称任何东西。(3) 某人没有说出具有真值的话的理由在于：他没有进行

---

① 斯特劳森，《论指称》，载马蒂尼奇编：《语言哲学》，第 427 页。

指称”①。

唐奈兰接着说，“命题（1）对归属性用法可能成立”，而对指称性用法不成立。“命题（2）的确是假的。在以指称方式使用一个限定摹状词的场合下，尽管没有任何东西适合所使用的那个摹状词，也完全有可能指称某个东西。”“命题（3）情况比较复杂一些。”② 唐奈兰承认，在斯特劳森那里，这三个命题是联系在一起的。具体地说，命题（1）是结论，命题（2）和（3）是得出命题（1）的前提。在笔者看来，命题（3）是应该得到公认的。事实上，唐奈兰在文中表明，命题（3）不仅对归属性（即指谓或间接指称）用法成立，而且在某些特殊场合下（如说话者产生无中生有的幻觉时），对指称性（即指示或直接指称）用法也成立。看来，全部问题在于命题（2）是否成立。在唐奈兰看来，命题（2）对于指称性用法不成立，这便导致命题（1）对指称性用法不成立，尽管这两个命题对于归属性用法可能成立。笔者不同意这种看法。

命题（2）说的是：如果没有 Φ，那么说话者便没有指称任何东西。这也就是说，如果适合于语词 Φ 的对象不存在，那么 Φ 便没有指称。唐奈兰为说明这一命题对于 Φ 的指称性用法不成立，举了一个例子。有人在谈论一个老处女时说“她的丈夫对她很亲热”，按照斯特劳森的观点，这句话既不真也不假，因为“她的丈夫”不存在。然而，说话者也许通过使用这个语词正在指称某个同她谈话的人，因为他可能认为那个人是她的丈夫，尽管他实际上并不是。这便“驳斥了斯特劳森的这样一个论点：若存在预设没有被满足，则说话者就没有进行指称”③。

唐奈兰进一步谈道：“当一个说话者以指称（指示——引者注）方式使用一个限定摹状词时，即使没有任何东西适合那个摹状词，那个说话者也可能述说了某件具有真值的事情；并没有这样一种清晰的涵义，在这种涵义上，那个说话者作出了一个既不真也不假的陈述。”④ 唐奈兰说没有一种清晰的涵义是指，必须在明确说话者是采用哪种说话方式之后才能确定他的这种话是否具有真值：对于归属（指谓）性用法，那个人的话没有真值，但对于指称（指示）性用法，那个人的话具有真值。

唐奈兰的这一结论听上去不无道理，但笔者要指出，这一说法是不到位的，或者，没有说到点子上。正确的说法应该是：无论对于归属（指谓）性用法还是对于指称（指示）性

① 唐奈兰，《指称与限定摹状词》，载马蒂尼奇编：《语言哲学》，第 461 页。

② 同上书，第 461—462 页。

③ 同上书，第 466 页。

④ 同上书，第 470 页。

用法，命题（2）都是成立的，关键的问题在于说话者的语境是什么。接下来的两节将给出关于这一观点的论证。

六、对语境依赖论的扩展

归属（指谓）性用法和指称（指示）性用法对语境依赖性的区别是程度上的而不是有或无的。这一点斯特劳森注意到了，而唐奈兰却倾向于把这种区别看作有无的区别。

斯特劳森指出，用于指称的不同种类的语词对语境的依赖程度也是不尽相同的。"用它们来作出的指称依赖于表达它们的语境，它们的这种依赖程度有差别。像'我'和'它'这样的词语就处于这种依赖程度的一端（具有最大依赖性的一端），而像'《威弗利》的作者'和'法国国王十八世'这样的词组则处于另一端。"[①] 也就是说，像"我"和"它"这样的代词如果不放到具体语境里，我们完全不知道它们各自的指称；而像"《威弗利》的作者"和"法国国王十八世"这样的摹状词则似乎可以脱离具体语境而具有指称。但是，在唐奈兰看来，即使像"《威弗利》的作者"和"法国国王十八世"这样的摹状词在指称（指示）性用法中也必须依赖语境才能起作用，尽管在归属（指谓）性用法中未必如此。

需要指出，斯特劳森只是说那样的摹状词对语境的依赖程度最小，而不是完全不依赖，即使在归属（指谓）性用法中也是如此；因为无论归属（指谓）性用法还是指称（指示）性用法都是对语词的使用而不是语词本身，而对语词的使用是不能离开语境的。在这一点上，斯特劳森同罗素是有原则性区别的。在罗素看来，摹状词所描述的性状即它的意义可以独立于语境而存在，或者说，其意义是不随语境变化而变化的（事实上罗素也不能不考虑语境，只是他所考虑语境是唯一的和不变的，即现实世界）。可见，唐奈兰把斯特劳森和罗素的摹状词理论归为一类是不妥的。对于"当今法国国王是贤明的"这一命题的语境依赖性，斯特劳森和罗素之间有过颇有趣味的争论。

罗素认为，"当今法国国王"是一个空词，无所指称，因为世界上不存在一个对象满足这个摹状词给出的属性。按照传统理论，"当今法国国王是贤明的"这个语句是无意义的；按照罗素的摹状词理论，这个语句虽有意义，但却是假的。斯特劳森指出，我们不能离开语境和说话者意图去谈语句的真或假，也就是说，一个语句的真或假需要放入它所在的语境中去判定。例如，如果一个人在路易十四当政时期说出这个语句，则这个人使用这个语句时作

---

① 斯特劳森，《论指称》，载马蒂尼奇编：《语言哲学》，第436—437页。

出了一个真论断。若一个人在路易十五当政时期说出这个语句，则此人在使用这同一个语句时作出了一个假论断。而当一个人现在说出这个语句时，此人则没有作出任何论断，因而既不真也不假。

罗素对斯特劳森的批评作出回应。① 首先罗素认为斯特劳森在批评时使用的例子似乎带有倾向性，完全忽略了他所使用的另外一个例子“司各特是《威弗利》的作者”。其次，对于“当今法国国王是贤明的”的例子，斯特劳森抓住具有自我中心性质的“当今”二字来做文章。然而，对于“自我中心特称词”的具体用法和作用，他已有专门的文章进行论述，并且事实上他的观点与斯特劳森的观点是一致的。如果用“在 1905 年”这些字代替“当今”，那么斯特劳森的全部论证就要瓦解。②

如何回应罗素的这一诘难，我们尚未在斯特劳森的文章中发现答案。在前面的引文中斯特劳森把“《威弗利》的作者”和“法国国王十八世”这样的摹状词看作语境依赖性最弱的，尽管并非完全没有依赖。这些看似具有独立意义的摹状词如何依赖于语境的问题，斯特劳森也未加详谈。然而，对这个问题的回答是与罗素诘难紧密相关的，也涉及唐奈兰把斯特劳森从语义－语境依赖论开除出去是否恰当的问题。为此，我们有必要对斯特劳森的语义－语境依赖论加以深入探讨或适当扩展，以对这一问题作出回应。

根据可能世界语义学的理论，除了现实世界以外还可能有其他世界。于是，那个经罗素限定后的语句即“1905 年的法国国王是贤明的”，只是相对于现实世界而言，其主项“1905 年的法国国王”是空的或无指称的。但是，我们完全可以设想一个可能世界，那里的法国在 1905 年的时候仍然有国王。对于那个可能世界而言，主项“1905 年的法国国王”便是有所指称的。这表明，对于像“1905 年的法国国王”和“《威弗利》的作者”这类语境依赖性最弱的摹状词，其意义或指称并非与使用它们的语境完全无关。

事实上，斯特劳森已经或明或暗地谈及可能世界语义学。他这样谈道：“如果我这样开头：‘法国国王是贤明的’，并接着说：‘他住在一座用金子修建的城堡中，有一百个妻子’等等，那么，听者就会完全正确地理解我，既无须假定我正在谈论某个特定人物，也无须假定我正在作出一个虚假的陈述，这个陈述大意是说，存在着用我的言词所描述的这么一个人。（值得进而指出的是，在语句的使用和语词的使用明显是虚构的地方，‘谈及’这个词的

---

① 此回应先发表于 1957 年的《心》（*Mind*）杂志上，然后收入《我的哲学的发展》一书。

② 罗素，1982，《我的哲学的发展》（1959 年），温锡增译，商务印书馆，第 218—219 页。

涵义可能会发生变化。)"①

请注意，斯特劳森承认，在明显虚构的陈述中，“存在着用我的言词所描述的这么一个人”。这时，“谈及”这个词的涵义会发生某种变化。这个变化是什么？用可能世界语义学的话来说，这时语境发生了变化，即从现实世界变为一个虚构的世界；相对于那个虚构的世界，我所虚构的那个人便是存在着的，即存在于那个虚构的世界。这个虚构的世界是通过增加一些语境要素来给出的，这些语境要素包括对那个人即法国国王更为具体的描述，即“他住在一座用金子修建的城堡中，有一百个妻子”等等。

以上表明，情况并非如罗素所说，如果用“在1905年”代替“当今”，那么斯特劳森关于“当今法国国王是贤明的”的全部论证就要瓦解。罗素之所以这么说，那是因为罗素只限于现实世界的语境，而没有把眼界扩展到可能世界。罗素的确说到：“只有一个世界，这就是‘实在的’世界。"②

由此可见，唐奈兰把斯特劳森和罗素一道归为语义－语境独立论是缺乏根据的。诚然，可能世界语境观在斯特劳森那里还只处于萌芽状态，本文将对此给以进一步的挖掘。事实上，后来塞尔（J. R. Searle）在其语言行为理论中较为明确地提出可能世界语境观，他说道：“在关于现实世界的言谈中，我们能够指称现实世界实际存在的事物。在关于虚构世界的言谈中，我们就能够指称虚构世界中存在的事物。”③

七、世界语境与交流语境

让我们回到唐奈兰的那个例句上。有人在谈论一个老处女时说“她的丈夫对她很亲热”。我们一般认为这句话中的主词“她的丈夫”所指的对象是不存在的，似乎这一点并不依赖于语境。然而，根据前一节的分析，我们可以给出一种更为精确的说法，即：说“她的丈夫”所指对象不存在，仅仅是相对于说话者所处的现实世界而言的；但相对于另一个可能世界，她并不是一个老处女，“她的丈夫”所指的对象是存在的。相应地，相对于那个可能世界，“她的丈夫对她很亲热”这句话是具有真值的。这样一来，一个语词的指称是否存在？一个语句是否具有真值？这取决于说话者是相对于哪个世界而言的。说话者所相对的可能世界可

---

① 斯特劳森，《论指称》，载马蒂尼奇编：《语言哲学》，第428页。

② 罗素，《摹状词》，载马蒂尼奇编：《语言哲学》，第402页。

③ John R. Searle, 1969, *Speech Acts: An Essay in the Philosophy of Language*, London: The Syndics of Cambridge University Press, p. 79.

以说是一种较大的语境，不妨称之为“世界语境”。

一般来说，主词的指谓功能是相对于世界语境而言的，并且在多数情况下是以现实世界为语境的。由于现实世界是最为自然而然的语境，以致人们常常把它忽略掉，因而认为没有依赖任何语境；这便导致一种常见的误解，即指谓性用法是独立于任何语境的。事实上，罗素就是如此；唐奈兰也或多或少地有此倾向，以致他过分地强调归属（指谓）性用法与指称（指示）性用法对于语境依赖性的差别。

唐奈兰说，当一个说话者以指称（指示）方式使用一个限定摹状词时，即使没有任何东西适合那个摹状词，那个说话者也可能述说了某件具有真值的事情；仅当一个说话者是以归属（指谓）方式使用一个限定摹状词时，在那种情况下他做出的语句才是没有真值的。请注意，当唐奈兰宣布这个结论的时候，默认“她的丈夫”所指的对象是不存在的。现在我们要纠正他说：无论归属（指谓）性用法还是指称（指示）性用法，只要那句话具有真值，其主词“她的丈夫”所指对象就是存在的，关键的问题是看他存在于哪一个世界，是现实世界还是某个可能世界。

关于上面那句话如何在指称（指示）性用法中具有真值，唐奈兰作了细致的分析，尽管他的结论并不正确。唐奈兰分析道：“如果一个说话者说‘她的丈夫对她很亲热’，他用‘她的丈夫’来指称他刚才正在与之谈话的那个人，如果那个人是琼斯，那么，我们就可以把说话者的话传达为说话者谈到琼斯对她很亲热。……因此，凡是在那个限定摹状词以指称方式被使用、但它又不符合所指称的东西的情形下，我们能够通过使用的确符合所指称的东西的摹状词或名称来传达说话者所说的事情，并与他的看法保持一致。”①

唐奈兰在此所说的“的确符合所指称的东西的摹状词或名称”就是“琼斯”，可见，“她的丈夫”所指称的对象在这个语境下是存在的即琼斯，即使琼斯不是她的丈夫，而只是刚才同她谈话的那个人。在这个语境下，“她的丈夫”等同于“那个刚才同她谈话的人”，由于后者所指称的对象是存在的，所以前者所指称的对象也是存在的。正因为此，听者能够与说话者的看法保持一致，即他们都在谈论同一个人即琼斯，而琼斯是存在的。这就是说，在指称性用法的场合，“她的丈夫对她很亲热”之所以具有真值，是因为“她的丈夫”所指称的对象存在，即那个刚才同她谈话的人，亦即琼斯，而不是唐奈兰所说的指称对象不存在。

笔者把这种**在说话者和听者之间能够达成有效交流的具体语境称为“交流语境”**。在交流语境中，听者能够把说话者貌似没有指称的语词转化为具有指称的语词，同时，说话者也

---

① 唐奈兰，《指称与限定摹状词》，载马蒂尼奇编：《语言哲学》，第469页。

能理解和赞同这一转化，从而在他们之间达成一致。可见，在交流语境中重要的是这一转化，而转化后的语词所指的对象必须是存在的，否则，说话者和听者之间不可能达成一致。交流语境之所以能够实现这一转化，是因为交流语境比起世界语境来更为具体，甚至包括必要的形体动作，如，说话者用手指着他所要谈论的对象。在这种情况下，即使说话者使用了不正确的限定摹状词，听者也能辨认出他所要谈论的对象。

唐奈兰也曾举过一个在说话者和听者之间达不成一致的例子。“假定我认为我看到远处有一个人在行走，于是我问：‘那个拿着一根手杖的人是历史学教授吗?’……存在有这样一种情形：在我本以为有一个拿着一根手杖的人的地方，实际上根本就没有任何东西；而在这种情形下，我们才真正没有进行指称，即使那个摹状词是被用来进行指称的。”①

在这里，唐奈兰承认在指称（指示）性用法的场合也有“指称失败”的时候，那是因为说话者无中生有的幻觉无法使听者实现某种可理解的转化。如果那里有一块石头，或许听者还可以实现这种转化，即猜想说话者所说的“那个拿着一根手杖的人”实际是一块石头。但是现在那里什么也没有，根本无法实现这种转化。这就是说，在这一交流语境中，“那个拿着一根手杖的人”所指称的对象不存在，因而导致指称失败。“于是，或许也是在这种情形下，如果说话者断定了某个东西，那么，在没有能被识别为其指称对象的任何东西的情况下，他就没有作出具有真假的陈述。”②

这表明，即使在指称（指示）性用法的场合，一个语句是否具有真值也取决于其主词所指称的对象是否存在，正如在归属（指谓）性用法的场合。但这样一来，唐奈兰的结论便不成立。唐奈兰的结论可以归结为对前面提到的命题（2）的看法。命题（2）是：对于“该 Φ 是 Ψ”这句话，如果没有 Φ，那么说话者便没有指称任何东西。这也就是说，如果适合于语词 Φ 的对象不存在，那么 Φ 便没有指称。由此得出命题（1），即：如果没有 Φ，“该 Φ 是 Ψ”这句话没有真值。对此，唐奈兰的观点是：命题（1）和（2）对于归属（指谓）性用法成立，但对于指称（指示）性用法不成立。与之不同，笔者的看法是：命题（1）和（2）对于归属（指谓）性用法和指称（指示）性用法都是成立的；只不过时常出现这种情况：在归属（指谓）性用法通常采取的现实世界的语境中，适合于 Φ 的对象不存在，而在指称（指示）性用法的交流语境中，适合于 Φ 的对象却存在了。正如在上面的例子中，“她的丈夫”在现实世界的语境中不存在，但却在交流语境中存在，即那个刚才同她谈话的人琼

① 唐奈兰，《指称与限定摹状词》，载马蒂尼奇编：《语言哲学》，第 462—463 页。

② 同上书，第 463 页。

斯。这便导致唐奈兰的一种错觉：即使适合于Φ的对象不存在，在指称（指示）性用法中也可使Φ有指称，从而使"该Φ是Ψ"具有真值。也就是说，唐奈兰把由世界语境和交流语境造成的关于适合于Φ的对象是否存在的差别，错误地归结为，**在适合于Φ的对象不存在的情况下**关于Φ的归属（指谓）性用法和指称（指示）性用法的差别。

命题（1）、（2）和（3）是斯特劳森所主张的，唐奈兰批评说，这三个命题（尤其是前两个命题）只适合于归属（指谓）性用法而不适合于指称（指示）性用法。上述分析表明，斯特劳森是对的而唐奈兰是错的，尽管斯特劳森的表述尚欠明确。不过应该说，唐奈兰对指称（指示）性用法的细致分析为我们得出以上结论提供了依据，也为我们区分世界语境和交流语境起到启发作用。

交流语境是摹状词的指示性用法的特征语境，而摹状词的指示性用法的基本特征可以用唐奈兰的这段话来刻画："摹状词在指称（指示——引者注）性用法中仅仅是使某一个的听者辨认出或想到所谈论的那个东西的一个手段，是一个即使摹状词不正确也可用来达到其指称功能的手段。或许更加重要的是，在与归属（指谓——引者注）性用法相对的指称性用法中，存在有可由听者辨认出的一个**恰当**的东西，而这个东西之所以是恰当的东西，这完全不是由于它适合摹状词这一点所起的作用。"①

请注意，在交流语境中存在"一个恰当的东西"，它使摹状词具有指称。这个恰当的东西是由听者从说话者的谈论中辨认出来的，并能同说话者保持一致。交流语境则提供了这种辨认的手段，如说话时的具体情景，甚至包括说话者的手势。相比之下，世界语境没有这么具体，使听者辨认说话者意向的手段相对贫乏，一般只能通过摹状词的字面意义去辨认，这便使得摹状词处于指谓性用法之中。可见，**世界语境是指谓性用法的特征语境**。

再次强调，在世界语境中不存在的指称对象并不等于在交流语境中也不存在。因此，**无论对于指谓性用法还是对指示性用法，只有在适合于那个摹状词的对象存在的情况下才有指称**，相应的语句才有真值，甚至可以说，相应的语句才有意义。

八、认识论意义与语法意义

命题（1）、（2）和（3）只谈Φ有无指称对于"该Φ是Ψ"有无真值的影响，而不涉及"该Φ是Ψ"有无意义的问题。斯特劳森明确地说，在Φ没有指称即Φ所指称的对象不

---

① 唐奈兰，《指称与限定摹状词》，载马蒂尼奇编：《语言哲学》，第472页。

存在的时候，“该 Φ 是 Ψ” 没有真值但有意义。唐奈兰对于“该 Φ 是 Ψ” 可以没有真值而有意义的说法没有提出任何异议，看来他接受了斯特劳森的这一说法。笔者将表明，这一说法是粗糙的和令人困惑的，为此引入“认识论意义”和“语法意义”的区分。

斯特劳森谈道：“在事实上没有通过使用‘法国国王’这个词组提到任何人的情况下说出‘法国国王是贤明的’这个语句时，这个语句并非不具有意义：我们根本没有说出具有真值的事情，因为我们根本没有通过对那个完全有意义的词组的这种特定使用去提到任何人。如果你愿意的话，也可把它看成是语句的虚假使用和语词的虚假使用；尽管我们可能（或可能不）误以为它是真实的使用。”①

在这里，斯特劳森为澄清一个语句的主词有无指称和该语句有无真值以及它们有无意义之间的关系，提出语句或语词的“虚假使用”的概念。一个其主词无指称的语句是没有真值的，但它并不一定没有意义；相反，正因为它有意义人们才用它做些什么事情，而这些事情可以是有指称的，也可以是无指称的。对有意义而无指称因而无真值的语句的使用就叫做对语句及其语词的“虚假使用”；相应地，对有指称因而有真值的语句的使用叫做对语句及其语词的“真实使用”。

不过，相对于现实世界无指称或无真值的语词或语句，相对于另一可能世界可以是有指称或有真值的；因此，相对于现实世界为虚假使用的语词或语句，相对于另一可能世界可以是被真实使用的。正如斯特劳森指出的，相对于当今世界，“法国国王是贤明的”是被虚假使用的，但相对于十九世纪之前的世界，这句话是被真实使用的。

前边提到，尽管斯特劳森怀有可能世界语义学的思想萌芽，但他并未明确地提出世界语境的概念，以致使他有时对虚假使用的界定显得犹豫不决。关于文学虚构的语句是否虚假使用的问题，在其《论指称》于 1956 年再次发表的时候，斯特劳森在“人们很熟悉这种虚假的使用。矫揉造作的传奇、小说就靠着它们来虚构”之后增加了一条注释，即：“现在选择用‘虚假的’（spurious）这个词在我看来似乎是不适宜的，至少对某些非标准的使用来说是如此。现在我倒宁愿把其中某些使用称作‘从属的’（secondary）使用。”②

类似地，斯特劳森在另一段话即“在假装做什么事时或在小说中，我们能够通过使用有意义的语词自称是在作指称，或者当我们并没有指称任何东西时误以为我们正在指称”之后加了如下注释：

---

① 斯特劳森，《论指称》，载马蒂尼奇编：《语言哲学》，第 428 页。

② 同上书，第 445 页，注脚②。所注释的文本见第 428 页。

“这句话现在在我看来在许多方面是不能令人同意的，这显然是因为对‘指称’这个词的使用的限制不明确。这句话可更确切地表述如下：‘因此，我们能够通过使用有意义的语词，以如同在假装做什么事时或在小说中所用的从属方式（secondary way）去指称，或者，当我们并没以初始的方式（primary way）指称任何东西时，误以为我们正在以那种方式在指称着某物。’”①

在这里，斯特劳森实际上把指称分为三种，即基始指称（初始指称）（primary referring）、派生指称（从属指称）（secondary referring）和虚假指称（spurious referring）。其中基始指称是真实指称，派生指称的位置似乎并不明确，它介于真实指称和虚假指称之间。而在其原来的表述中，派生指称如用于文学虚构的指称是属于虚假指称的。笔者认为，斯特劳森的这一改变是重要的，并把这一改变再推进一步，即把斯特劳森从虚假指称中分离出来的派生指称同基始指称归为一类。

为进一步澄清派生指称的地位或作用，我们不妨顺着斯特劳森的这一思路将这三种指称加以界定，即：基始指称是用于现实世界的指称，派生指称是用于非现实的可能世界（包括文学虚构的世界）的指称，虚假指称是既未用于现实世界也未用于任何一个可能世界的指称；如一本语法书中的例句“张三是个好人”；尽管这一例句具有语法意义，但实际上没有涉及任何对象。与之相比，基始指称和派生指称都涉及某一世界的对象，传达了关于某一世界的一些信息，因而不仅具有语法意义，而且具有认识论意义。

这样，我们便引入“语法意义”和“认识论意义”的区分。由于具有认识论意义的语句对某一世界的对象有所断定，因而具有真值；与之不同，由于仅仅具有语法意义的语句没有对任何世界的任何对象作出断定，因而没有真值。据此，我们可以把斯特劳森关于“有意义而无真值”的虚假使用更为精确地定义为：只有语法意义而无认识论意义。语法意义只是认识论意义的必要因素，而绝不是意义的全部。一个语句的语法意义可以没有真值而存在，但是，一个语句的认识论意义不能没有真值而存在。对于一个语句的虚假使用使该语句只有语法意义而没有认识论意义，但对一个语句的真实使用则使该语句既有语法意义又有认识论意义。

由于斯特劳森没有区分语法意义和认识论意义，甚至把语法意义作为意义的全部，以致他把一个语句的意义同语句的使用进而同语句的真值分离开来。他谈道：“语句是否有意义的问题，也就是是否存在着这样的语言习惯、约定和规则使得语句在逻辑上能被用来谈论某

---

① 斯特劳森，《论指称》，载马蒂尼奇编：《语言哲学》，第 445 页，注释⑤。所注释文本见第 432—433 页。

个东西的问题；并且这个问题也就因此完全独立于它是否在某个特定场合下正在被如此使用的问题。”① 斯特劳森所说的语句的意义只是决定于该语句是否合乎语言习惯、约定和规则，而与它在特定场合的使用无关，因而与它的真值无关。现在我们要说，斯特劳森所说的语句的意义仅仅限于它的语法意义，而不包括它的认识论意义；一个语句的语法意义可以同它的真值分离开来，但是一个语句的认识论意义却不可以，相反，一个语句的认识论意义是以其具有真值为标志的。**从认识论意义的角度来说，一个语句有意义就有真值，无意义便无真值**。

斯特劳森曾经举了这样一个例子。假定我伸出双手做出一个环形，同时对面前的一个人说："这是一个很好看的红色东西"。那人向我手中看去，结果什么东西也没看到。此时那人不会直接否认或反驳我说的话，而是问"什么？你说的是什么?"或者，他也许会说："可是你手中没有任何东西。"显然，这不是在对我这句话的真实性进行反驳。② 笔者进一步认为，这是对我这句话是否有意义表示怀疑，这个意义便是认识论意义而不是语法意义。这就是说，当一个语句的主词所指称的对象不存在时，该语句则失去认识论意义尽管仍然可以具有语法意义。

事实上，罗素早对斯特劳森关于"有意义而无真值"的说法表示不满，他说："斯特劳森先生反对我说，如果法国没有国王，则'法国国王贤明'是伪的。他承认这句话具有意义而且不真，但是不承认是伪的。……可是他小心地避而不告诉我们这个意义是什么。我个人觉得给'伪'这个字下个定义更便利些，这样，每个具有意义的句子不是真就是伪。"③ 罗素这里所定义的"意义"便是笔者所说的"认识论意义"，他责怪斯特劳森没有说清楚的"意义"便是笔者所界定的"语法意义"。

九、对三种摹状词理论的初步综合

关于摹状词和专名的意义的当代讨论，由弗雷格和罗素肇始而一发不可收，相关文献可以说是汗牛充栋。不过，罗素、斯特劳森和唐奈兰的摹状词理论堪称经典，至少是经典的重要部分。本节试图对这三种摹状词理论给以扬长避短，进行一定的综合，以为得出进一步的结论奠定基础。

唐奈兰的注意力集中在作为主词的摹状词的指谓（归属）性用法和指示（指称）性用法的区分上。我们在前边已经指出，关于语词的指谓性用法和指示性用法在罗素那里已有区

① 斯特劳森，《论指称》，载马蒂尼奇编：《语言哲学》，第426页。
② 参阅同上书，第430—431页。
③ 罗素，《我的哲学的发展》，第223—224页。

分，只不过他让二者分属摹状词和逻辑专名，而没有在同一个语词上加以区分，其根本原因是没有考虑语境的因素。斯特劳森则通过引入语境的因素，区分语言本身和语言的使用，对语词的意义、指谓（归属）性用法和指示（指称）性用法作了一定的区分。笔者以为，唐奈兰的理论并未超出斯特劳森的理论框架，其主要贡献在于对指示（指称）性用法及其语境作了更为深入的研究，从而使得"交流语境"的概念成为应有之义，尽管他本人并未明确地提出这一概念。

如所周知，罗素的摹状词理论的核心内容是，把隐含在限定摹状词的唯一存在性展示出来，即把语句"该 Φ 是 Ψ"改写为"至少存在一个 x 并且至多存在一个 x 具有性质 Φ 并且具有性质 Ψ"，从而把作为主词的摹状词 Φ 消解掉，使 Φ 处于谓词的位置。这样处理摹状词的结果是，当没有适合于 Φ 的东西存在时，"该 Φ 是 Ψ"仍然有意义，只不过它是假的。斯特劳森尖锐地指出，这是对语句"该 Φ 是 Ψ"之使用的严重歪曲。实际情况是，"该 Φ 是 Ψ"的真假不能一概而论，要视语境而定，因为适合于 Φ 的东西是否存在是取决于语境的；如果在一个语境中，适合于 Φ 的东西真的不存在，那么"该 Φ 是 Ψ"不是罗素所说的假命题，而是没有真值尽管它仍然有意义。笔者大致赞同斯特劳森的观点，只是把"没有真值"叫做"没有认识论意义"，尽管该语句仍然具有"语法意义"，即斯特劳森所说的"意义"。

斯特劳森正确地指出，导致罗素的这一错误的根源在于，罗素把限定摹状词的唯一性**预设**当作唯一性**断定**，进而把一个违反这一预设因而没有真值的语句看作一个假命题，这是对预设和断定的混淆。不过，斯特劳森把这一错误看作是"灾难性的"，几乎完全忽略了罗素摹状词理论的可取之处。与之不同，笔者则认为，尽管斯特劳森对罗素的摹状词理论的批评在总体上是正确的，但是，罗素的摹状词理论至少有两点是值得保留的。下面所述的第一点由笔者提出，另一点大致由唐奈兰提出，尽管提得不太准确。

笔者在《斯特劳森与罗素的指称理论之比较》① 一文中谈道，罗素根据其摹状词理论得出"金山不存在"这一命题是真，尽管符合常识，但却是偶然为之的，而在大多数情况下，由其摹状词理论所得结论都是不符合常识的。根据罗素的摹状词理论，以"金山"这个限定摹状词作主词的其他任何命题——如"那座金山是宝贵的"——都是假的，因为这句话包含了"金山存在"的断定，而这个断定是假的。同理，"那座金山不是宝贵的"也是假的。这就是说，两个内容相反的命题都是假的，这便违反了最基本的逻辑规律即排中律。更有甚

① 参阅陈晓平、赵亮英，《斯特劳森与罗素的指称理论之比较》，载《华南师范大学学报》，2009 年第 6 期。

者，如果不把“金山”作为限定摹状词，而是把它作为非限定摹状词即通名，“金山是宝贵的”被解读为“对于任何个体 x 而言，如果 x 是金山，那么 x 是宝贵的”。这个解读后的命题总是真的，因为这个蕴涵命题的前件“x 是金山”总是不能被满足。同理，“金山不是宝贵的”也是真的。这就是说，两个内容相反的命题都是真的。这样便违反了最基本的逻辑规则即矛盾律。[①] 由于除“金山不存在”等少量命题以外，几乎所有以空词项为主词的命题都将导致逻辑矛盾，于是，我们的结论只能是：以空词项为主词的命题是没有认识论意义的。这个结论接近斯特劳森的结论，即以空词项为主词的语句是无真值的，或者说是被虚假使用的。

在笔者看来，罗素的摹状词理论的意义在于，它从逻辑上表明，以空词项为主词的语句之所以没有认识论意义，是因为它们可以使得内容相反的两个命题如“金山是宝贵的”和“金山不是宝贵的”同时为真，从而违反矛盾律，或者使内容相反的两个命题如“那座金山是宝贵的”和“那座金山不是宝贵的”同时为假，从而违反排中律（尽管这不是罗素的本意）。这样，我们便把罗素的摹状词理论同斯特劳森的理论结合起来了，即**用前者证明后者**，或者说，用**前者揭示后者的逻辑结构**；而不是像斯特劳森那样，用后者反对前者。

罗素把他对“该 Φ 是 Ψ”的摹状词处理看作是对该语句的定义[②]，从而可以取代该语句。笔者则认为罗素的摹状词理论不是给出“该 Φ 是 Ψ”的定义，至少不是一般意义上的定义，而是揭示了该语句的深层逻辑结构；二者属于不同的语言层次，尽管密切相关，但却不能相互代替。在此有必要提及克里普克的有关论述。

克里普克（S. Kripke）在其文章《说话者指称与语义性指称》（1977 年）谈道：“像罗素理论那样的一元理论比一些假定某种含混性的理论更可取。而唐奈兰论文中的大部分内容都似乎假定了在他所谓的‘指称性’使用与‘归属性’使用之间的一种（语义上的）含混性。”[③] 然而，克里普克却承认罗素的摹状词理论在“处理日常话语上”“终究是站不住脚的”。[④] 其实，克里普克已经在总体上否定了自己的观点，因为他事实上已经承认罗素语言和日常语言是二元的而不是一元的。因此笔者并不看好克里普克这篇文章的理论价值。在此，笔者进一步指出克里普克这篇文章的关键性错误。

---

① 罗素为了避免导致这种矛盾的局面，特地区分了摹状词在命题中的“主要出现”（primary occurrence）和“次要出现”（secondary occurrence）。（参阅罗素，《摹状词》，载马蒂尼奇编：《语言哲学》，第 412 页。）但在笔者看来，离开具体语境来谈这种区分是没有意义的。

② 罗素，《摹状词》，载马蒂尼奇编：《语言哲学》，第 410 页。

③ 克里普克，《说话者指称与语义性指称》（1977 年），载马蒂尼奇编：《语言哲学》，第 476 页。

④ 同上书，第 476 页。

前边笔者提出的一个观点即：罗素语言揭示了日常语言的深层逻辑结构，这两种语言属于不同的层次，尽管密切相关，但却不能相互代替。二者之间的一个根本区别正是由斯特劳森指出的：主词的唯一存在性在日常语言中是预设，而在罗素语言中是断定。然而，在克里普克那里，这一根本性区别被忽视了，而去关注一个在笔者看来几乎是毫无意义的区别。

克里普克试图用“语义性指称”（semantic reference）和“说话者指称”（speaker's reference）取代唐奈兰和斯特劳森所谓的“归属（指谓）性用法”和“指称（指示）性用法”，其理由是后两者对语义作了区分，造成了语义的“两可性”或“含混性”，因而是不可取的。与之不同，前两者中的语义性指称保持了语义的单义性，只是说话者的主观信念造成了一种外在的复杂性即说话者指称。而语义的单义性就是罗素语言给出的，即主词或限定摹状词的唯一存在性是一种断定。至于断定和预设之间的区别根本就没有进入克里普克的视野或者他不想谈及。我想，这也许是克里普克避而不谈斯特劳森理论的重要原因，因为后者明确地指出这种区别。

克里普克谈道：“如果一个说话者在其个人语言中有一个指示词（designator），那么，这些语言里的某些约定便确定出在这种个人语言里的所指：我们称之为该指示词的**语义所指**…… 我们便可以尝试地把一个指示词的**说话者所指**定义为说话者（在某个给定场合）想要谈论、并且自认为它满足成为该指示词的语义所指而应具备的条件的那个对象。”①我们看到，一个指示词的语义指称和说话者指称的唯一区别在于：前者是由说话者所用语言的某些约定确定的，后者是说话者**自认为**满足这些约定的对象所确定的。

对此，笔者想问的是：难道有哪一个说话者在使用一个指示词指称一个对象的时候不认为该对象满足该指示词的约定吗？如果真是这样，那么这个说话者不是骗子就是在开玩笑或者出于其他非正常使用指示词的目的，而这一类说话者不属于我们讨论一般语义学的对象。如果克里普克所说的语义性指称是指未被使用的一个语词的指称，那就是斯特劳森所说的脱离语境的“意义”，亦即笔者所说的“语法意义”。斯特劳森和唐奈兰所说的“归属性用法”和“指称性用法”都是一个语词被使用的功能，因而都属于“说话者指称”，或者说，是说话者指称的两个类型。总之，克里普克所说的“语义性指称”和“说话者指称”没有任何能够超出斯特劳森关于“意义”（语法意义）、“归属性用法”和“指称性用法”的地方，除了带来一些不必要的混乱。有鉴于此，笔者认为克里普克的指称理论犯了范畴性错误。

接下来谈谈罗素的摹状词理论的另一可取之点。前边谈到，后来为斯特劳森和唐奈兰等

① 克里普克，《说话者指称与语义性指称》（1977年），载马蒂尼奇编：《语言哲学》，第492—493页。

人明确区分开来的指称（指示）性用法和归属（指谓）性用法在罗素那里已经区分，只不过他脱离语境地把这两种用法分别指派给专名和摹状词，并在专名和摹状词之间划了一条不可逾越的鸿沟。然而，罗素后来发现除逻辑专名以外的一般专名其实都带有摹状词的作用，于是，他便把一般的专名看作"缩略摹状词"而将它们开除出专名的行列。如"荷马"这个专名实际上是"那个创作《伊利亚特》和《奥德赛》的人"的缩写。[①]

对此，唐奈兰指出，罗素这样做是基于一个错误的观点，即摹状词不能具有指称（指示）性用法。因此，任何专名只要附带摹状词的作用便失去指称（指示）作用，因而不配做专名。既然我们已经表明，摹状词可以具有指称（指示）性用法，而一般专名正是具有指称（指示）性用法的摹状词；这就是说，**专名和摹状词的划分并不是绝对的和非此即彼的**。唐奈兰谈道："我认为，罗素关于专名的许多说法，能够在没有过分歪曲其涵义的情况下适用于限定摹状词的指称性用法。因此，罗素本以为他在名称与限定摹状词之间所看到的那道鸿沟比起他所认为的要窄。"[②]

唐奈兰通过阐明摹状词的指称（指示）性用法而保留了罗素所说的专名的功能，而罗素原来那种脱离语境而划分的专名和摹状词实际上是名不符实的。正因为此，罗素不得不把大量的专名赶到摹状词的行列，使得真正的专名所剩无几，即他所说的逻辑专名。唐奈兰则通过摹状词的指称性用法而还专名以本来面目，即一般附带摹状词作用的专名正是指称（指示）性用法的摹状词。这样，罗素关于摹状词和专名的僵硬划分便被这种变通的方式取代了，即：**专名属于指称（指示）性用法的摹状词，以别于归属（指谓）性用法的摹状词**；[③]而罗素原来那种僵硬的划分实际上等于取消专名。

十、结　　语

斯特劳森和唐奈兰指出，关于专名或摹状词的归属性用法和指称性用法都是相对于某一

① 参阅罗素，《摹状词》，载马蒂尼奇编：《语言哲学》，第411页。

② 唐奈兰，《指称与限定摹状词》，载马蒂尼奇编：《语言哲学》，第448页。

③ 笔者赞同唐奈兰通过阐释专名与摹状词之间的密切关系来缩小它们之间的鸿沟，但并不认为作为缩略摹状词的专名相当于指示性用法的摹状词。笔者认为，相对于世界语境，摹状词具有指谓功能，专名能过摹状词也具有指谓功能。不过，世界语境只是一种静态语境，还有另一个本文尚未涉及的动态语境即认同语境，认同语境是由开放的簇摹状词的构成的。相对于认同语境，专名具有指示功能，而不是指谓功能；摹状词只能作为开放的簇摹状词的成员起作用。唐奈兰所关注的"交流语境"实际上是认同语境的特例，即实指语境。（参阅拙文《论名称的语境与功能》，将载于《哲学分析》2012年第1期。）

语境而言的，而不是固定不变的。笔者进一步指出，他们的讨论实际上涉及语词的三种功能即归属、指谓（间接指称）和指示（直接指称）；其中归属是谓词的固有的功能，指谓和指示是主词固有的功能，统称为指称。主词的指称功能和谓词的归属功能的划分一般不依赖于语境；但是，主词的指谓功能与指示功能却依赖于语境。罗素脱离语境地把主词的指示功能给予专名，把指谓功能给予限定摹状词，并将限定摹状词加以谓词化，从而把指谓功能同化为归属功能。斯特劳森反对罗素把主词的指谓功能归属化，但他却未能澄清指谓功能与归属功能之间的关系，而用"归属性用法"泛指谓词的归属功能和主词的指谓功能。唐奈兰同样是在这种含混的意义下使用"归属性用法"的，以致他把斯特劳森和罗素的摹状词理论归为同一类，这是对斯特劳森理论的严重误解。

笔者的结论是：尽管主词的指称功能和谓词的归属功能在一般情况下是独立于语境的，但是主词的两种指称功能即指示和指谓亦即直接指称和间接指称却是依赖于语境的。对于摹状词而言，其指示功能依赖于交流语境，指谓功能依赖于世界语境。无论在哪一种语境中，只要一句话具有认识论意义即具有真假值，适合于主词的指称对象一定存在；这意味着，主词存在原则具有普遍性。

主词存在原则是斯特劳森实际上所坚持的。他谈道："除非有可当作是被指称的某个东西，我们就没有必要使用诸如'我所指称的个体'这样的词组。（如果并没有可当作是被指的东西，那么，述说你已指了它，这是毫无意义的。）因此，我再次得出结论，指称或提到某个特定事物这一点不可能被分解为任何一种断定。"[①] 斯特劳森在这里所说的"断定"是指关于主词所指对象存在的断定，这个断定是罗素所坚持的，但斯特劳森认为这不是断定而是预设。唐奈兰则没有强调预设和断定之间的原则性区别，在一定程度上把二者混淆起来。

顺便提及一个长期引起争论的问题，即一个语词的内涵（intension）和外延（extension）的主次问题（谁决定谁的问题）。对此，笔者的回答是：当一个语词并未被实际使用的时候，它只有语法意义而没有认识论意义。从语法意义的角度看，一个语词的内涵和外延之间不存在谁决定谁的问题，甚至一个语词只有内涵而没有外延。一个语词一旦被使用，它便具有了认识论意义。在指谓性用法中，一个语词是通过它赋予对象的属性去指称对象的，因此是内涵决定外延的。在指示性用法中，一个语词是直接指称对象的，属性只起辅助的标识作用，因此是外延决定内涵的。这一回答的主旨是：**内涵和外延的主次问题不能一概而论，随着用法和语境的不同，其主次关系也是不同的**。

---

① 斯特劳森，《论指称》，载马蒂尼奇编：《语言哲学》，第430页。

最后，让我们关注斯特劳森在其论文的末尾所强调的观点。他说："我们把具有上述形式的全称命题（即传统逻辑的直言命题 A、E、I 和 O——引者）既不解释为肯定的存在性命题，又不解释为否定的存在性命题，也不解释为肯定的存在性命题和否定的存在性命题的结合，而是解释为这样的语句：**它们是否正在被用来作出真论断或假论断的问题不会产生，除了当对于主词项来说存在性的条件已实现的时候之外**。如果这样的话，那么所有传统的逻辑规律就全部能充分地成立。"①

在这里，斯特劳森指出了现代符号逻辑与传统逻辑之间的一个根本区别，即前者把一个命题的主词的存在性看作断定，而后把它看作预设。前边已经指出，在日常语言中常常是把一个命题的主词的存在性看作预设而不是断定，所以，传统逻辑关于直言命题的处理更符合日常语言的习惯。不过，罗素的基于现代符号逻辑的摹状词理论能够对日常语言中的摹状词的用法提供逻辑的说明，尽管不能代替它；同样地，现代符号逻辑能够为传统逻辑提供深层结构上的说明，但是不能取代它。这种情况类似于相对论物理学和牛顿物理之间的关系：前者可以解释后者，但不能取代后者；因为人们在日常生活中更多地是使用牛顿物理学，而不是相对论物理学。

斯特劳森最后谈道："无论是亚里士多德的逻辑规则还是罗素的逻辑规则，都未给出日常语言中任何表达式的精确逻辑；因为日常语言本来就没有这种精确的逻辑。"② 这是以斯特劳森为首的日常语言学派的基本观点，用以反对以罗素为首的人工语言学派。对此，罗素回答说："我同意斯特劳森先生的一句话，就是，普通的语言没有严密的逻辑。"③ 然而，"大家都承认物理学、化学和医学每一门都需要一种语言，这种语言不是日常生活上的语言。我就看不出为什么只有哲学不许也这样想法子接近精细和正确。"④

笔者以为，日常语言学派和人工语言学派之间的对立是大可不必的，而应当是相互补充的。诚然，日常语言本来是不精确的，正因为此，我们需要用精确的逻辑语言去揭示其相对精确的深层结构，以对日常语言拥有更深刻的理解，而不是取代日常语言。类似地，自然现象本来是变化无常的，正因为如此，我们需要用精确的物理学、化学和生物学等去揭示其相对稳定的深层结构，而不是取代人们经验到的自然现象。**不承认人工语言的科学意义是不对的，但以为人工语言可以取代日常语言也是不对的。我们同时需要二者。**

---

① 斯特劳森，《论指称》，载马蒂尼奇编：《语言哲学》，第 444 页。
② 同上书，第 445 页。
③ 罗素，《我的哲学的发展》，第 224 页。
④ 同上书，第 222 页。

参考文献

［1］唐奈兰，《指称与限定摹状词》（1966 年），载马蒂尼奇编：《语言哲学》，牟博等译，商务印书馆，1998 年，第 447—474 页。

［2］斯特劳森，《论指称》（1950 年），载马蒂尼奇编：《语言哲学》，牟博等译，北京：商务印书馆，1998 年，第 414—446 页。

［3］克里普克，《说话者指称与语义性指称》（1977 年），载马蒂尼奇编：《语言哲学》，牟博等译，北京：商务印书馆，1998 年，第 475—514 页。

［4］罗素，《摹状词》，（选自罗素，《数理哲学导论》1919 年），载马蒂尼奇编：《语言哲学》，牟博等译，商务印书馆，1998 年，第 400—413 页。

［5］罗素，1982，《我的哲学的发展》（1959 年），温锡增译，商务印书馆。

［6］罗素，《逻辑原子主义》（1918 年），载《逻辑与知识》，苑莉均译，商务印书馆，1996 年，第 211—242 页。

［7］罗素，《论指称》（1905 年），载《逻辑与知识》，苑莉均译，商务印书馆，1996 年，第 47—68 页。

［8］弗雷格，《论涵义和指称》（1892 年），载马蒂尼奇编：《语言哲学》，牟博等译，商务印书馆，1998 年，第 375—399 页。

［9］弗雷格，《论概念和对象》（1892 年），载《弗雷格哲学论著选辑》，王路译，商务印书馆，1994 年，第 76—89 页。

［10］陈晓平、赵亮英，《斯特劳森与罗素的指称理论之比较》，载《华南师范大学学报》，2009 年第 6 期。

［11］G. Frege，2003，“On Concept and Object”，in A. Sullivan（ed.），*Logicism and the Philosophy of Language*：*Selections from Frege and Russell*，Toronto：broadview press.

［12］A. Miller，1988，*Philosophy of Language*，London：UCL Press.

［13］M. Devitt & K. Sterelny，1999，*Language and Reality*：*An Introduction to the Philosophy of Language*，Oxford：Blackwell Publishers.

［14］J. R. Searle，1969，*Speech Acts*：*An Essay in the Philosophy of Language*，London：Cambridge University Press.

［15］A. Sullivan，2003，*Logicism and the philosophy of language*：*selections from Frege and Russell*，Peterborough，Ont.：Broadview Press.

On the Three Functions of Descriptions: Attribution, Denotation and Designation
——A Comparison between Russell's, Strawson's and Donnellan's Theories of Description

Xiaoping Chen
Institute of Philosophy, South China Normal University

Abstract: Abstract: Donnellan indicated that the attributive use and the referential use of a description are not fixed and unchanged but relative to a certain context, and criticized Strawson, as well as Russell, disregarding the context when talking about the reference of a description. I point out that Strawson also attached importance to contexts and made the distinction between the attributive use and the referential use. The difference between them is only that Stawson paid attention to a larger context, i. e. , the world context, while Donnellan paid attention to a smaller context, i. e. , the communication context. I further separate the concept of 'indirect reference', i. e. , 'denotation', from 'attributive use' Donnellan and Strawson talk about, in order to differentiate it from 'direct reference', i. e. , 'designation' . Denotation is relative to a world context and Designation a communication context, and denotation and designation all belong to the linguistic function of subject, i. e. , reference. The attributive use is only the linguistic function of predicate, i. e. , attribution, which is Frege's so-called 'unsaturated propositional function' . I indicate that Russell's description theory which is based on modern symbolic logic can provide an account of the deep logical structure for the usage of the description in the ordinary language but cannot replace it; the relationship between them is not mutually exclusive but mutually complementary; so is the relationship between the school of artificial language and the school of ordinary language.

Keywords: Description; Proper Name; Attribution; Denotation; Designation; Reference; Context

福布斯的反模态实在论[①]

◎ 朱建平

苏州大学

摘　要：福布斯的反模态实在论采取的是一种工具主义的立场，是基于一种认识论的考虑。福布斯不是按照可能世界及其替代性概念给出模态句子的真值条件。他的根本目的是在不预设任何可能世界存在的前提下，解释可能世界语义学如何能够用于确定模态论证的有效和非有效。就具体的分析而言，福布斯并没有采取将任何有意义的表达式指派到一模型论结构上去的做法。在福布斯的分析中完全看不到这种语义指派。因此他不使用“在一解释之下在 w 中真”的方式给出一个量化模态逻辑的模态语句的二类一阶语言的定义，相反他使用的是关于“世界”的一类变项和关于“个体”的一类变项，用由包含这两类变项的语言将量化模态逻辑的模态语句翻译为一阶语句。在福布斯看来反模态实在论的主要问题是解释这两种语言的句子是如何相互关联的。本文将分析和评价福布斯的反模态实在论。

关键词：反模态实在论；可能世界；逆向翻译学说；意义的证明论

一、模态实在论与反模态实在论

模态实在论与反模态实在论之争是当代逻辑哲学和形而上学讨论的一个核心问题。毋庸置疑，这一争论与可能世界框架自身的合法性具有极大的关系。一方面，可能世界的概念在哲学的众多领域发挥着十分重要的作用，这些领域包括认识论、宗教哲学、科学哲学、美学、心灵哲学。许多哲学家认为，可能世界的框架对于分析诸如信念和知识的性质、本体论证明、邪恶问题、似律陈述的性质、因果关系的概念、虚构话语的性质，以及身心问题已经表现出极大的启发作用。另一方面，可能世界的成功却极大地依赖于可能世界框架自身的合法性。而框架自身的合法性主要与以下两个问题有关：一是关于可能世界的性质和地位，即

---

① 格雷曼·福布斯，美国科罗拉多大学哲学教授。主要著作：*Attitude Problems*（Oxford，2006），*Language of Possibility*（1989），and *The Metaphysics of Modality*（Oxford，1985）。

模态的基础或者模态的本体论基础问题，什么是模态命题的真值条件？二是关于我们如何为量化模态命题的信念提供辩护，什么是通往必然性的认识论途径？

模态实在论的代表人物大卫·刘易斯（Lewis，D）[1]对可能世界和它们的内容都是同样真实的这一立场提出了辩护。刘易斯模态实在论的本体论认为：存在着无以计数的世界。每一个世界都是时空上封闭的个体，因而世界是“孤立的宇宙”。世界的每一部分与每一其他部分在时空上是相互联系的，任何世界的部分与不是相同世界的部分的任何事物没有时空上的关联。并非存在的每一事物都是实际的，那些我们称之为“实际的”对象只是我们宇宙的部分对象而已。世界通过那些具有质的特征的个体部分表现可能性。刘易斯认为可能世界（和它们的部分）的本体论是可信的，因为接受它们的理论所带来的好处要比接受它所付出的代价要低廉得多。同时也没有一个与之竞争的理论能够在效益和代价之间提供如此可观的平衡。所谓理论上的效益主要指的是可能世界语义学能够提供各种不同类型的模态性和内涵性概念的解释。这些解释涉及到对它们的本体论性质的识别。可能世界语义学还可以提供对一系列的模态逻辑系统，乃至对所有的模态（以及内涵）概念的非模态术语的分析。刘易斯提出为了提供一个模态概念的非模态的充分分析需要完成两件事情。首先，必须在不求助于任何模态概念的情况下给出世界的本体论特征刻画。其次，必须给出我们相信世界的本体论是完全的和一致的理由。完全的是指所有的可能性都必须无遗漏的给出表达，一致的是指没有一种不可能性被表达。

除此之外，蒙达多利（Mondadori，F）和莫顿（Morton，A）[2]提出了一种与刘易斯的处理相反的观点，他们认为模态概念的理解可以独立于对可能世界和可能对象的指涉。还有一些哲学家辩护了模态话语的可能世界的解释，但是他们强调应当在一种现实主义本体论的语境之内信奉一种可能世界的本体论。认为只有实际世界和它的内容是真实的。斯托尔内科尔（Stalnaker，R）[3]认为可能世界具有某种实际存在但却不可实体化的性质。亚当斯（Adams，R. M）[4]把命题概念作为初始的，把世界构造为命题的极大一致集合。普兰廷格（Plantinga，A）[5]认为可能世界是事态的极大可能状态，强调谈论非存在的可能就是谈论不可例示的个体本质。赖坎（Lycan，W）[6]表达了一种类似普兰廷格，斯托尔内科和亚当斯形式的辩护，他提出如果我们取某些内涵抽象实体为基本的范畴，我们就能够提供一种非实现的可能性的谐和说明的可能本体论。雷谢尔（Rescher，N）[7]接纳了一种对可能世界的概念的处理，主张非现实的可能是以人类的概念化活动为基础的。最后，克雷斯维尔（Cresswell，J）[8]代表了一种对可能世界的组合论的处理。他提出可能世界是构成现实世界的非模态的原子备选的集合论结构。

本文主要涉及框架合法性的第二个问题，即可能世界的认识论方面。在这方面格雷曼·福布斯（Graeme Forbes）[9]的反模态实在论观点尤其值得我们关注。首先，福布斯反实在论观点可以归结为一种工具主义的立场。① 他对模态实在论的拒绝基本上是出于一种认识论的考虑。福布斯的主要目的是给出可能世界语义学特征的一种分析，这种分析将保留可能世界语义学的那些富有吸引力的方面，但却不会承诺可能世界的存在。也就是说，福布斯希望我们作出的任何一个模态陈述可以在不使用对可能对象和可能世界的量化的语言中表达。其次，为了论证他的反模态实在论的立场，福布斯给出了一个扩展的模态语言系统。借助于这个系统，福布斯清晰的论证了他的算子是模态论上可接受的，而所有持同样处理意见的作者都没有对他们的算子作出这样的论证。最后，与其他的类似处理相比，福布斯发展起来的语言在表达力上也是最强的，尽管仍是不充分的。本文分析并评价福布斯的反模态实在论。

二、福布斯的反模态实在论

2.1 福布斯的模态语言

为讨论方便计，我们先给出福布斯的模态语言。根据福布斯的观点，如果存在着这样的模态语句，这种语句只能够通过对世界加以量化的方式来表达，那么模态算子不应被分析为涉及对任何实体加以量化的主张就瓦解了。因而福布斯反模态实在论要求一种模态语言，该语言能够表达所有的模态语句。也就是说福布斯所要求的这种语言应当与关于世界的量化的实在论模态语言拥有同样的表达能力。因此，我们需要给出模态语言（实在论的）和外延语言（福布斯的）一个简要的表述。其目的是对这两种语言的表达力加以比较，其次也为讨论福布斯的反模态实在论立场提供一个框架。

第一种语言是经典一阶模态语言 L。② 该语言包含有一位谓词 E（表示“存在”），二位谓词“=”（表示“等同”），算子“□”和“◇”，常项的集合 Con，谓词的集合 Pred，以及普通一阶语言的符号，在一合式公式的前面前缀上算子“□”或“◇”该公式保持合式

① 应当指出本文中福布斯的反实在论立场与他后期（见 Forbes 1989）中的立场并不完全相同。

② 尽管福布斯并没有为他的模态量化语言提供句法学或者提供形式的推演系统。但他的确表明他的语义学是归之于 Kit Fine（Fine 1978：125－56）。因为语言 S_5 类似于 Fine 的模态语言，我们为简单计把 S_5 看作是这里的 L。

性。在该语言的模型论语义学中，上述两个算子解释为对可能世界的全称和存在量词。一语言L的模型是一个形式为（W，D，d，val，w^*）的五元组。其中W表示所有可能世界的集合；D是一可能世界的非空集；d是从W的元素到D的子集；d(w) 是在w中存在的个体的集合；val是一个从L语言的元素到 $D \cup W \times Dn$ 的函项，其中 $val(c) \in D$，$val(x) \in D$，且 $val(P) = \{\langle w, a1 \cdots an \rangle\}$，$w^*$ 是W的一个元素，表示实际世界。

一模型中的模态语言的语句在一世界中或为真或为假。每一句子的真值按通常的方式被归纳地定义。我们在这里仅仅关注量词的赋值从句：

$\Gamma(W,D,d,val,w) \vdash \exists x_i \Phi x_i$ 当且仅当 $(W,D,d,val',w) \vdash \Phi x_i$

其中val与val′不同。例如，有可能val指派的是元素中的变元 x_i，即d(w) 中的元素。

这意味着形式为 $\exists x_i \Phi x_i$ 的公式在一个世界中是真的，当且仅当在那个满足谓词Φ的世界中某些事物存在。因而确保量词并不涉及到可能对象（possibilia）。很显然一个表达式只涉及对可能对象的量化模态语句的语言对模态实在论者是不可接受的。

在给出了以上经典模态逻辑的一个简单框架之后，福布斯借鉴皮考克（Peacocke）[9,1992,pp. 57-63]的语言模型建构了如下的语言：①

对每一模态语言L存在着一个二类（体）（two-sorted）外延语言 L^*，L^* 包含一个二位谓词E′，该谓词取二类常项和一类变项为其主目，该主目分别位于谓词的第一和第二个空位位置上；语言还有等同符号“=”，该符号分别取类型二的变元和常项为主目。每一 L^* 的常项C包含着一个类型二的常项c′，一个类型一的常项 w^*。对每一个 L^* 的n-位谓词P，存在着一个n+1位谓词P′，该谓词在它的第n-位上取类型二的常项和变项为主目，在最后一位上取类型一的常项和变项为主目。最后它还包括了一个一阶语言的符号。

相应于L的每一模型M，存在着一个 L^* 的模型M′：$(W', D', d', val^2,)$，其中W′，D′，d′分别等同于W，D，d，val^2 类似于上文的val，除了它也必须指派常项 w^* 到模型M的元素 w^* 上去之外，它必须指派W′的元素到 L^* 的世界变元上去。

这一外延语言的每一语句在模型中或为真或为假，且每一个句子的真值按通常的归纳模式加以定义。

我们知道当要比较两种语言是否能够表达相同的语句时，我们需要一个表达力的定义。

---

① 关于福布斯借鉴皮考克建构的语言模型详见Forbes，*Melia on Modalism Philosophical Studies：An International Journal for Philosophy in the Analytic Tradition*，Vol. 68，No. 1（Oct，1992），pp. 57-63. 本文作了一些简化处理。

为此许多逻辑学家使用了可能世界模型论，以此表明在一种语言中是可表达的语句，在另一种语言中是不可表达的。对此福布斯写道：

> "我们说两种模态语言在表达力上是相同的，是说每一可能世界的真值条件在一种语言中是可表达的，它也在另一种语言中是可表达的"。①

福布斯给出了一种表达力等同思想的精确表述：

L_1 和 L_2 在表达力上是等同的当且仅当

(1) $(\forall\Gamma\subseteq SENT(L'))(\exists\Gamma\subseteq SENT(L'))(Mod(\Gamma)=Mod(\Gamma'))$ 且

(2) $(\forall\Gamma'\subseteq SENT(L'))(\exists\Gamma\subseteq SENT(L))(Mod(\Gamma)=Mod(\Gamma'))$

其中 $Mod(\Gamma)$ 是模型的集合，该集合中的语句 Γ 为真。

注意，我们假定 L 和 L′有相同数目的常项以及相同数目的 n-位谓词。

2.2 反模态实在论

在给出了福布斯的模态外延语言 L^* 之后，下面我们考察福布斯的反模态实在论。福布斯是一个反模态实在论者，但福布斯并不是全盘否定模态实在论的立场。他接受了刘易斯谈论世界方式的说明，他只是反对模态陈述应当被分析为涉及关于世界的量化。他认为涉及可能世界的语句应当理解为仅仅涉及到模态算子的语句，他把这种立场定义为"模态算子提供了模态事实表达式的基本方式的一种观点，这种观点与把模态算子分析为对可能世界的量化的学说形成了鲜明的对比"。②

在福布斯看来正是后者是模态实在论失败的真正原因。他希望表明一个人可以既是一个可能世界的反实在论者，同时又能够吸收可能世界语义学的成果。因此福布斯主要关注的是语义学问题。但是他不希望按照可能世界及其替代性概念给出一个模态句子的真值条件。事实上他根本就不想分析模态句子的真值条件。他的根本目的是，在不预设任何可能世界存在的前提下，解释可能世界语义学如何能够用于确定模态论证的有效或者非有效。从某种程度

---

① Forbes, G., 1985, *The Metaphysics of Modality*, Oxford: Oxford University Press. ——Melia on Modalism, Philosophical Studies: An International Journal for Philosophy in the Analytic Tradition Vol. 68, No. 1 (Oct, 1992), p. 7.

② 同上书，p. 8.

上说福布斯所希望达到的目标是对可能世界分析的“自然性”作出解释。

就具体的分析而言，福布斯反对将任何有意义的表达式指派到一模型论结构上去的做法。在福布斯的分析中完全看不到这种语义指派。因此他不使用“在一解释之下在 w 中真”的方式给出一个二类一阶语言的语句的定义，相反他使用的是关于“世界”的一类变项和关于“个体”的一类变项，用由包含这两类变项的语言将量化模态逻辑的模态语句翻译为一阶语句。因而在福布斯的理论中有两种类型的语句：一种是带有盒形（□）和菱形（◇）符号的模态语句，一种是一阶语言的世界句子。在福布斯看来反模态实在论的主要问题是解释这两种语言的句子是如何相互关联的。

举例来说，可能世界语义学告诉我们为什么下列模态推理

◇P ◇Q

∴ ◇（P & Q）

是无效的。因为按照这样一条规则，我们可以将上述模态语句表达为下列形式：①

（∃w）P（w）（∃w）Q（w）

∴ （∃w）（P（w）& Q（w））

其中的量词被看作是遍历世界的，且“P(w)”被解释为P在w中为真。因为量化模态逻辑的推理规则告诉我们后一个推理模式是非有效的，由此我们可以看出第一个推理模式也是无效的。现在模态实在论者可以说明这种模态逻辑语义学的有用性。他们断言在后一个推理模式中的每一个可能世界的陈述，展示了在前一个推理模式中相应的模态陈述的真正的意义（模态实在论者的代表人物刘易斯曾经说过，可能“等于对世界的存在量化”②）。因而可以论证，后一个推理模式中的每一个可能世界陈述提供给我们前一个模式中相应的模态陈述的一种分析，按照这一分析人们能够理解为什么前一个推理是非有效的。

福布斯问道是否能够存在一种比同义关系弱一些的关系，这种关系将使得反实在论者能够对可能世界语义学的上述使用作出说明。他特别指出任何一个候选关系必须满足下列条件：

如果 σ 是一模态语言中的句子，且 σ′是在可能世界语言中依据模态算子的量化处理的一个表达，因而假设 σ 位于与 σ′的候选关系之中，那么它对于保证 σ 在模态论证中的行为与

---

① 这种将模态逻辑语句翻译为一阶逻辑的语句的做法被逻辑学家广为采用。例如，见 Fine1975：1.4。

② 转引自 Charless. Chihara，1998，*The Worlds of Possibility*，Oxford：Clarendon Press，p. 143.

σ′在可能世界语言论证中表达的行为一样是充分的。[1]

但是福布斯在对这一论题进行了一番审视之后，他得出的结论却是“这样一种非同义关系任何候选关系都是难以想象的”。[2] 因而，福布斯不得不放弃这种反模态实在论的最初尝试。

2.3 逆向翻译

在上述设想遭受挫折之后，福布斯构想出了一个反对模态实在论立场的新奇方式：他拒绝模态实在论者关于可能世界语句提供了它们与之对应的模态语句的分析的主张。模态实在论者将模态语句处理为被分析项，将可能世界语句处理为分析项。福布斯说这是一种颠倒。他提出了一个大胆的论点，是模态语句而不是可能世界的语句是分析项。的确，对福布斯来说，“可能世界语句并不意味着它们看似意味的东西”。[3] 在上述推理中可能世界语句“(∃w)P(w)”并没有展示出与之对应的模态语句“◇P”的真正意义；相反，可能世界语句恰好意味着“◇P”。这就是福布斯的“逆向翻译的学说”的论题：一可能世界的语句的意义由它在模态语言中的表达给出，或者由它逆向翻译为模态语言的方式给出的。

我们通过一个例子来明确这一学说的涵义。依据罗素的摹状词理论，陈述

［A］现任法国国王是秃顶的

的意义为：

［B］存在着一个x，使得对任何一个y，y是现任法国国王，当且仅当y=x；且x是秃顶的

其中［A］是被分析项；［B］是分析项。换一种说法，［A］被分析为［B］所具有的意义。按照罗素的理论，［A］的“表层结构”或者［A］的表层语法形式是一种误导。语句［A］并不是一个真正的形式为“F*a*”的句子；它是一个有着存在句子意义的语句。同样，人们普遍相信可能世界的语句表达了它的相应的模态语句的真正的意义。但是福布斯认为这一观点会导致一种回退。对福布斯而言，可能世界语句

(∃w)(P(w)& Q(w))

的“表层结构”是一种误导：这一语句根本不是一个真正的存在语句；它的意义就是模态语

---

① Forbes, G., 1985, *The Metaphysics of Modality*, Oxford: Oxford University Press. ——Melia on Modalism, Philosophical Studies: An International Journal for Philosophy in the Analytic Tradition Vol. 68, No. 1 (Oct, 1992), p. 73

② 同上书，p. 80

③ 同上。

句◇（P & Q）的意义。

这种观点的合理之处在于，它认为长期以来哲学家（以及非哲学家）一直是在不使用对可能世界谈论的情况下进行模态推理的。人们可以合理的假定所有的关于可能世界的这些谈论与其说是承诺了一个新的世界的发现，倒不如说是发明了一种新的思考可能性和必然性的方式；也许，构成这种新的谈论方式的基础就是一个新的比喻而已。如果是这样的话，我们也可以认为，所有的关于可能世界的有意义的谈论都可以直接地归结为模态的谈论，这些谈论只涉及模态算子以及诸如“能”，“可以”，和“能够”这样一些语词。

进而，福布斯试图通过定义一个有效函项“翻译（Trans）”的方式来支持他的逆向翻译。该函项提供了一个标准的模态量化语言的每一个句子的可能世界的翻译。我们把这个被翻译的语言一般看作是由模态系统 S_5 所表达的语言。函项“翻译”以 S_5 的语句为主目，以世界语言（world language）W 中的语句为值。这里的所谓世界语言（即 2.1 中的外延语言 L^*）是一个涉及对世界和个体量化的二类一阶（two-sorted first-order）语言。[①] 作为一个例子，假定句子“$\Diamond(\exists x)F^1x$”被看作是函项“翻译”的一个主目，那么它的值将是“$(\exists w)(\exists x)(E^2xw \,\&\, F^2xw)$”。福布斯还定义了另外一个函项，$Trans^{-1}$，该函项提供了可能世界语句的逆向模态翻译。因而，$Trans^{-1}$是一个从世界语言的语句的子集到 S_5 的句子的函项。

但是这一学说也对福布斯提出了一个问题：因为该学说主张可能世界的语句并没有标准的量化的意义，因而在模态逻辑中有效性的标准的可能世界的说明必定被放弃。有效性必须给出一种替代性的说明，而当一种替代性说明给出以后，福布斯必须解释为什么这种语义学方法是有效的。

2.4 有效性的证明论说明

福布斯对这一问题的反应是采用一种有效性的证明论处理。这种处理并不是从真值条件开始，进而对那些保持真值的有效推理规则给出说明。福布斯认为，事实上有能力的语言说话者理解“由什么推出什么”是从某些“基础的‘前理论的直觉’”[②] 开始的。特别是，福布斯认为，引入和消去的自然推理规则通过符号“$\vdash$”的意义告诉了我们何种东西能从何种

---

① 这种翻译也是逻辑学家广为接纳的。例如，见 van Benthem1983：137 – 41。

② Forbes，G.，1985，*The Metaphysics of Modality*，Oxford：Oxford University Press. ——Melia on Modalism，Philosophical Studies：An International Journal for Philosophy in the Analytic Tradition Vol. 68，No. 1（Oct，1992），p. 82

东西推演出来，从而也给出了逻辑连接词的意义。例如，他建议，引入和消去规则

&-I 如果 X $\vdash\sigma$ 且 Y $\vdash\tau$，那么 $X\cup Y\vdash(\sigma\&\tau)$

&-E 如果 X $\vdash(\sigma\&\tau)$，那么 X $\vdash\sigma$ 且 X $\vdash\tau$

（其中 X 和 Y 是语句的集合，σ 和 τ 是语句）给出了连接词“&”的意义，因为在假定 σ 和 τ 每一个都有确定真值的情况下，对“（σ&τ）”的通常的真值指派能够从上述规则推出来。① 因而，这一观点关注的是支配连接词的自然推理规则，该规则具体化了说母语的人掌握连接词的本质。这样，福布斯就接受了这样一种有效性的观点，这种观点曾受到过普里奥里（A. N. Prior）[11]的激烈攻击，但却得到贝尔纳普（Nuel Belnap）[12]的辩护。这种有效性观点在上世纪五六十年代特别流行。特别是它受到了维特根斯坦语言游戏理论，以及语言的语义规则和游戏规则之间的类比理论的积极推动。

那么，按照福布斯的观点，在假定给出了模态算子的意义之后，什么是算子“□”引入和消去规则的意义呢？福布斯的处理是：

□-I 如果 X $\vdash\sigma$ 且对每一个在 X 中的语句 τ，在 τ 中的一语句字母的每一出现是在“□”的一些出现的辖域之内，那么 X $\vdash\Box\sigma$。②

□-E 如果 X $\vdash\Box\sigma$，那么 X $\vdash\sigma$。

因而福布斯主张，如果将“◇”作为¬ □ ¬ 的定义被引入，且上述的规则被增加到通常的句子演算的自然推理的规则中去，其结果就是 S_5 的模态语句演算系统。

为了明确如何做到这一点，让我们首先回顾一下 S_5 中的标准的模态公理：

[A1] $\Box\varphi\rightarrow\varphi$

[A2] $\Box(\varphi\rightarrow\psi)\rightarrow(\Box\varphi\rightarrow\psi)$

[A3] $\Diamond\varphi\rightarrow\Box\Diamond\varphi$

现在在福布斯的自然演绎系统中，对任意句子 φ，我们有

$\varphi\vdash\varphi$

因而，由□-E，我们有 $\Box\varphi\vdash\Box\varphi$，进而得到 $\Box\varphi\vdash\varphi$，而这就是福布斯的［A1］的证明论形式。

同时也有

---

① Forbes, G., 1985, *The Metaphysics of Modality*, Oxford: Oxford University Press. ——Melia on Modalism, Philosophical Studies: An International Journal for Philosophy in the Analytic Tradition Vol. 68, No. 1 (Oct, 1992), p. 83.

② 规则□－I 的直觉思想是如果 φ 能够从所有的是必然的语句的集合中推出，那么 φ 本身是必然的。

$\Box(\varphi\to\psi)\&\Box\varphi \vdash (\Box\varphi\to\psi)\&\Box\varphi$

$\vdash\Box(\varphi\to\psi)$	&-E
$\vdash\varphi\to\psi$	□-E
$\vdash\Box\varphi$	&-E
$\vdash\varphi$	□-E
$\vdash\psi$	→-E(肯定前件规则)
$\vdash\Box\psi$	□-I

因而，我们得到福布斯的［A2］的证明论形式。

对于［A3］，我们有

$\neg\Box\neg\varphi\vdash\neg\Box\neg\varphi$	
$\vdash\Box\neg\Box\neg\varphi$	□-I
$\vdash\Box\Diamond\varphi$	"◇"的定义

2.5 可能世界语义学"自然性"的问题

按照这种对模态算子的说明，模态算子的"使用"是通过自然演绎规则给出的，而且模态算子意义的可能世界语义学说明是虚假的。于是，摆在福布斯面前的一个重大的问题是：解释可能世界语义学所拥有的的自然性和直觉的正确性，而这一点是纯粹的代数方法所不具有的。对此，福布斯指出在由他的自然演绎规则所给出的模态算子的"使用"与包含着对世界的量化的句子之间存在着一种重要的联系，通过对这种联系的说明福布斯消解了他所面临的困难。

福布斯从两个方面来说明这种联系。

(1) 福布斯表明从他的

[Box]"□P"是真的

推出

[PW]在每一个可能世界中，"P"是真的

是合法的。这一观点意在表明，"可能世界语义学能够以一种其他方式所不能的形式与我们的模态语句的使用相关联"。①

① Forbes, G., 1985, *The Metaphysics of Modality*, Oxford: Oxford University Press. ——Melia on Modalism, Philosophical Studies: An International Journal for Philosophy in the Analytic Tradition Vol. 68, No. 1 (Oct, 1992), p. 85.

(2) 福布斯试图确立一种技术的结果，这一结果允许我们当模态论证按照他的逆向翻译模式被翻译为可能世界语言的情况下，我们可以使用一阶逻辑评价模态论证。因而，福布斯希望说明即便有效性不是在可能世界语义学的框架内被定义的情况下，可能世界语义学仍是有作用的。为此，福布斯指出：

> 按照（比如说 S_5 中的）推理规则，任何一个模态论证是正确的，当且仅当按照普通的一阶语义学，它的翻译为可能世界的语言是有效的。这一结果说明即便是涉及世界的量词也并不意味着是它在一阶语言中所意味的那种涵义，这种差异并不足以妨碍我们在评价模态论证时使用我们所熟悉的一阶逻辑。①

福布斯进而表明，如果 X 是一模态语句的集合，且 σ 是一模态语句，那么在一个使用了□-E 和□-I 规则的自然演绎系统的从 σ 到 X 的证明，当且仅当存在着一个从翻译（X）到翻译（σ）的一阶证明，其中翻译(X) = {翻译(σ) | σ ∈ X}。

2.6 逆向翻译的“完全性”问题

福布斯必须面对的另一个问题是发现一种对所有的有意义的可能世界语句的逆向翻译。福布斯把他自己的反实在论描述为建立在“借助于意译而取消可能世界本体论”基础之上的，对于这样的一种立场他认为“只有在每一个有意义的可能世界语句是某些模态语句的一种翻译时才是可辩护的”。② 但是艾伦·哈辛（Alan Hazen）[13]已经表明有一些有意义的世界语句是不可能被福布斯的规则逆向翻译的。即存在着在外延语言 L^* 中可表达而在 L 中不可表达的语句。

例如：

$(\exists w)(\exists x)(E^2 xw \ \& \ -E^2 xw^*)$

该公式能被翻译为句子：

There could have been something that does not actually exist.

---

① Forbes, G., 1985, *The Metaphysics of Modality*, Oxford: Oxford University Press. ——Melia on Modalism, Philosophical Studies: An International Journal for Philosophy in the Analytic Tradition Vol. 68, No. 1 (Oct, 1992), p. 86.

② 同上书，p. 81.

上述世界语句显然是有意义的；然而它却不能被翻译为 S_5（或 L）的模态语句。

福布斯对这个问题的回应是富有启发性的。这种启发性不在于他说了什么，而在于他没说什么。人们可能会认为他会对哈辛的这个例子给出答复，即表明被假设这个难以处理的语句已经被逆向翻译为一种模态语句，而该语句并没有诉诸于可能世界。但是他没有这样做。显然他感到必须发现一种他的模态语言的形式语句，该形式语句应当是这个难处理的句子的逆向翻译。逆向翻译的学说显然是一种断定可能世界的语句能够逆向翻译为他的形式的模态语言的学说。这令人颇为吃惊，因为人们会认为将世界语句逆向翻译为自然语言的模态语句，也同时会伴随着他的通过意译而消除可能世界语句的明显的本体论承诺的目标。

这提出了下述问题。在得出逆向翻译的学说蕴涵着世界语句可以被逆向地翻译为福布斯的形式模态语言之中的结论之后，我们现在可以希望知道是否逆向可翻译的语句只包括某些两类一阶语言的形式语句。有许多理由支持这一结论，即福布斯希望他的逆向翻译学说既包括自然语言的世界语句，同时又包括形式语句。例如，在试图表明可能世界语义学是如何联系到模态算子的使用时，他断定语句

在每一个可能世界，“P”是真的

按照他的反实在论的论题，与

□“P”是真的

有相同的意义。

由此看出，他的逆向翻译学说应用于自然语言的世界语句，同时也应用于形式语言的语句。

然而，为了把他的逆向翻译的论题从哈辛的反例中拯救出来，福布斯采纳了哈辛的建议，将他的模态语言 S_5 的词汇加以扩展，使之包括一个现实性算子“*A*”。其结果是一个扩展的语言 $S_5^{\#}$。因而哈辛的语句能够在 $S_5^{\#}$ 中表达为：

$\Diamond(x) - A\ Ex$

然而这样一个模态语句的扩展导致对其他有意义世界语句例的探寻，这些语句例仍不能被逆向翻译为新的形式语言。例如

$(\exists u)(v)(\exists x)(E^2xv\ \&\ E^2\ xu)$

似乎在意义上是完好的，然而却不能被翻译为福布斯的扩展的模态语言之中。为了应对这类例句，福布斯进一步扩展了他的形式语言，使之包括带下标的模态算子（该算子最早由皮考克设计），这样做的结果是允许人们重新提及由其他模态算子所引入的事态。这要求对可能世界语义学的定义作出若干的修正。因而，当一个新的现实算子与一个菱形算子有相同的下

标时，上述难处理的世界语句通过以下句子

$\Diamond_1 \Box (\exists x)\ A_1 E^1 x$

重新被翻译为扩展的语言之中。

然而事情并没有就此终了，因为仍有一些例子使得福布斯引入其他类型的算子。语句

My car a could have been the same colour as your car b is actually

在世界语言中可以表达为

$(\exists w)\ C^4 awbw^*$

其中“C^4”解释为：①在世界②中与③在世界④中的颜色相同。为了处理这类例子，福布斯在他的模态语言中引入了带上标和下标的现实算子（带上标的是个体常项），上标用于将一个特定的对象与一个给定的下标模态算子联系起来。先前的世界语句可以被逆向翻译为

$\Diamond_1\ A_1^a A^b\ Cab$

无论怎样，福布斯必须承认，仍存在着一些不可能被翻译为他的各种扩展的模态语言中的世界语句。例如，福布斯发现没有一种可信的方式将语句“$(w)(w = w)$”以及“$(x)(y)x \neq y$”这样一些世界语句逆向翻译为模态语句。为此，福布斯建议我们应当“以一种与希尔伯特看待某些数学语句相同的方式来看待这些语句，即，把这些句子看作是工具性的，或者是未加解释的约定，以此方式我们能够确立那些被解释的句子的令人感兴趣的事实”。① 这里的“某些数学语句”指的是“理想陈述”，希尔伯特把这类陈述划归为是“无意义的”。因而，事实上福布斯是把可能世界语句划归为两类：一类是能够被逆向翻译为他的模态语言的语句，另一类是不能被翻译的语句。前一类是有意义的；后一类是无意义的，是工具性质的，或者是未经解释的约定。

福布斯对可能世界语句的工具主义的态度也扩展到了可能世界语义学：我们把可能世界语义学仅仅看作是“一个固定逻辑算子的力量的工具，一个确定什么样的模态论证是有效的，什么样的模态论证是非有效的工具”。② 如同用于模型论中的集合论结构一样，它们就是为确定什么样的模态论证有效的一个工具上有用的装置部分罢了。③

---

① Forbes, G., 1985, *The Metaphysics of Modality*, Oxford: Oxford University Press. ——Melia on Modalism, Philosophical Studies: An International Journal for Philosophy in the Analytic Tradition Vol. 68, No. 1 (Oct, 1992), p. 94.

② 同上书，p. 70.

③ 同上书，p. 189.

三、福布斯反模态实在论质疑

3.1 关于证明论分析的质疑

首先，让我们从福布斯模态算子意义的证明论分析入手。按照福布斯的分析，获得一个逻辑常项的意义的基本方法是给出一个规则，这个规则使得一个具有那个常项作为它的主连接词的语句推出另外的语句，同时它也是一条确定什么语句能够从它推出来的规则。以下是对这一学说的某些质疑，虽然这些质疑单独看来都构不成对这一学说的决定性反驳。但是，如果把这些观点集中起来，它们对福布斯的分析就构成了重大的怀疑。

从福布斯已经表明的那些东西来看，引入和消去规则给出"□"的意义这一结论是难以成立的。就连接词而言，按照自然演绎规则，人们能够从原子语句的真值条件推出分子语句的真值条件。然而，对盒形算子来说，从这两条规则中，福布斯并没有提供给我们类似于这种真值条件推演规则的东西。我们能够合理地假定我们对模态算子的意义的把握就是福布斯的规则中所获得的吗？表明福布斯的立场成问题的一个迹象是，两个自然演绎规则对严格的逻辑必然性是同样有效的。但是严格逻辑必然性算子的意义和广义的逻辑必然性算子的意义有很大的不同。如同人们所看到的，当给出一个广义的逻辑必然真和严格的逻辑必然真例子的清单时，绝大多数哲学家能把它们适当分拣为两个子集。因为这样一个意义上的不同不可能从引入和消去规则得到。因而我们有理由认为这些算子的意义比起由这两条规则所给出的意义要多得多。

我们怀疑这两条规则能够成功地给出广义的逻辑盒形算子的意义的另一个理由是，人们察觉到操持母语的说话人似乎能够确定各种广义的逻辑必然性陈述的真，而这些陈述似乎要求比仅仅知道上述两条推理规则要求有更多的理解。我们难以看出持母语的说话者如何能够得出语句

□（所有的单身汉都是未婚的男人）

为真的结论，如果他们对"□"一词意义的知识仅限于引入和消去规则。的确，为了使哲学家们相信自然演绎规则真正给出了盒形算子的意义这一论题，福布斯必定还要做大量的解释工作。

当我们考察当代模态逻辑的著作是如何解释这些算子的意义时，人们越发加深了对福布斯的模态算子的意义的证明论说明的怀疑。模态逻辑的著作并不是按照福布斯的引入和消去

规则去定义或者说明模态算子。在许多模态逻辑教科书中，广义的逻辑的或者概念的必然真是通过例子给出的，某些例子解释“必然”意味着什么，某些例子解释必然与可能世界的关系。而推演规则直到语义学方法引入之后才加以讨论。这样一种解释算子的方式说明，福布斯的算子意义的证明论的说明与标准模态逻辑对算子的意义的解释方式是极为不同的。

现在我们考虑福布斯对哈辛例子的反应，哈辛通过这个例子对逆向翻译提出了表达力不足的质疑。对此福布斯在他的模态语言中引入若干新的算子—带下标的模态算子，以及带上标和下标的现实性算子。在假定福布斯的算子的意义的证明论说明之后，人们认为他应当用引入和消去的自然演绎规则引入他的这些算子。但是他并没有这样做。他按照可能世界来解释它们的意义。在这种情况下，人们得出的唯一的结论就是，他已经完全忘记了关于这些算子的意义的他自己的立场，或者说他已经完全地陷入到解释的自相矛盾之中。

证明论分析的另一个问题（这一问题福布斯本人也注意到了）是，关于连接词 & 的引入和消去规则具体体现了连接词的意义这一观点有其合理之处，因为它能够解释一说话人如何能够通过这条规则而理解体现于这条规则中的连接词的意义：

> 如果这条规则被引入到一个已经被理解的语言之中，那么人们能够立刻理解带有新连接词的一次出现的句子，因为人们理解这一运算（知道规则），同时也就理解运算的意义（因为在这种情况下这些运算的意义来自于我们已经理解的语言）；并且人们对于新算子的不止一次出现的句子的理解是从这里建构起来的。①

但是，福布斯给出的算子“□”的自然演绎规则不允许这种解释。□-I 规则告诉我们如何从那些词汇上已经包含着算子的句子的集合，推出以“□”开始的句子。我们无法把这条规则理解为是将一个新的算子引入于一个“已经理解的语言中”，它与我们在关于 & 的自然演绎规则的情况下我们所理解的完全不同。

为了应对这一问题，福布斯建议“也许这样的一个困难可以用递归的方式加以克服”。②但是他并没有发展这样一种思想。

---

① Forbes, G., 1985, *The Metaphysics of Modality*, Oxford: Oxford University Press. ——Melia on Modalism, Philosophical Studies: An International Journal for Philosophy in the Analytic Tradition Vol. 68, No. 1 (Oct, 1992), p. 87.

② 同上。

3.2 关于福布斯世界语义学如何起作用的解释的质疑

我们现在考察福布斯关于可能世界语义学是如何联系到模态算子的使用的解释。如前所述，在他的解释中有两个因素。让我们从福布斯试图表明我们能够从盒形算子［Box］得到可能世界［PW］算子开始我们的讨论。为了做到这一点，福布斯使用了一个推理规则，一个他称之为“奎因原则”的推理规则，该原则允许人们从

“□Φ”是真的

推出□（“Φ”是真的）

奎因的这项原则是建立在关于“□”最好被理解为是句子的谓词而不是句子的算子，这样一个争论的基础上的。然而，由于福布斯对奎因的观点持一种不同情的态度，人们对他在这种情况下诉诸于奎因原则感到吃惊。① 毕竟，人们不能把福布斯的 S_5 的量化模态逻辑中的盒形算子理解为是句子的谓词。更进一步的说，尽管奎因的原则从人们接受“□”的意义的最传统的语义解释的观点看，似乎是可信的，但是人们不清楚为什么任何一个接受了福布斯的“□”意义的证明论说明的人也将应当接受奎因原则。在这种情况下，我们要问的是为什么福布斯算子的意义的证明论的说明需要奎因原则，但是，福布斯仍没有提供对这一问题的说明。

但是存在着其他使福布斯可以从［Box］得到［PW］的方式。也许福布斯能够通过被以下模式

［T］□（“Φ”是真的当且仅当Φ）

所表达的原则的使用。(其中Φ被任何所谈及的语言的语句所替代)。因为［T］是一个与塔斯基和戴维森著名的做法密切相关的原则，② 人们可能假定福布斯在从盒形算子得到可能世界算子的推演中作出这一原则的使用是合法的。如果那样，福布斯能够作出如下推理：从盒形算子和［T］，他能够推出□P。同样，使用□-E，他能够推出P。进而再次使用［T］，他能够得出“P”是真的的结论。因而，使用□-I，他能够推出

□（“P”是真的）。

---

① Forbes, G., 1985, *The Metaphysics of Modality*, Oxford: Oxford University Press. ——Melia on Modalism, Philosophical Studies: An International Journal for Philosophy in the Analytic Tradition Vol. 68, No. 1 (Oct, 1992), pp. 51 – 53.

② 见 Tarski 1956: 275 中的经典陈述“T约定”

使用翻译（Trans）的自然语言形式，他能够推出可能世界。这一推论是可接受的，但是福布斯给出的“□”的使用的证明论的说明将为［T］的可接受性提供基础，这一点并不明显。

我们现在转向在从相应的可能世界论证的非有效性推出模态论证的非有效性时，福布斯解释可能世界语义学是如何起作用的这一问题。如前所述，解释是建立在如果模态语句与他的相对应的可能世界语句是同义关系的这一假定之上的，这将保证每一模态句子在一个模态论证中的作用，与它的可能世界对应语句在相应的可能世界中的论证中的逻辑作用是相同的。现在，初看起来，这一推论似乎是可信的。但是当人们仔细考虑究竟需要被解释的是什么时，疑问就开始出现了。如果我们仅仅把可能世界语句处理为它的模态对应语句的逆向翻译，我们并不能够得到一个确定模态论证有效性和非有效性的有用的和富有启发性的方法。只有当我们把可能世界语句，处理为具有所有的量化语句所有的那些特征的标准量化语句时，我们才能够获得福布斯的确定模态论在有效性和非有效性的有用的和有启发性的方法。先前讨论的使用可能世界语义学确定模态论证的非有效性的第一个例子很好的说明了这一点，因为人们认为“我们的先天的简单量化逻辑的理解允许我们看到后一个推理是无效的”。所以我们需要解释的是，按照福布斯的处理，当这些语句仅仅是它们的模态对应语句的逆向翻译时，为什么在标准的量化逻辑的情况下，对可能世界语句的处理是有用的和合法的。显然，我们并没有通过断定可能世界的语句与它们的模态对应语句的同义关系来获得所要求的解释。福布斯的逆向翻译的论题仅仅是用一种不可解释性代替了另一种不可解释性。

3.3 关于逆向翻译的质疑

我们根据什么来接受福布斯的逆向翻译的论题呢？事实上，福布斯并没有提供给我们多少接受该论题的理由。福布斯告诉我们

（1）$(\exists w)P(w)$

并不意味着可能世界语义学家们所采用的那种意义：它并不是字面地断定在其中 P 成立的可能世界的存在。宁可说，它只是简单地意味着

（2）$\Diamond P$。

但是，值得注意的是福布斯并没有提供给我们经验方面的语言学证据以支持这一语义学论题。提出这一观点似乎纯粹是为了避免世界的本体论承诺。然而，我们的确需要证据。因为这一论题具有某种反直觉的性质。可能世界语义学不仅仅涉及形式语句：它有一个包含有集合论，数理逻辑原理，真和有效性的解释成分的理论组成。假定了构成可能世界语句基础

的语义理论的种类，人们发现主张坚持（1）并没有断定它似乎断定的东西是令人难以置信的，人们也发现认为那些不能被 $Trans^{-1}$ 规则翻译为诸如“(w)(w = w)”这样的任何模态语句的可能世界语句是无意义的或者是未作解释的规定，借助于这一规定我们便可以确立关于被解释的语句的有趣的事实，这种主张同样是令人难以置信的。毕竟“(w)(w = w)”在基本的语义学理论中被看作是有意义的且在语言的每一种解释下都是真的。福布斯提供给我们的将某些可能世界语句”逆向翻译“为 S_5 系统中的语句，但是，就此而论他所考虑的可能世界语句只是形式量化语言的中的语句。如前所述，福布斯的逆向翻译的论题也可应用于自然语言。但是，当被逆向翻译的可能世界语句是英语中的语句时，福布斯所提出的逆向翻译的论题就显得更加地缺少直觉性。因为在那种情况下，人们必须断言可能世界的英语语句并不意味着对那些有能力的英语说话者来说所意味的东西。事实上，它们只是它们的相应的模态语句的逆向翻译。例如，按照福布斯的观点，英语语句“Every possible world is identical to itself”是没有意义的或者是“未解释的规定，以此确立相关的解释了的语句的有趣的事实”，这显然是缺乏起码的直觉性。绝大多数的英语说话者都不可能把这类语句看作是未解释的规定。

四、结　论

福布斯试图发展一种反实在论的模态逻辑的语义学说明，他的逆向翻译的学说是有新意的，但是最终的结果却是不能令人满意的。福布斯的处理的一个关键问题是，他没有致力于发展出一种标准可能世界语义学的数学结构：仿佛模态逻辑学家只关心模态语句的可能世界翻译，以至于一旦人们作出了这样一种翻译就可以把结构问题放到一边。在模态语句和可能世界语句之间的关系的说明中缺乏这样一种结构的说明，这的确是福布斯应当作出解释的。而福布斯却没有对此作出任何的解释。

福布斯反实在论的这些特征似乎联系到另外一些值得关注的问题：福布斯的关注几乎全部集中于解释可能世界语句如何能够被应用于评价模态论证的有效还是非有效。但是可能世界语义学的应用范围完全超出了评价论证的有效和非有效，这一点与一阶逻辑的模型论的应用范围完全超出了评价论证的有效和非有效是完全一样的。例如，在一阶逻辑的情况下，同态定理被用于提供关于结构内的可定义性，初等等价结构，和可判定性信息等等。

以上讨论了福布斯反模态实在论的一些思想和对他的逆向翻译学说的一些质疑。这些讨论和质疑使我们更加坚定地相信，我们需要一种可能世界语义学，这种语义学能够以一种比福克斯所承认的更为复杂的方式来说明模态语句和可能世界语句之间的关系。我们期望在这样的一种说明中模态逻辑语义学的数学结构能在其中发挥更大的逻辑作用。我们也期望新的说明除了能够评估模态论证的有效和非有效之外，还能够发挥更大的解释作用。

参考文献

[1] Lewis, D., 1979, *Possible Worlds*, In Michael J. Loux, ed., *The Possible and the Actual*, Ithaca, N. Y.: Cornell University Press, pp. 182 – 9.

[2] Mondadori, F and Morton, 1976, *A. Modal realism*, *The philosophical Review*, Duke University Press. Vol, 85, No. 1, pp. 3 – 20.

[3] Stalnaker, R. Possible Worlds. 该论文另有版本，本文见［1］J. Loux, ed., 1979, *The Possible and the Actual*, Ithaca, N. Y.: Cornell University Press, pp. 235 – 252。另外［4］—［8］均收入该书，以下［4］—［8］只标出论著标题和页码。

[4] Adams, R. M., *Theory of Actuality*. pp. 190 – 209.

[5] Plantinga, A., *Actualism and Possible World*, pp. 253 – 273.

[6] Lycan, W., *the Trouble of with Possible World*, pp. 274 – 316.

[7] Rescher, N., *The Ontology of the Possible*, 见［1］pp. 166 – 181.

[8] Cresswell, M. *the World is Everything that is the Case*, pp. 129 – 145.

[9] Forbes, G., 1985, *The Metaphysics of Modality*, Oxford: Oxford University Press. ——Melia on Modalism, Philosophical Studies: An International Journal for Philosophy in the Analytic Tradition Vol. 68, No. 1 (Oct, 1992), pp. 57 – 63.

[10] 转引自 Charless. Chihara, 1998, *The Worlds of Possibility*, Oxford: Clarendon Press, p. 143.

[11] Prior, A. N, 1960, "The Runabout Inference Ticket", *Analysis*, 21, pp. 38 – 39.

[12] Belnap, N. Tonk, 1962, "Plonk and Plink", *Anylysis*, 22, pp. 130 – 134.

[13] Hazen, A., 1976, "Expressive Incompleteness in ModalLogic", *Journal of Philosophicallogic*, 5, pp. 25 – 46.

Forbes's Anti-Modal Realism

Jianping Zhu
Soochow University

Abstract: Graeme Forbes attempts to develop an anti-realist account of the semantics of modal logic. He adopts an anti-realist view of modality, which can be classified as a form of instrumentalism. His main reasons for rejecting modal realism are, basically epistemological. However, Forbes does not attempt to give the truth conditions of modal sentences in terms of things that go proxy for possible worlds. His principal goal is to explain how possible worlds semantics can be used to determine the validity or invalidity of modal arguments, without presupposing the existence of any possible worlds. Forbes does not attempt to assign any significant role to the individual structures. They seem to drop out of sight completely in Forbes's analysis. What he does instead is to use the definition of 'true at *w* under an interpretation' to come up with sentences of a two-sorted first-order language, with one sort of variable for "worlds" and one sort of variable for "individuals", which are generally thought to be the first-order translations of the modal sentences of the quantificational modal logic. He thus has two types of sentences: The modal sentences with boxes and diamonds and the word sentences of the first-order language. The main problem for the anti-realist, according to Forbes, is to explain how the sentences from these two languages are related. In this article, we shall present an analysis and evaluation of this one version of anti-modal realism.

Keywords: Anti-Modal Realism; Possible Worlds; The reverse translation doctrine; Proof-theoretic account of meaning

基于对角线引理和维特根斯坦思想对于悖论的分析

◎ 庄朝晖

厦门大学

摘　要：根据汤姆森的“对角线引理”，相当部分的悖论都关联到对角线方法。本文根据维特根斯坦的思想，对康托尔对角线方法进行分析，得出康托尔数定义中存在“非直谓性”和“外在性”。进一步地，通过对正对角线方法的分析显示，康托尔数定义中存在“不完整性”。因此，悖论的产生是根源自以上的原因：“非直谓性”、“外在性”和“不完整性”。

关键词：悖论；对角线方法；自引用

在20世纪初期关于数学基础的讨论中，出现了大量的悖论，比如康托尔悖论、罗素悖论、理查德悖论等等。

拉姆塞（Frank P. Ramsey）在论文“数学基础”（[1]）中，把悖论分为逻辑 - 数学悖论和语义悖论两大类，后来这两大类悖论也被称为语形悖论和语义悖论。语形悖论比如：布拉里 - 弗蒂悖论、康托尔悖论、罗素悖论等等。语义悖论包括说谎者悖论、格雷林悖论、理查德悖论、贝里悖论等等。

一、 前人对于悖论原因的思考

1905年，理查德（J. Richard）在提出他的悖论的时候，也提出了解决该悖论的方案：一个总体中不能含有那种只能借助该总体才能定义的元素。（[2]，第144页）

理查德的解悖方案深受数学家庞加莱（H. Poincare）赞赏，他在《数学与逻辑》一文中进一步提出了悖论的根源在于“非断言”（non-predicative）（也译为“非直谓”）的分类。（[3]，第54页）所谓断言的分类，它（这种分类）不会由于新元素的引入而引起扰动；所谓非断言的分类，在这种分类中，新元素的引入必然要引起不断的修正。

后来，罗素（B. Russell）也提出了类似的“恶性循环原则”：

"凡涉及一个集合的全部元素者，它一定不是这一集合中的一个元素"；或者相反："如果假定某一集合有一个总体，且这个总体有仅由这个总体唯一可定义的元素，那么所说的集合就没有总体"。①

根据"恶性循环原则"，罗素提出了"类型论"来解决悖论。然而使用"类型论"的话，那么很多数学将会被取消，或至少使得数学的表述极其复杂。数学家拉姆塞争论说，非直谓性定义是绝对需要的。例如，"本屋子里最高的人"是非直谓性的，因为它依赖于它是其中元素的事物的集合，也就是在本屋子中所有人的集合。在数学中，往往需要用到非直谓性的定义，而且这些定义看起来也是适当的。

1962 年，汤姆森（J. F. Thomson）发表论文"论几个悖论"②，令人信服地显示所谓的语形悖论和语义悖论实际上有共同的结构，都与康托尔对角线方法有密切的关联。他基于康托尔对角线方法，提出对角线引理。汤姆森成功地将罗素悖论、格雷林悖论和理查德悖论等表达成对角线的形式。③。

二、康托尔对角线方法

1891 年，康托尔使用对角线方法证明：实数集是不可数的。以下是证明过程。④

设 M 为所有形如：

$(x_1, x_2, x_3, x_4, \cdots)$，其中的 x_i 是 0 或 1。

的元素的集合。

假设 M 可数的。那么我们可以枚举 M 中的元素。例如：

$E_1 = (0, 0, 0, 0, \cdots)$

$E_2 = (1, 1, 1, 1, \cdots)$

---

① 罗素，1996，《逻辑与知识》，苑莉均译，张家龙校，商务印书馆，第 76 页。

② Thomson, J. F:, 1962, "On Some Paradoxes", *Analytical Philosophy*, ed. R. J. Butler (first series), Blackwell, pp. 104 - 119.

③ 对此的详细介绍，可参阅张建军，2002，《逻辑悖论研究引论》，南京大学出版社，第 257—280 页；陈波著，2005，《逻辑哲学》，北京大学出版社，第 124—126 页。

④ Georg Cantor, 1891, *Uber ein elementare Frage der Mannigfaltigkeitslehre*, *Jahresbericht der Deutsche Mathematiker-Vereinigung*, vol. I, pp. 75 - 78. (Original German text, as well as English translation, Available at http: //uk. geocities. com/frege@ btinternet. com/cantor/diagarg. htm)

$E_3 = (0, 1, 0, 1, \cdots)$

……

为了证明的方便，我们将这些元素表示为如下形式：

$E_1 = (a_{1.1}, a_{1.2}, a_{1.3}, \cdots)$

$E_2 = (a_{2.1}, a_{2.2}, a_{2.3}, \cdots)$

$E_3 = (a_{3.1}, a_{3.2}, a_{3.3}, \cdots)$

……

$E_u = (a_{u.1}, a_{u.2}, a_{u.3}, \cdots, a_{u.u}, \cdots)$

……

在此基础上，定义 $E_0 = (b_1, b_2, b_3, \cdots b_u, \cdots)$，其中 b_1 与 $a_{1.1}$ 不同，b_2 与 $a_{2.2}$ 不同，一般地，对于所有的 n，b_n 与 $a_{n.n}$ 不同。(本文中，有时候称 E_0 为康托尔数)

在上例中，$E_0 = (1, 0, 1, \cdots)$。

E_0 显然是 M 中的元素。现在，不妨设 E_0 等于某一个 E_i。然而，根据 E_0 的定义，b_i 与 $a_{i.i}$ 不同，因此 E_0 不等于 E_i。矛盾。

因此，假设是错误的，集合 M 是不可数的。因为集合 M 与实数集之间可以建立一一映射，因此实数集也是不可数的。

三、维特根斯坦对于对角线方法的分析

对于对角线法证明，维特根斯坦指出，根据对角线方法，依赖于下一行的实数，才能确定康托尔数的下一位。这个过程是一直处于构造之中的，并不是已经完成的状态。“序列中始终有一个，它是否不同于对角序列这一点是不确定的。人们可以说：它们相互追随，趋于无穷，但总是原来的序列位居前面。”① 在维特根斯坦看来，可数集是一个不断展开的序列，康托尔数也是一个不断展开的序列，这两个序列互相追随。康托尔的对角线方法包含了这种相互追随的序列，却又试图使本应在后的康托尔数倒放回来，这才导致了矛盾。

因此，维特根斯坦反对康托尔的对角线方法，认为康托尔证明中出现的矛盾，其实不是来自于假设的错误，而是来自于证明中使用了不适当的证明方法，这才导致了矛盾的出现。对于康托尔证明，维特根斯坦评论道：当一个证明所证明的东西超出了它的方法所允许的，

① 维特根斯坦，《维特根斯坦全集》，第 11 卷，第 82 页。

我们总是应该保持怀疑。这可以叫做“夸大的证明”。①

维特根斯坦强调构造性的观点，他提到：“因此有这样的争论：一个不是构造的存在证明是否真的是对于存在的证明。即是说，它问的是：如果我没有可能发现它存在于什么地方，我懂得命题‘有……’吗？”②

康托尔认为矛盾来自于假设错了，所以实数集不是可数集。然而在维特根斯坦看来，康托尔数与一般的数是不相同的，康托尔数依赖于其定义所基于的可数集，并且与可数集中的任何一个元素都不相同。在定义康托尔数的时候，已经决定了后面想把康托尔数放回可数集，就会产生矛盾。因此，矛盾不是来自于假设前提的错误，而是来自于不正当的对康托尔数的定义和使用。

在维特根斯坦看来，可数集应该是不断膨胀的集合，永远处于一个不断展开的过程。这样来理解的话，康托尔数是始终处于展开状态的，永远未完成的，我们只能根据当前的集合，得到当前的康托尔数。当某一时候康托尔数要反过来等于当前集合之外的某个数，这是可能的，并不会产生矛盾。因此，在维特根斯坦看来，是因为康托尔证明中，在实无穷的意义上，对康托尔数进行了过分的定义，并且在已完成的意义上来使用康托尔数，才导致了矛盾的产生。如此，应该放弃的是康托尔对康托尔数的定义，而不是像康托尔那样推断出假设的前提是错误的。如此，康托尔得出的结论是不适当的，对于维特根斯坦来说是不可接受的。

康托尔基于可数集上，在实无穷的意义上，定义了康托尔数，并且假设康托尔数也是集合中的一元，这样就产生了“非直谓性”。如果单单是“非直谓性”，也不一定会导致矛盾。依据定义，康托尔数又不同于所依赖可数集中的任何一个元素，这个性质不妨称为“外在性”。康托尔数定义中的“非直谓性”和“外在性”合起来导致了矛盾。维特根斯坦不承认实无穷，只承认潜无穷，因此就消解了“非直谓性”，康托尔数可以是一直处于构造之中，随着当前展开的可数集而变化，可以一直带有“外在性”，可以等于当前已展开的可数集以外的某一元素。所以对于维特根斯坦，康托尔对角线方法的问题根源在于，对于可数集作了实无穷意义上的理解。

我们也可以从一般推理过程来看对角线方法。在对角线方法的反证过程中，都是基于某一可数集合，在实无穷的意义上，定义了一个新的元素，这个元素在可数集合之外。在潜无

① 维特根斯坦，《维特根斯坦全集》，第11卷，第86页。

② 同上书，第223页。

穷的意义上，可以有不同的看法。假设论域是一个可数集，可以说，任意一个有限的集合，存在一个元素，这个元素可以始终在集合之外。但是不能反过来说，存在一个元素，对于任意的集合，这个元素在集合之外。

康托尔对角线方法不只是“非直谓的”，而且是“外在的”，因此就产生了“自相矛盾”。以拉姆塞的例子而言，“本屋子里最高的人”是非直谓性的，然而是适当的。但是如果定义“本屋子里，比本屋子里最高的人还高的那个人”，矛盾就产生了。

四、对正对角线方法的分析

康托尔对角线方法，有时候也称为逆对角线方法，因为构造出来的元素的每一位都要取反。为了更充分地说明问题，维特根斯坦还分析了正对角线方法：

“康托尔关于对角线证明的一个变体：

$N = F(k,n)$是十进制分数展开定律的形式。N是第k个展开中的第n个小数位。那么这个对角线的定律就是：$N = F(n,n) = \text{Def. } F'(n)$。

要证明的是$F'(n)$不可能是规则$F(k, n)$中的一个。假设它是第100位，那么$F'(1)$的构造规则是$F(1, 1)$，$F'(2)$的构造规则是$F(2, 2)$，等等。但是$F'(n)$第100位的构造规则是$F(100, 100)$；这就是说，它告诉我们第100位应该是与其本身相同，因而对于$n = 100$没有规则。

这个游戏规则是：‘做和……同样的事情！’——在特别情况下它会是：‘做与你所做的相同的事情！’”①

在这个例子中，可以认为，$F'(n)$是有意义的，除了当$n = 100$时是没有意义的。借鉴康托尔对角线方法的表达，可以把维特根斯坦的正对角线方法更清楚地表述如下。

设M为所有形如：

$(x_1, x_2, x_3, x_4\cdots)$，其中的$x_i$是0或1的元素的集合。

假设M可数的。那么我们可以枚举M中的元素。例如：

$E_1 = (0, 0, 0, 0, \cdots)$

$E_2 = (1, 1, 1, 1, \cdots)$

---

① 维特根斯坦，《维特根斯坦全集》，第11卷，第694页。

$E_3=(0, 1, 0, 1, \cdots)$

……

为了证明的方便，我们将这些元素表示为如下形式：

$E_1=(a_{1.1}, a_{1.2}, a_{1.3}, \cdots)$

$E_2=(a_{2.1}, a_{2.2}, a_{2.3}, \cdots)$

$E_3=(a_{3.1}, a_{3.2}, a_{3.3}, \cdots)$

……

$E_u=(a_{u.1}, a_{u.2}, a_{u.3}, \cdots, a_{u.u}, \cdots)$

……

在此基础上，定义 $E_0=(b_1, b_2, b_3, \cdots b_u, \cdots)$，其中 b_1 与 $a_{1.1}$ 相同，b_2 与 $a_{2.2}$ 相同，一般地，对于所有的 n，b_n 与 $a_{n.n}$ 相同。

在上例中，$E_0=(0, 1, 0, \cdots)$。

E_0 显然是 M 中的元素。现在，不妨设 E_0 等于某一个 E_i。根据 E_0 的定义，b_i 与 $a_{i.i}$ 相同，也就是说 E_i 的第 i 位定义为与自身相同。这时候，可以认为 b_i 是没有定义的。因为这时候，这个规则说的是："做与你所做的相同的事情！"，相当于什么都没有说。从以上的正对角线方法，很清楚地可以看出，E_i 的第 i 位是没有定义的。这个性质不妨称为定义的"不完整性"。

正对角线方法与逆对角线方法的区别在于，一个出现了同语反复，一个出现了矛盾。维特根斯坦问道："为什么矛盾比同义语反复更加令人害怕？"① 其实，在对角线方法中出现的同语反复和矛盾所揭示的，都是该定义的"不完整性"。注意到康托尔数与其他数的不同之处：对角线方法都是基于一个可数集再构造出一个数，进而又假设该数属于该可数集，因此该数就是在该数之上构造出来的。我们也可以以函数形式来观察。定义 $f(a)=f(a)$，这表示函数在 a 点没有定义。定义 $f(a)\neq f(a)$，这同样也表示函数在 a 点没有定义。数学历史上一个例子是 0 除 0 的除法。如果根据 $a*b=c$ 来定义 $c/a=b$，那么就可以得出 $2=0/0=3$。矛盾。但这个矛盾并不可怕，它只是说明我们的除法规则需要完善。所以，数学家们规定 0 除以 0 是没有意义的。

基于正对角线方法，康托尔使用的逆对角线方法在这个无定义的点上虚构了矛盾出来。康托尔在证明中，考虑 Ei 的第 i 位，如果是 0 的话，根据定义就将为 1；如果是 1 的话，根

① 维特根斯坦，《维特根斯坦全集》，第 11 卷，第 271 页。

据定义就将为0。因此产生了矛盾，由此得到前提为假，如此证明了实数集不可数。然而事实上，证明中得到的矛盾并不是源自前提。考虑 E_i 的第 i 位，这个位置其实是没有定义的。证明中产生的矛盾，其实说明的正是这一位置的无定义性。在证明中假设了这一位置是有定义的，正是这个原因导致了矛盾。

所以，在维特根斯坦看来，正对角线方法与逆对角线方法是相似的，都具有定义的“不完整性”。

值得注意的是，维特根斯坦虽然没有像汤姆森一样提出明确的“对角线引理”，但我们在他的著作中可以发现，他对于对角线相关悖论的分析方法也是一致的。在分析罗素悖论时，维氏说：“矛盾的根源在于把函项作为自身的函项。这种矛盾的结果意味着，‘f’永不能作为一个论证用在‘$f(x)$’中。但为什么不会得出这种方式？难道你开始用的不是命题吗？说人们一直在避免与矛盾律的冲突，这并不对，因为这只是在当你谈到命题的时候。我们这里只是有个游戏，它导致了看上去像是矛盾的东西。你可以说‘$f(f)$’是没有意义的，或者说括号外的‘f’代替着更高阶层的函项。”① 维氏在分析“说谎者悖论”的时候说：“这语句本身是没有用的，这些推论也同样是这样”，进一步说：“这种矛盾的重要性仅仅因为它使人烦恼，它说明使人烦恼的问题如何从语言中发展出来，哪一类事物会使我们烦恼。”② 在分析格雷林悖论时，他说：“在这里，‘这种矛盾是真的’意味着它得到证明；它是从对‘h’这个词的规则中推寻出来的。它的使用正要表明，‘h’是一个词，这个词在被置于“$\xi \in h$”之中时不会产生任何命题。”③

五、对于理发师悖论的分析示例

“理发师悖论”是这样的：在一个小镇上有一位理发师，这位理发师遵守这样的规则：“给而且只给那些不给自己理发的人理发”。现在问理发师是否要给自己理发。如果理发师不给自己理发，那么根据定义，他要给自己理发；如果理发师给自己理发，那么根据定义，他不能给自己理发。

对于“理发师悖论”的公认解决方式很奇特，答案是：不存在（能遵守以上规则的）

---

① 维特根斯坦，《维特根斯坦全集》，第5卷，第386页。

② 维特根斯坦，《维特根斯坦全集》，第7卷，第77页。

③ 同上书，第307页。

这样一位理发师。因此，“理发师悖论”往往被认为是伪悖论。① 这样的解决方式确实可以解决问题，但并不够好。稍微修改一下“理发师悖论”。在一个小镇上确实有一位理发师，这位理发师声明他遵守这样的规则：“给而且只给那些不给自己理发的人理发”。现在问理发师是否要给自己理发。同样会出现矛盾。但在此语境中，我们不能说这样的一位理发师不存在。我们所能说的是，这位理发师给出了一份不能适用于自己的声明。或者也可以说，考虑到能否适用于自身时，这份声明是不合逻辑的。对于该理发师是否给自己理发，这份声明给出了不合逻辑的定义，因此对于该理发师是否给自己理发，这份声明什么都没有说。这才是“理发师悖论”的更本质的原因。

其实可以进一步地简化“理发师悖论”，比如这位理发师说：“我给自己理发当且仅当我不给自己理发”。很显然地，这位理发师的声明是没有内容的。对于“是否要给自己理发”，这位理发师什么都没说。所以，“理发师悖论”并不是伪悖论，而仍旧是“罗素悖论”的通俗形式。

现在考虑“罗素悖论”。定义集合 $R=\{A \mid A$ 不属于 $A\}$，现在问 R 是否属于 R？如果 R 不属于 R，那么根据定义 R 要属于 R；如果 R 属于 R，那么 R 不属于 R。为了解决“罗素悖论”，学者们提出了类型论和公理集合论等，防止 R 这样的集合产生。然而，根据上面的分析，“罗素悖论”的更本质原因是，集合 R 的定义是有问题的。考虑到 R 是否属于 R，集合 R 的定义是没有内容的。对于 R 是否属于 R，这个定义给出了不合逻辑的定义，因此对于 R 是否属于 R，这个定义什么都没有说。

六、结　　论

综上，通过对康托尔逆对角线方法的分析，我们得出悖论产生的部分原因是“非直谓性”和“外在性”。进一步地，通过对正对角线方法的分析，很清楚地显示，康托尔数的定义具有“不完整性”，在康托尔导致矛盾的对角线那一点上，根本是没有定义的。康托尔在无定义的点上虚拟了矛盾出来。根据汤姆森的“对角线引理”，相当部分的悖论都关联到对角线方法，因此相当部分的悖论正是根源自定义中出现的“非直谓性”和“外在性”，以及“不完整性”。

对于悖论的解决方案，哈克曾经指出：“有人曾经提出，可以通过禁止自指来解决悖论

---

① 张建军，《逻辑悖论研究引论》，第9页。

问题。但这种建议既太严又太宽，它违反了‘不要因噎废食’的原则，因为它无端排斥了许多根本无害的自指语句，如‘这个语句是用汉语表达的’，‘这个语句是用黑字写出的’等，而且一些数学论证，如哥德尔关于算术的不完全性的证明，实质上都使用了自指语句；因而，禁止自指语句的后果是很严重的。然而，并不是说谎者悖论的所有变种都是直接自指的（如：‘后面的语句是假的。前面的语句是真的’就不是指称自身的），所以，这个建议同时也太窄了。"①

如果考虑到直接与间接的自指，那么就可以避免哈克对于解决方案“太窄”的批评。如果同时考虑到“非直谓性”、“外在性”和“不完整性”，就可以在很大程度上避免哈克对于解决方案“太宽”的批评。相对于直觉主义，维氏的解决方案是比较温和的。

在维氏看来，悖论往往是思维混乱所产生，起源于逻辑、语言或者规则的误用。当我们给出规则的时候，规则并不一定处处有定义。如果我们认为规则处处有定义，这将会导致矛盾。矛盾的起因是：规则并不一定处处有定义。悖论其实并不可怕，关键只要将错误的规则使用看清楚和限制住就可以了。如此，既保留了规则的有用成分，又排除了规则的误用成分。

参考文献

[1] F. P. Ramsey, *The foundation of mathematics and other logical essays*, London: ed. by R. B. Braithwaite, First published in 1931 by Routledge and Kegan Paul Ltd Reprinted in 2001 by Routledge.

[2] Jules Richard, 1967, "The Principles of mathematics and the problem of sets", in Jean van Heijenoort (eds.), *From Frege to Gödel*, Cambridge, Massachusetts: Harvard University Press, pp. 142 – 144.

[3] 彭加勒，2003，《最后的沉思》，李醒民译，范岱年校，商务印书馆。

[4] 罗素著，1996，《逻辑与知识》，苑莉均译，张家龙校，商务印书馆。

[5] Thomson, J. F., 1962 "On Some Paradoxes", *Analytical Philosophy*, ed. R. J. Butler (first series), Blackwell, pp. 104 – 119.

[6] 张建军，2002，《逻辑悖论研究引论》，南京大学出版社。

[7] 陈波著，2005，《逻辑哲学》，北京大学出版社。

[8] Georg Cantor, 1891, *Uber ein elementare Frage der Mannigfaltigkeitslehre*, *Jahresbericht der Deutsche Mathematiker-Vereinigung*, vol. I, pp. 75 – 78. (Original German text, as well as English translation, Available at http://uk.geocities.com/frege@btinternet.com/cantor/diagarg.htm)

---

① 哈克，2003，《逻辑哲学》，罗毅译，张家龙校，商务印书馆，第 173 页。

[9] 维特根斯坦，2003，《维特根斯坦全集》，涂纪亮主编，徐友渔、涂纪亮译，河北教育出版社，第7卷。

[10] 维特根斯坦，2003，《维特根斯坦全集》，涂纪亮主编，吴晓红、李洁译，河北教育出版社，第11卷。

[11] 维特根斯坦，2003，《维特根斯坦全集》，涂纪亮主编，周晓亮、江怡译，河北教育出版社，第5卷。

[12] 哈克，2003，《逻辑哲学》，罗毅译，张家龙校，商务印书馆。

Analysis on Paradoxes Based on Diagonal Lemma and Wittgenstein

Chaohui Zhuang

Xiamen University

Abstract: Based on Thomson's diagonal lemma, there is a close relation between a majority of paradoxes and Cantor's diagonal argument. Based on Wittgenstein's analysis, this paper shows that there exist impredicativity and externality in the definition of Cantor's number. In addition, This paper shows that there exists incompleteness in the definition of Cantor's number. In conclusion, paradoxes originate from impredicativity, externality and incompleteness.

Keywords: Paradox; Diagonal Lemma; Self-reference

The Problem of Other Minds Riddled by Zhaungzi's Refutation, Russell's Postulation and Wittgenstein's Dissolution

◎ **Quanhua Liu**
Gonzaga University

Abstract: This article discusses the problem of other minds and three influential theories concerning the problem: Zhuang Zhou's refutation of Hui Shi's skepticism, Bertrand Russell's causal-analogical postulate, and Ludwig Wittgenstein's semantic dissolution. The article not only explicates the multi-dimensions of the problem but also brings both historical and comparative perspectives into the discussion. The author concludes that the justification of our knowledge of other minds consists in our belief of the principle of consistency and that the skeptical denial of our knowledge of other minds violates this principle.

Keywords: Zhuangzi; Russell; Wittgenstein; The Problem of Other Minds; Knowledge; Skepticism; The causal-analogical Inference; Private Experience; Private Language

The problem of other minds, which is often traced to the Cartesian mind-body dualism and its ramification-one's "privileged access" to one's own mental states, stems from a twofold asymmetry concerning how we know physical objects, our own mental state, and other beings' mental states: First, our knowledge of physical objects begins with direct observation, whereas our knowledge of other beings' mental states lacks direct observation parallel to our knowledge of physical object. Second, we know our own mental states by way of introspection, while we cannot know other beings' mental states in the same way. In other words, when we claim that we know mental states other than our own, our claim lacks the input from both direct observation and first-person introspective information. Therefore, the purposed asymmetry demands a special justification for our knowledge of other beings' minds, which is different from a justification of our knowledge of physical objects or our own mental states.

In response to the demand, many modern European philosophers such as Rene Descartes, Nicolas Malebranche, John Lock, Thomas Reid, and John Stuart Mill addressed issues pertinent to our knowledge of other minds. The first frequent use of the words "other minds" is to be credited to Thomas Reid. ① However, it was Twentieth Century analytic philosophers Bertrand Russell, Ludwig Wittgenstein, A. J. Ayer, Gilbert Ryle, Norman Malcolm and others who made several issues well-known as "the problem of other minds" and expounded the epistemological, logical, conceptual, and linguistic dimensions of the problem.

Philosophers' continuous interest in the problem of other minds is primarily concerned with coping with skepticism. A skeptic may challenge any attempt to justify our knowledge of other minds. If we believe that our knowledge of physical objects is based on direct observation; our self-knowledge of our mental states is acquired through introspection, given the fact that we cannot directly observe or introspect other's mental states and activities, how can we know the existence of other minds, or have knowledge of other beings' mental life? What are the criteria for our knowledge of other minds? Are other human beings just zombies or automata that seemingly act and speak exactly like us except for their lack of any inner mental life? If we cannot answer these questions, do our ignorance and uncertainty actually give way to skepticism and solipsism?

Thomas Nagel presents skepticism concerning the problem of other minds in the following words:

If we continue on this path, it leads finally to the most radical skepticism of all about other minds. How do you even know that your friend is conscious? How do you even know that there are any minds at all besides your own?

The only example you've ever directly observed of a correlation between mind, behavior, anatomy, and physical circumstances is yourself. Even if other people and animals had no experiences whatever, no mental inner life of any kind, but were just elaborate biological machines, they would

---

① Alec Hyslop, *Other Minds*, the Stanford Encyclopedia of Philosophy, http://plato.stanford.edu/entries/other-minds/.

look just the same to you. So how do you know that's not what they are? How do you know that the beings around you aren't all mindless robots? You've never seen into their minds - you couldn't-and their physical behavior could all be produced by purely physical causes. Maybe your relatives, your neighbors, your cat and your dog have no inner experiences whatever. If they don't, there is no way you could ever find it out. ①

Philosophers' continuous inquiry into the problem of other minds is also associated with its significance in science, ethics, and everyday life. For example, if psychologists cannot justify their knowledge of others' mental life, psychology-the science that studies mental processes and behavior-would be unwarrantable. Similarly, if we cannot know others' thoughts and desires, the ethic of reciprocity like the Golden Rule would be an otiose belief. In everyday life, we often want to know, or claim we do know, others' ideas, desires, emotions, feelings, and intentions for various practical purposes. If we had no idea what criteria for our knowledge claim of other minds are, we could not tell the differences between correct and incorrect understandings of others' intention, purpose, emotion and the liken. If we could not know others' mental states and activities, we would not be able to anticipate others' acts correctly, work with others cooperatively, and communicate with one another effectively. In a nutshell, if we had no knowledge of other minds, our social life and interaction between individuals would be entirely impossible. However, psychology is possible as a science; the ethic of reciprocity has been practiced cross culturally. Our successful/unsuccessful social life and individual interaction indicate that the criteria for our knowledge of other minds do exist. Therefore, philosophers are engaged in the explanation of the cognitive condition of our knowledge of other minds, the justification of our knowledge claim of other's mental life, and the clarification of the criteria for our knowledge of other minds. Psychologists say that if we have the ability to attribute mental life to others, we have a theory of mind, or TOM for short. What is our TOM? How can we justify our TOM and its criteria?

Zhuang Zhou's Refutation of Hui Shi's Skepticism

Before delving into the analytical philosophers' investigations into the problem of other minds, I

---

① Thomas Nagel, 1987, *What does it all mean*? Oxford: Oxford University Press, p. 23.

would like to point out that the impenetrability of other minds seems to be a cross-cultural problem. For example, in the 4th century BCE, Chinese Daoist (Taoist) philosopher Zhuang Zhou (Chuang Chou)① and his skeptic friend Hui Shi already disputed over a difficult, fascinating problem concerning our knowledge of fish's mental states. A fourteenth century Chinese novelist Shi Naian in his famous fiction *Water Margin* expressed the difficulty of knowing other people's minds in an remarkable analogy, "Just like that in drawing a tiger, one can paint its fur but has difficulties in depicting its bones; one can identify a person and recognize the face, but still knows nothing about what is going on in that person's mind."②

Zhuang Zhou and Hui Shi argued about the epistemological problem of other minds in a dialogue described in Chapter 17 of *Zhuangzi*, where the two disputers are named by their respectful titles - Master Zhuang (Zhuangzi or Chuang Tzu) and Master Hui (Huizi or Hui Tzu). The conversation occurred when the two walked along a river.

Chuang Tzu and Hui Tzu were strolling along the dam of the Hao River when Chuang Tzu said, "See how the minnows come out and dart around where they please! That's what fish really enjoy!"

Hui Tzu said, "You're not a fish-how do you know what fish enjoy?"

Chuang Tzu said, "You're not I, so how do you know I don't know what fish enjoy?"

Hui Tzu said, "I'm not you, so I certainly don't know what you know. On the other hand, you're certainly not a fish-so that still proves you don't know what fish enjoy!"

Chuang Tzu said, "Let's go back to your original question, please. You asked me how I know what fish enjoy-so you already knew I knew it when you asked the question. I know it by standing here beside the Hao."③

---

① There are two commonly-used Romanization systems for Chinese language: Wade-Giles and pinyin. In this article, I use the pinyin system, but sometimes I also use the Wade-Giles symbols in a parenthesis when a Chinese word appears for the first time in the article.

② My translation of Shi Naian, Chapter 44, *Water Margin*, extract from http://bbs.shzhidao.cn/showtopic-139314.aspx.

③ Chapter 17, *The Complete Works Of Chuang Tzu*, Translated by Burton Watson, extracted from http://www.terebess.hu/english/chuangtzu.html, July 3, 2010.

This dispute is concerned with other minds in general and fish's pleasure, or enjoyment in particular. For the two disputers, "other minds" not only include human minds but also include minds of animals, i. e. fish. The two disputers chose fish in the Hao River, instead of humans or tamed animals, to discuss the problem of other minds, which clearly increased the difficult level of the topic because the two disputers had no direct access to fish's minds and they could not verbally or even non-verbally communicate with fish in the river either. Each of the two philosophers had made his own case with no confirmation or denial from the fish.

In our time, whether fish have mental states is still a disputed issue. A recent scientific study lead by Dr. Lynne Sneddon shows that trout have feeling i. e. pain and a certain level of intelligence, which seems to provide a scientific support for Zhuangzi's claim. However, the question has not been settled. ①

Note that the dispute is concerned with three orders of knowledge of other minds:

(1) whether Zhuangzi knew fish's mind (the first-order knowledge of other minds);

(2) whether Huizi knew that Zhuangzi's mind which purportedly knew fish's minds (the second-order knowledge of other minds);

(3) whether Zhuangzi knew that Huizi's mind which questioned Zhuangzi's mind which purportedly knew fish's mind (the third-order knowledge of other minds).

At the beginning of the debate, Zhuangzi attributed "pleasure" and "enjoyment" to the small fish when he observed the fish's behaviors-jumping and darting in the river. This is the first-order knowledge of other minds. Skeptic Huizi challenged Zhuangzi's knowledge claim of the fish's pleasure and enjoyment because Huizi believed that Zhuangzi was not the fish and could not know the fish's minds. This indicates that Huizi held that one could know only one's own mind, not other minds.

---

① The breakthrough study, lead by Dr. Lynne Sneddon, on rainbow trout claims to have uncovered evidence that fish have feelings, including stress and pain, extracted from http: //www. cbsnews. com/stories/2004/11/17/national/main656288. shtml, July 3, 2010.

Next, Zhuangzi ingeniously pointed out that Huizi's position fell into a contradiction. If Huizi held that no one could know others' minds, then he could not know Zhuanzi's mind either, that is, Huizi could not know whether Zhuangzi knew the fish's minds. As a result, the skeptic could not deny Zhuangzi's knowledge claim of fish's minds. However, Huizi questioned and denied Zhuangzi's knowledge claim of fish's minds. Huizi's denial presupposed that he knew his opponent's mind which did not possess the knowledge of the fish's minds. Skeptic Huizi denied Zhuangzi's knowledge claim of other minds, but Huizi's denial of Zhuangzi's knowledge of the fish's minds gave away Huizi's possession of certain knowledge of Zhuangzi' mind. Therefore, Huizi's position was contradictory. For the Daoist, the skeptic's inconsistent position demonstrated the knowledge of other minds was possible. This is the second-order knowledge of other minds. Zhuangzi's exposition of the inconsistency involved in the skeptic's challenge of our knowledge of other minds is his most significant contribution to the problem of other minds. It is interesting to note that Wittgenstein takes a similar approach to refute solipsism in the Blue and Brown Books. ①

Finally, by pointing out Huizi's inconsistency, Zhuangzi's also confirmed his knowledge of Huizi's mind. Therefore, Zhuangzi established his possession of the knowledge of both the fish's minds and Huizi's mind, which is the third-order knowledge of other minds.

It is interesting to see Zhuangzi's claim of the first-order knowledge of other minds somewhat prefigured logical or analytic behaviorism. According to logical behaviorist Gilbert Ryle, for example, the possession of a certain mental state, e. g. pleasure or enjoyment, is, under certain conditions, to behave, or be disposed to behave, in certain ways. In Zhuangzi's view, fish's pleasure and joy were associated with fish's behavior. However, that's where the similarities between the Daoist the Behaviorist end. The logical behaviorist closes the conceptual gap between mentality and behavior by translating statements of mental states into statements of behaviors. However, the Daoist denies the distinction between others and the self,② and closes the gap between human and fish and between

---

① Ludwig Wittgenstein, *The Blue and Brown Books*, Oxford: Basil Blackwell, 1958, pp. 58 – 70.

② Chapters 1 and 17, *The Complete Works Of Chuang Tzu*, Translated by Burton Watson, extracted from http: //www. terebess. hu/english/chuangtzu. html, July 3, 2010.

mentality and bodily behavior by claiming that "the Way (Dao or Tao) makes all things into one."①

In contrast to Zhuangzi's position, skeptic Huizi did not think his opponent really knew fish's mental states and also refused to admit that he knew anything about the Daoist's mind. Like some western solipsists, Huizi appeared to believe that one could know only one's own mind; no one could know other minds. Thus he demanded that his opponent Zhuangzi show how he knew fish's pleasure, but saw the opponent provide none. Huizi pioneered the skeptical challenge to the knowledge claim of other minds.

For those who are familiar with naturalized epistemology, Zhuangzi's final response to Huizi's challenge sounds like what a descriptive epistemologist would say because Zhuangzi answered his opponent's question by way of a description of his cognitive situation, instead of a justification of his claim. "You asked me how I know what fish enjoy-so you already knew I knew it when you asked the question. **I know it by standing here beside the Hao**" (emphasis added). In the story, Zhuangzi seems to be contended with his witty rebuff and did not further inquire into the problem of other minds.

The dialogue between Zhuangzi and Huizi is probably the earliest dispute over the problem of other minds, and the disputers carry the conversation in an analytic style.

Bertrand Russell's postulation for the Causal-Analogical Inference

More than two thousand years later, in the middle of the twentieth century, analytic philosopher Bertrand Russell viewed the problem of other minds as an epistemological problem based on inductive reasoning, and he tried to solve the problem by exposing and justifying the assumption of our belief in other minds. This approach is centered on an analysis of the inductive inference concerning our knowl-

---

① Chapter 2, *The Complete Works Of Chuang Tzu*, Translated by Burton Watson, extracted from http://www.terebess.hu/english/chuangtzu.html, July 3, 2010.

edge of other minds, which usually consists of some or all of the following claims: We know our mental states and activities are the causes of our bodily behaviors. Since we and other humans share commonalities, by analogy their mental states and activities are the causes of their bodily behaviors. Therefore, we can infer from their bodily behaviors to their mental states and activities though we cannot directly observe them. This causal-analogical inference theory attempts to justify our belief in other minds and represents a response to the skeptic's challenge to our knowledge of other minds. ① In *Human Knowledge*, *Its Scope and Limits*, Bertrand Russell spelled out the problem of other minds as follows:

The Problem with which we are concerned is the following. We observe in ourselves such occurrences as remembering, reasoning, feeling pleasure and feeling pain. We think that stocks and stones do not have these experiences, but that other people do. Most of us have no doubt that the higher animals feel pleasure and pain, though I was once assured by a fisherman that "fishes have no sense nor feeling." I failed to find out how he had acquired this knowledge. Most people would disagree with him but would be doubtful about oysters and starfish. However this may be, common sense admits an increasing doubtfulness as we descend in the animal kingdom, but as regards human being it admits no doubt.

It is clear that belief in the minds of others requires some postulate that is not required in physics, since physics can be content with a knowledge of structure. My present purpose is to suggest what this further postulate may be. ②

Russell describes a hierarchical system in terms of entities' mental experiences. Undoubtedly, humans have mental experiences but stocks and stones do not have them. Higher animals have feelings such as pleasure and pain; some fish may have them as well, but it is less likely that oysters and starfish have mental experiences. Like Zhuangzi, Russell believed that other humans, some animals and fish have mental states, though he focused on humans without further considering nonhuman

---

① I use "the causal-analogical inference" instead of "the analogical inference," because I think the former is more accurate than the latter.

② Bertrand Russell, 1945, *Human Knowledge*, *its Scope and limits*, New York: Humanities Press Inc., 1966, p. 501.

animals' mental state including fish's. Also like Chuang Tzu, Russell believed there is a connection between behaviors and mental activities. However, Chuang Tzu who did not extrapolate from the self's mind to other minds because he held that there is no self and the universe is One. In contrast, Russell accepted the distinction between the first person and the third person, and the asymmetry between our knowledge of other minds and our knowledge of physical objects. Therefore, a justification of our knowledge of other minds requires more than a justification of our knowledge of physical objects. The asymmetry necessitates an additional "postulate" for our knowledge claim of other minds. While Zhaungzi seemed satisfied with paying back his opponent in his own coin, Russell delved the further postulate of the belief in other minds by scrutinizing the inductive reasoning process. He says:

From subjective observation I know that A, which is a thought or feeling, causes B, which is a bodily act, e. g. a statement. I know also that, whenever B is an act of my own body, A is its cause. I now observe an act of the kind B in a body not my own, and I am having no thought or feeling of the kind A. But I still believe, on the basis of self-observation, that only A can cause B; I therefore infer that there was an A which caused B, though it was not an A that I could observe. On this ground I infer that other people's bodies are associated with minds, which resemble mine in proportion as their bodily behavior resembles my own. ①

Russell is not the first one who justifies our knowledge of other minds by appealing to the analogical inference. J. S. Mill once said, "I conclude that other human beings have feelings like me, because, first, they have bodies like me, which I know, in my own case, to be the antecedent condition of feeling; and because, secondly, they exhibit the acts, and other outward signs, which in my own case I know by experience to be caused by feelings. "② On the one hand, Mill's analogical argument for other minds clearly prefigured Russell's. Mill's argument rests on the commonalities of all human beings including others and myself. By pointing out the two commonalities, he infers a further commonality. On the other hand, it is worth noticing that Russell more specifically analyzed three

---

① Bertrand Russell, *Human Knowledge, its Scope and limits*, New York Humanities Press Inc. , 1966, p. 504.

② J. S. Mill, 1889, *An Examination of Sir William Hamilton's Philosophy*, 6th edition, London: Longmans, Green, & Co, 2005.

components involved in the reasoning concerning other minds: (1) my knowledge of the cause-effect relation between my mental state and my behavior; (2) the analogy between the cause-effect relation in me and the cause-effect relation in others; (3) the inference from others' behaviors to their minds. Russell pointed out that this highly probable postulate can justify the inference of our knowledge of other minds. In other words, we can complete the reasoning in three steps. First, one knows a mental state as a cause and a bodily behavior as an effect in one's own case. Second, one makes an argument from analogy by extrapolating the first-person experience of the cause-effect relation to the third person's or others' experience of the cause-effect relation. Finally, one infers from others' behavior as an effect to their mental state as a cause. Therefore, strictly speaking, this is a causal-analogical inference.

However, each of the three steps seems problematic and objectionable. Russell's solution to the problem of other minds seems unsatisfactory for at least the following reasons.

First, introspective self-knowledge of the cause-effect relation between one's mental state and one's bodily behavior is fallible, as Owen Flanagan has pointed out. ①It is entirely possible that when I think I know there is a causal relation between a certain mental state and a certain behavior in me, I am wrong. Just like that our knowledge of physical objects is fallible, our self-knowledge is also fallible. It follows that the starting point of the causal-analogical inference can also be wrong. In "*Telling more than we can know*," a classic article, Nisbett and his student Wilson reported that people can usually come up with an explanation for their behavior, but their explanation often is not accurate. Our knowledge of our own minds is not infallible. Here is an example:

In order to test subject ability to report influences on their associative behavior, we had 81 male introductory psychology students memorize a list of word pairs. ? Some of these word pairs were intended to generate associative processes that would elicit certain target words in a word association task to be performed at a later point in the experiment. ? For example, subjects memorized the word pair "ocean-moon" with the expectation that when they were later asked to name a detergent, they would

① Owen Flanagan, the Science of the Mind (2nd edition), Cambridge, MA: MIT/Bradford, 1991, pp. 193 – 200.

be more likely to give the target "Tide" than would subjects who had not previously been exposed to the word pairs ... The average effect of the semantic cuing was to double the frequency of the target responses from 10% to 20% (p<.001). ? Immediately following the word association task, subjects were asked in open-ended form why they thought they had given each of their responses in the word association task. ? Despite the fact that nearly all subjects could recall nearly all of the words pairs, subjects almost never mentioned a word pair cue as a reason for giving a particular target response. ? Instead subjects focused on some distinctive feature of the target ("Tide is the best-known detergent"), some personal meaning of it ("My mother uses tide"), or an affective reaction to it ("I like the Tide box"). ①

Currently, more and more philosophers believe that if introspection were construed as "inner perception", then it would be subject to all the frailties and fallibility of outer perception. Since our self-knowledge of the cause-effect relation between our mental state and bodily behavior can be wrong, any extrapolation from the self to others is unwarrantable.

Second, a causal connection between two physical phenomena is constant and regular. For example, water boils at 100 degree Celsius. In contrast, the proposed causal connection between mental states and bodily behaviors is often irregular and varies from one individual to another or from one situation to another, except for stimulus-reflex actions. A type of pain which often occurs to a person does not necessarily cause that person to behave the same way; a pleasant sensation in different individuals can cause different behavioral reactions. As the children's song "If you are happy and you know it" utters, if you are happy and you know it, you can act in many different ways. You can clap your hands; you can smile; you can stomp your feet; you can shout "Hurray!", or do all of them and different combinations of them. In addition, some people, e. g. spies, may intentionally perform misleading and deceptive behaviors to cover their real mental states and motivations. Even if we know the cause-effect relation between a mental state and a bodily behavior in ourselves, we may have no clue about what is going on in those people's minds when we observe their behavior similar to us. Needless to

① Nisbett, Richard, & Wilson, Timothy (1977), *Telling more than we can know: Verbal reports on mental processes. Psychological Review*, 84, 231 - 259 say, those people can intentionally create a deceptive or misleading cause-effect relation between their mental state and their bodily behavior. People can conceal their mental states; they can pretend to be in certain mental states. This is why misunderstandings of others' ideas, thoughts, intention, and emotions occur more often than we would like to see. A constant and regular causal-effect relation seems to be an over-simplified account of the relation between mental states and bodily behaviors in many cases.

In addition, the analogy in the second step seems to stem from the following argument:

1. All human beings bear some commonalities.
2. Other people and I are human beings.
3. Therefore, I have mental states and other people also have mental states.

If the expression "some commonalities" in the first premise includes mental states, the conclusion is already contained in the premise. The analogy is redundant. If the expression "some commonalities" does not include mental states, the conclusion does not follow from the premises or the premises do not support the conclusion.

Third, many critics of the analogical inference have argued that an inductive generalization based on a single case analogy is weak and unreliable, and the causal-analogical inference from one's knowledge of his or her own mind to other minds belongs to this type of weak inductive reasoning. For example, I went to a gelato store in Florence, Italy last summer and bought gelato from a lady wearing a pair of lipstick eyeglasses. If I infer from my experience to the conclusion that probably all ladies working at gelato stores in Italy wear lipstick eyeglasses, my conclusion is utterly weak and unreliable because it is based on only one individual case. The analogical inference regarding other minds as an inductive generalization is also derived from a single case, which is mine. I extrapolate from what is going on inside me to what is going on inside everyone else. Without assuming some commonality among human beings, this token-to-type inference concerning other minds is weak and unreliable. With the assumption of some commonality among all human beings, the other problems stated in the second point will be unavoidable.

Fourth, the conclusion (about other minds) of the causal-analogical inference cannot be verified by observation. If we derive a conclusion that a person has mental states from our observation of her behaviors, how can the conclusion be verified by our observation? Since we can observe neither the causal connection in others nor the mental state in others, the conclusion cannot be confirmed according to the principle of verification endorsed by A. J. Ayer and other analytical philosophers. Similarly, the conclusion of the argument cannot be falsified by empirical evidence either. For those who have found the principle of verification objectionable, John Searle's example can be helpful to understand this critical point. "… I might discover that a container is empty by banging on the container and inferring from the hollow sound that there is nothing in it, but this inferential form of knowledge only makes sense given the assumption that I could open up the container and look inside and thus noninferentially perceive that the container is empty. But in the case of knowledge of other minds there is no noninferential check on my inference from behavior to mental states, no way that I can look inside the container to see if there is something there. "①

By appealing to a mental cause theory and an argument from analogy, Bertrand Russell and others tried to solve the problem of other minds, but the causal-analogical inference theory encounters many difficulties instantiated above. While some people still try to defend this theory, the philosophy community in general views the theory as an unsatisfactory solution to the problem of other minds and has abandoned it, which, to a large extent, resulted from the work of Russell's student and colleague, Ludwig Wittgenstein.

Ludwig Wittgenstein's Semantic Dissolution of the Problem of Other Mind

Although Wittgenstein does not literally use the expression of "other minds," his language-game②

---

① Searle, J, 2004, *Mind, A Brief Introduction*, New York/Oxford: Oxford University Press, p. 24.

② § 2 of *Philosophical Investigations* has a helpful example of language-game in a "complete primitive language": ". . . . Let us imagine a language . . . The language is meant to serve for communication between a builder A and an assistant B. A is building with building-stones; there are blocks, pillars, slabs and beams. B has to pass the stones, and that in the order in which A needs them. For this purpose they use a language consisting of the words 'block', 'pillar', 'slab', 'beam'. A calls them out; ——B brings the stone which he has learnt to bring at such-and-such a call. ——Conceive of this as a complete primitive language. " —— § 23 describes the multiplicity of language games.

and his critique of solipsism, private experience, and private language in *Philosophical Investigations*, *the Blue and Brown Books*, and *On Certainty* undoubtedly indicate his knowledge of the problem of other minds. His linguistic approach, or more specifically, semantic approach, fundamentally diverges from Russell's causal-analogical approach to the problem of other minds. A paragraph in *the Blue and Brown Books* can help us understand Wittgenstein's thought underlying his approach.

…I have been trying in all? this to remove the temptation to think that there 'must be' what is called a mental process of thinking, hoping, wishing, believing, etc., independent of the process of expressing a thought, a hope, a wish, etc. ? And I want to give you the following rule of thumb: If you are puzzled? about the nature of thought, belief, knowledge, and? the like, substitute for the thought the expression of the thought, etc. ? The difficulty which lies in this substitution, and at the same time the whole point of it, is this: the expression of belief, thought, etc., is just a sentence; – and the sentence has sense only as a member of a system of language; as one expression within a calculus (emphasis added) …①

According to Wittgenstein, we must remove the temptation to think a mental process (of thinking, wishing, believing or the like) is independent of the process of expressing it in a sentence. In other words, a mental process is dependent on, or inseparable from, its sentential expression. ② In addition, Wittgenstein's "rule of thumb" is that if we are perplexed about a mental process, we should replace the mental process with its sentential expression. Furthermore, Wittgenstein points out that the difficulty lies in that the expression of a mental process is a sentence and the sentence has meaning only as a member of a system of language. This indicates that, to some extent, Wittgenstein is contextualist.

Wittgenstein's semantic approach seems to shed light on the problem of other minds. Before him, a person's mental life is viewed as a "black box" (or a "beetle box" in his metaphor below) which is

---

① Wittgenstein, L, 1958, *The Blue and Brown Books*, Oxford: Basil Blackwell Publish Ltd, 1964, pp. 41 – 42.

② To response to Wittgenstein's point that a mental process depends upon its sentential express, Ryle distinguishes knowing that and knowing how. "Knowing that" depends on linguistic expressions, but "knowing how" does not. For example, we can do, but not necessarily can say how we do certain things.

private, inner, and hidden from public. Wittgenstein attempts to take the lid off and show that a person can speak of mental process and state because she uses language, and that language is a public enterprise and serves for communication between individuals in a variety of forms of life. One can express one's private, inner mental life in words only because one has learned the words in public language, that is, one has learned how to use public language including psychological words to communicate with others in language-games. Since the first-person mental process and the third-person mental process can be meaningfully expressed only in language-games of public language, the purported asymmetry between the first-person knowledge of mental process and the third-person knowledge of mental process disappears. Wittgenstein explains away the black box or "the first person privileged access," and consequently he dissolves the problem of other minds.

In § 293 of *Philosophical Investigations*, Wittgenstein use a sensation word 'pain' to instantiate his view.

If I say of myself that it is only from my own case that I know what the word "pain" means-must I not say the same of other people too? And how can I generalize the one case so irresponsibly?

Now someone tells me that he knows what pain is only from his own case! Suppose everyone had a box with something in it: we call it a 'beetle'. No one can look into anyone else's box, and everyone says he knows what a beetle is only by look at his beetle. -Here it would be quite possible for everyone to have something quite different in this box. One might even imagine such a thing constantly changing. - But suppose the word 'beetle' had a use in these people's language? - If so it would not be used as the name [designation] of a thing. ① The thing in the box has no place in the language-game at all; not even as a something: for the box might even be empty. - No one can 'divide through' by the thing in the box; it cancels out, whatever it is.

That is to say: if we construe the grammar of the expression of sensation on the model of 'object

① I agree with Hintikka, J that Anscombe G. E. M incorrectly uses "name" instead of "designation" to translate "der Bezeichnung" in this sentence. See Hintikka, J, 2000, *On Wittgenstein*, Belmont, CA: Wadsworth/Thomson Learning, Inc., p. 42.

and designation' the object drops out of consideration as irrelevant. ①

In the quotation, the initial question is that if I learn the meaning of the word 'pain' from my own case, how can I apply the meaning of this word to other people? Wittgenstein does not think the meaning of the word 'pain' can be established in this way. Clearly, the question presents a challenge to Russell's analogical inference as well. After using the beetle box to illustrate the problem of other minds, Wittgenstein says "…suppose the word 'beetle' had a use in these people's language…" This language is often called a "private language" though Wittgenstein never uses this expression because such a language is impossible in his view. Wittgenstein says, "The individual words of this language are to refer to what can only be known to the person speaking; to his immediate private sensations. So another person cannot understand the language. "② According to Wittgenstein's beetle box metaphor, even if there were such a private, language, and I use the word 'pain' (beetle) of this language to express my private experience, the word is not used as a name, and the use of the word does not have a place in the language-game.

Grammatically, a noun serves as a name for something. If so, the word "pain" is a name for something-a sensation. However, Wittgenstein says, "It [the sensation] is not something, but not a nothing either. The conclusion was only that a nothing would serve just as well as something about which nothing could be said. We have only rejected the grammar which tries to force itself on us here. "③ Why does Wittgenstein think the word 'pain' is not a name, and the word 'pain' says nothing about the sensation? The answer to this question consists in Wittgenstein's rejection to a private "language. " This paper restricts its discussion of private language to the problem of other minds.

Suppose I experience a certain sensation and call it "E" (an abbreviation for the German word

---

① Wittgenstein, L, 1953, § 293 *Philosophical Investigations*, translated by Anscombe, G. E. M. , Oxford: Blackwell Publish Ltd; revised edition, 2003.

② Wittgenstein, L, 1953, § 243 *Philosophical Investigations*, translated by Anscombe, G. E. M. , Oxford: Blackwell Publish Ltd; revised edition, 2003.

③ Wittgenstein, L, 1953, § 304, *Philosophical Investigations*, translated by Anscombe, G. E. M. , Oxford: Blackwell Publish Ltd; revised edition, 2003.

Empfindung-sensation in English), regard "E" as a name, and write "E" down in my diary every time I think I have the same sensation. Referring to this sensation, I think I have established a meaning for "E" . However, this is just what is questionable. I can use the name "E" correctly only if I can identify the sensation consistently. Clearly, without a criterion to tell the difference between the correct and incorrect uses of the name "E", I cannot determine whether or not I identify the sensation and use the name "E" consistently every time. If there were no such criterion, it would be nonsense to claim that I can use the name "E" "correctly." If I say I feel, I think, or it seems to me, that the sensation I have now is the same as I had some time ago, my reasoning is begging the question. In Wittgenstein's words, "Whatever is going to seem right to me is right." What I remember about "E" cannot serve as its own criterion to determine whether I use the sign "E" correctly in identifying the same sensation because this sounds like that "As if someone were to buy several copies of the morning paper to assure himself that what it said was true." According to Wittgenstein, a word without a criterion or rule for its proper use is not a name or has no meaning; it does not belong to a naming language-game. It is worthwhile to notice that Wittgenstein does not deny we have sensations. What he denies is that an inner sensation can establish the consistent object or meaning of a word.

If the advocators of the causal-analogical inference theory such as Russell, Ayer, and others believe in private language, we can see Wittgenstein's argument again private language is detrimental to the causal-analogical inference theory. This theory starts off with a first person's private experience and linguistic description of his or her mental states and then extrapolates the first person private experience to others. Since Wittgenstein rejects the possibility of the first person's private experience and private language, the starting point of the analogical argument for other minds collapses, and it cannot get off the ground to begin with.

In § 61 of On Certainty, Wittgenstein says, "A meaning of a word is a kind of employment of it. For it is what we learn when the word is incorporated into our language."① To discover the meaning

---

① Wittgenstein, L, 1969, *On Certainty*, § 61 p. 10e, Edited by G. E. M. Anscombe and G. H. von Wright; translated by Denis Paul and G. E. M. Anscombe Oxford: Blackwell Publishing Ltd, 2004.

of the word ' pain' is not to discover what it names but to learn how to use it. According to Wittgenstein, suppose a person says that when she learns how to use the word ' pain, ' she learns it as a conclusion that she induced from her behavior. This view encounters the same difficulty as the private language does: There is no criterion for the consistent use of the word ' pain' to refer the same sensation. Actually, we learn how to use the word ' pain' in a very different language-game. Here is Wittgenstein's example:

…A child has hurt himself and he cries; and the adults talk to him and teach him exclamations and later sentences. They teach the child new pain-behavior.

"So you are saying that the word ' pain' really means crying? On the contrary, the verbal expression of pain replaces crying and does not describe it. "①

The last point of the quotation is crucial. For Wittgenstein, the word ' pain' does not mean or describe crying-a pain-behavior. The utterance of the word ' pain' replaces the pain-behavior-crying. This also reminds us of another replacement or substitution Wittgenstein mentions in *The Blue and Brow Books*: When a mental process causes confusion, we should replace it with its sentential expression. In any event, Wittgenstein dissolves the problem of other minds by appealing to the essential characteristics of natural language which is shared and used by a community of people.

This semantic approach has a significant weakness. If mental processes and sensation related behaviors are replaced by their expressions in sentences, what we are going to say about those people who cannot speak of or verbally express their mental processes or states? It is absurd to hold that they have no mental processes or states. How can we know the minds of those who do not have linguistic ability or cannot share language with us? In addition, since non-human animals do not share language with us or bear any behavior similar to ours, can we claim they do not have mental process or we cannot know if they have mental states? Wittgenstein's semantic approach is anthropomorphic and can have little help with the question "Can animals think?" In recent years, many scientific studies have

---

① Wittgenstein, L, 1953, § 244, *Philosophical Investigations*, translated by Anscombe, G. E. M. , Oxford: Blackwell Publish Ltd; revised edition, 2003.

shown that many animals including fish do have mental activities and states. Several TOMs, for example, the Theory of Theory of Mental Attribution, Simulation Theory of Mental of Attribution and Simulation Theory of Mental Attribution, are based on studies of animals, i. e. chimpanzees. ①

Furthermore, Wittgenstein's semantic approach also explores the limitation of traditional analytic philosophy, which pays great attention to logic and language but disregards value theory, i. e. ethics. The problem of other minds is not just an epistemological problem entangled with logic and language; it is also an important problem in ethics and political philosophy. The social contract theory is constructed on the assumption that those who reach an agreement know others' desire for peace and security, fear of death. The principle of reciprocity, i. e. the Golden Rule has been viewed as an important moral principle since the recorded human history started. Almost every culture, every philosophy tradition, and every religion have its own version of this principle. Clearly, this principle requires or assumes that a practitioner knows her own mind and other minds as well. Harry J. Gensler, S. J. points out that "the golden rule is best seen as a consistency principle." ② Does the principle of consistency also underlie the dispute over the problem of other minds?

The discussion in this paper leads to a general observation: The solution to the problem of other minds is tied to the principle of consistency in one way or another. Zhuangzi refuted Huizi's skepticism because he thought that the skeptic's position was inconsistent. For Zhuangzi, all things including fish and himself are equal. Equality of all things manifests the consistency of the unbiased Dao (ultimate principle). Russell's causal-analogical inference postulate is based on his belief that humans share commonalities. If we attribute mental states to ourselves, we should consistently attribute mental states to others who share commonalities with us. The ethic of reciprocity and the causal-analogical inference should be viewed as specific forms of the principle of consistency. In his argument against private language, Wittgenstein contends that whereas one attributes mental states to others by reference to bodily and behavioral criteria, one has and requires no criteria at all to attribute mental states to oneself. In

① Cunningham, S, 2000, *What is a mind*? Indianapolis/ Cambridge: Hackett Publishing Company, Inc., 2002, pp. 222 – 250.

② Gensler, H, *The Golden Rule*, at http://www.jcu.edu/philosophy/gensler/goldrule.htm

other words, the fundamental problem with the conceptions of privileged access, private experience, and private language lies in that they violate the principle of consistency. In the final analysis, the justification of our knowledge of other minds is consistent with the justification of our knowledge of our own minds. At the same time, various skeptical challenges to our knowledge of other minds are inconsistent with their denial of our knowledge of other minds.

References

[1] Flanagan, O, 1991, *The Science of the Mind* (2nd edition), Cambridge, MA: MIT/Bradford Press, 1991.

[2] Hintikka, J, 2000, *On Wittgenstein*, Belmont, CA: Wadsworth/Thomson Learning, Inc, 2000.

[3] Hyslop, A, 2009, *Other Minds*, the Stanford Encyclopedia of Philosophy, http://plato.stanford.edu/entries/other-minds/.

[4] Mill, J, An Examination of Sir William Hamilton's Philosophy, 6th edition, London, Longmans, Green, & Co, 2005.

[5] Nagel, T, 1987, *What does it all mean?* Oxford: Oxford University Press, 1987.

[6] Nisbett, Richard, & Wilson, Timothy, 1977, *Telling more than we can know: Verbal reports on mental processes. Psychological Review*, 84, 231-259.

[7] Russell, B, 1945, *Human Knowledge, its Scope and limits*, New York: Humanities Press Inc, 1966.

[8] Searle, J, 2004, *Mind, A Brief Introduction*, New York/Oxford: Oxford University Press.

[9] Wittgenstein, L, 1958, *The Blue and Brown Books*, Oxford: Basil Blackwell Publishing Ltd, 1964.

[10] Wittgenstein, L, 1969, *On Certainty*, Edited by G. E. M. Anscombe and G. H. von Wright; translated by Denis Paul and G. E. M. Anscombe Oxford: Blackwell Publishing Ltd, 2004.

[11] Wittgenstein, L, 1953, *Philosophical Investigations*, translated by Anscombe, G. E. M., Oxford: Blackwell Publishing Ltd, revised edition, 2003.

[12] Zhuangzi (Chuang Tzu), *The Complete Works Of Chuang Tzu*, translated by Burton Watson, New York: Columbia University Press, 1968. See the book online at http://www.terebess.hu/english/chuangtzu.html.

他心问题：庄子的反驳、罗素的推论和维特根斯坦的消解

刘全华
美国龚萨格大学

摘　要：常言说我们对自己的内心活动心知肚明但对他人却是知人知面不知心。本文讨论了他人之心是否可知的哲学问题（the problem of other minds），西方哲学家认为这个问题源于笛卡尔。分析哲学家特别关注此难题。作者指出中国古代思想家早在公元前 3 世纪就争论过此问题。他人之心问题跨越时代和文化，涉及多重领域。文章主要解释、分析、比较、评价了在此问题上最有建树的三个理论：庄子反驳惠施的怀疑论，罗素的因果类比推论，和维特根斯坦的语义消解论。笔者进一步指出，他人之心的问题不仅涉及怀疑论，归纳推理和语义哲学，也和政治哲学中的社会契约论，伦理学的互惠原则（the ethic of reciprocity），和心灵哲学中动物心灵问题（Can animals think?）密不可分。我们论证他人之心可知是因为我们相信一致性原则（the principle of consistency）。否认他人之心可知的怀疑论违背了一致性原则。

关键词：庄子；罗素；维特根斯坦；他心问题；知识；怀疑论；因果类比推论；私人经验；私人语言

无头女人幻觉：现象和论证

◎ 周文华

云南大学

摘　要：2006年斯马特发表的“形而上学的幻觉”一文，沿用了阿姆斯特朗的无头女人幻觉论证。不过斯马特强调，造成这些幻觉的不仅仅是由于概念和逻辑分析的错误，而且还由于相伴随的很强的心理压力。本文详细地考察了无头女人幻觉论证以及Ward对该论证的非议，解答了为什么会有斯马特所说的心理压力问题。结论是，尽管Ward没有成功地驳斥无头女人幻觉论证，但该论证并不能如阿姆斯特朗所宣称的那样能捍卫唯物论。因为，无头女人幻觉现象是一把双刃剑。而且，如果我们的关于感觉命题的理论是正确的话，无头女人幻觉论证会面临重大困难。

关键词：无头女人幻觉；形而上学幻觉；唯物论；二元论；阿姆斯特朗；斯马特

一

近来，著名哲学家斯马特（J. J. C. Smart）发表了“形而上学的幻觉”[1]一文，通过对“我们感觉到心灵是非物质的”（we perceive the mind as non-physical）等四个形而上学的幻觉作仔细的分析，得出：这些幻觉都是由于概念或逻辑性错误所造成的。而且，斯马特强调，造成这些幻觉的不仅仅是由于概念和逻辑分析的错误，而且还由于相伴随的很强的心理压力。

斯马特对第一个幻觉的分析，即为什么我们觉得心灵是非物质的、心灵活动不是物理过程，运用了阿姆斯特朗（David M. Armstrong）的研究成果。阿姆斯特朗在1968年发表了著名的短文“无头女人幻觉与捍卫唯物论”[2]，力图为唯物论战胜二元论提供新的论证。阿姆斯特朗指出，如果没有科学理论，而仅依赖于日常经验，那么声音看来就不是空气的振动，心理图像（mental images）看来也不是大脑的活动过程（brain-processes）。所以唯物论应该承认，我们的日常经验对声音和心理图像的看法是不正确的，即是一种幻觉。为什么日常经验对心理图像的看法不对？唯物论必须回答这一问题。

阿姆斯特朗指出，无头女人幻觉的现象可以用于作这种论证。无头女人幻觉是这样形成的：在一个背景为黑色的舞台上有一个女人，她的头被黑布遮盖，在适当的光照下她看起来就像是一个无头的女人在舞台上活动，观众觉得自己看到的是一个无头的女人。我们把这个现象称为无头女人幻觉，或无头女人幻觉现象。阿姆斯特朗认为，借助这一现象可以让人们清楚地认识到：正如无头女人现象虽然确凿地发生在经验中但却是幻觉一样，那种偏向二元论的日常经验其实也是一种幻觉。这就是阿姆斯特朗的无头女人幻觉论证（简称“无头女人论证”）的主要理路。

斯马特虽然赞同阿姆斯特朗的论证，但也感受到该论证不足以解释为什么人们会犯这种明显的逻辑错误，所以他认为形而上学的幻觉的形成“除了概念和逻辑分析的错误之外，还要加上相伴随的很强的心理压力”。斯马特敏锐地在无头女人现象中捕捉到这种心理压力的表现：“观众被强有力地诱导着相信眼前确实是一个无头的女人，尽管他们不会真的相信，因为他们对舞台魔术师不会真的将该女人斩首有着牢固的信念，但还是有一种**很强的心理压力**在迫使他们相信。”[3]而且，“人们有犯简单的逻辑错误的倾向也不能充分解释这种压力的存在。”斯马特承认他对此没有一个令人满意的解释。

我们在第二节介绍阿姆斯特朗的无头女人论证，在第三节我们着重考察 Ward 对该论证的批评，在第四节我们考察该论证是否如阿姆斯特朗所说的那样能捍卫唯物论。在第五节、第六节我们给出对无头女人现象的不同解析，并解释为什么会有上述斯马特所说的“相伴随的很强的心理压力”。第七节是结论。

二

在1968年的这篇文章中，阿姆斯特朗指出：在无头女人幻觉的现象中，观众很容易从一个真的命题“我没有看到这个女人的头”，或者说

(1a) 我没有看到这个女人有头。

跳到一个假的命题

(1b) 我看到这个女人没有头。

阿姆斯特朗由此概括说，人们很自然地从一个真命题

(2a) 我没有感觉到 X 是 Y。

跳到一个可能是假的命题

(2b) 我感觉到 X 不是 Y。

在无头女人幻觉中是如此，在日常经验中也是如此。因此，唯物论者可以利用无头女人幻觉这样来解释我们的日常经验对心理图像的看法（正如该现象可以用来解释为什么我们的日常经验对声音有着非科学的看法一样）：因为我们倾向于从一个真命题

(3a) 我没有内省地感觉到心理图像是大脑活动过程。

跳到一个假命题

(3b) 我内省地感觉到心理图像不是大脑活动过程。

同样地，我们也倾向于从一个真命题

(4a) 我没有通过听而感觉到声音是空气的振动。

跳到一个假命题

(4b) 我通过听而感觉到声音不是空气的振动。

这里（3b）当然是支持二元论的。很明显，从上述诸（_a）命题是不能合乎逻辑地得出相应的诸（_b）命题的，所以日常经验犯了一个逻辑错误。这个错误也就是：从

(5a)（我）没有感觉到 p。

得出

(5b)（我）感觉到非 p。①

正是这种逻辑错误造成了幻觉。正如无头女人是一种幻觉，二元论的依据也是一种幻觉，一种形而上学的幻觉。

这就是无头女人幻觉论证。其直接目的是要回答为什么日常经验有这种幻觉，其最终目的是要捍卫唯物主义。

三

阿姆斯特朗的无头女人幻觉论证是正确的吗？斯马特是认同阿姆斯特朗的这一论证的，

---

① 阿姆斯特朗的原文是："the taking of an absence of awareness of X to be an awareness of the absence of X"[4]，我这里把它分成（5a）与（5b）两句话，且把其中的"X"换成表示命题的符号"p"，是为了与前面的内容保持一致。因为（2a）与（2b）又可以分别看成是（5a）与（5b）的特例。原文中，"X"代表的不是命题而是对象，这会引起一些问题。我们这样做，也与斯马特[5]对无头女人论证的处理一致。当把"p"定为"X is present"，又可以得到原文的意思。从阿姆斯特朗[6]对斯马特的回答来看，他已经认同了斯马特的这种处理。

他称赞阿姆斯特朗的这篇论文是“强有力的”、“美好的”（powerful paper，beautiful paper）。他说：“阿姆斯特朗**正确地**看到，通常的人们认为唯物论明显地是错误的这种倾向，是**类似于**观众们认为他们看到了那个女人没有头的这种倾向”①。

但也有人明确表示不赞同阿姆斯特朗的这一论证，如 Keith Ward[8]。Ward 认为，阿姆斯特朗没有注意到无头女人的情形与内省的二元论的情形有很大的不同：在无头女人的情形，人们原则上可以感觉到 X 是 Y，并且还比较容易感觉到 X 是 Y，这里 X 是“这个女人”，Y 是“有头的”；而在内省的二元论情形，人们原则上无法内省地感觉到 X 是 Y，这里 X，比如说是“一种情感”，Y 是“一种脑状态”。人们对其情感的感觉从类型上就是不同于对其脑状态的感觉。所以 Ward 认为，我们实际上有的不是（2a），而是如下的命题：

（2c）我无法感觉到（无论是通过内省还是通过外部观察）是否 X 是 Y。

就是说，人们不能感觉到一种情感是一种脑状态，也不能感觉到该种情感不是一种脑状态。所以，这与无头女人的情形是根本不同的，谈不上什么幻觉。Ward 通过否认这两种情形的类似性，来否认无头女人论证的效力。

在考察 Ward 的反驳是否击中要害之前，我们要弄清无头女人论证的关键所在。阿姆斯特朗的论证极其简短、形象和精练。作为唯物论者，他主张[9]

（3c）心理图像是大脑活动过程。

并且认为（3b）是假的。所以，无头女人论证的一个突出之点是：阿姆斯特朗认为人们是从（3a）推出（3b）的，他用无头女人幻觉现象中的同一类型推理（即从（1a）推出（1b））的明显错误来揭示这一推理的不合逻辑。无头女人论证的核心我认为是如下的推理：

推理一：

（在日常经验中），如果我们认为一个（5a）型命题是真的，那么我们就倾向于认为相应的（5b）型命题也是真的，

（3a）是一个（5a）型的我们认为是真的命题。

所以，我们倾向于认为与（3a）相应的（3b）也是真的。

---

① 斯马特的原文是：“Armstrong rightly sees the common tendency to think that materialism is obviously false as analogous to the audience's tendency to think that they see that the woman has no head.”[7]。译文中着重号（黑体）是我加的。

我们倾向于认为（3b）是真的，所以，我们有（3b）所述的幻觉。

再来看 Ward 的反驳。的确，我们可以感觉到（通过看，也可以通过摸）一个女人是否是有头的，但我们无法感觉到一种情感是否是一种脑状态（因为推理和推测不属于感觉），从这方面看这两种情形是不类似的。但是，任何类似的东西只要是不同的东西，就会有不同的方面，即有不类似的地方；我们却不应该因为有这个不类似的方面就否认它们从某方面看是类似的。所以，我们认为，Ward 对无头女人幻觉论证的考察虽然细致入微，Ward 的“无头女人的情形不同于内省二元论的情形”的结论也是正确的，但 Ward 并没有能令人信服地否定无头女人论证的效力。因为，不管这两种情形有多么的不同，从（1a）到（1b）的推理与从（3a）到（3b）的推理从形式上看是类似的，它们都属于从（2a）到（2b）这种普遍的形式，因而也属于从（5a）到（5b）这种更普遍的形式，其他方面的不类似并不能否定在这一方面的类似。阿姆斯特朗通过展示从（1a）到（1b）的推理的明显的不正确、不合乎逻辑，来表明从（3a）到（3b）的推理也是不正确的、不合乎逻辑，这一作法是有说服力的。就其揭露从（3a）到（3b）这一步是不正确的而言，无头女人论证是有效的。

所以，Ward 对无头女人幻觉论证的驳斥是不成功的。因为，Ward 并没有说明从（3a）到（3b）的推理是正确的，也没有反驳推理一；只不过，Ward 攻击了（3b）是幻觉这一说法。

Ward 的意思也许是：幻觉的产生需要一定的条件；如果 p 是幻觉，那么原则上我们应该能够感觉到 p，或者我们原则上能感觉到非 p。如果不符合这一条件，有关的知觉或信念就不能说是幻觉。

而阿姆斯特朗则一开始就把（1b）、（3b）和（4b）认定是幻觉。既然阿姆斯特朗的目的是要回答为什么日常经验会有（3b）这种幻觉，这意味着他避开了一个更困难的问题，即（3b）是幻觉吗？它为什么是幻觉？而有意无意地把**它是幻觉**当作前提或当成事实。如果说（3b）是幻觉的理由是（3c）等唯物论的主张，那这就是把要证明的东西作为该论证的前提，而这样就犯了循环论证的错误。说无头女人是幻觉，是因为人们（观众）根据他们的经验和知识，相信

（1d）每个（活）人都是有头的。

是正确的，并且这也确实是正确的。这样，他们可以根据如下的推理二得出

（1c）这个女人有头。

该推理如下：

推理二：

每个（活）人都是有头的，(1d)

这个女人是活人，(因为她在舞台上活动自如、肤色栩栩如生……)

所以，这个女人有头。(1c)

接着就有

推理三：

这个女人有头，(1c)

我看到这个女人没有头。(1b)

所以，我所看到的是幻觉。

但类似的推理对于“心理图像”与“大脑活动过程”却难以建立起来，因为不允许循环论证。所以 Ward 说内省二元论的情形与幻觉无关是有道理的。

关于幻觉的条件问题，我们认为，无论原则上我们是否能感觉到 p［参见（5a)］，只要我们觉得自己感觉到 p，而 p 又是错的，那么 p 就是幻觉，或者更准确地说，我们觉得自己感觉到 p 的这种感觉是幻觉。

再说，无头女人幻觉论证的有效性并不依赖于 p 是否是幻觉。如果它是幻觉，该论证的目的和作用就是解释为什么日常经验会有这种幻觉。如果它与幻觉无关，那它就变成了一个与该论证无关的东西了。所以，攻击“幻觉说”并不能动摇无头女人幻觉论证。

当然，主张唯物主义的人，是把心灵看作幻觉的，这样，他就应该能解释为什么日常经验会有这种幻觉；否则，这会动摇他的唯物主义的立场。所以，需要论证来阐明：①为什么心灵是幻觉，②为什么日常经验会有这种幻觉。所以，无头女人论证的确是捍卫唯物论所需要的；由于它只是试图回答了②，而没有回答①，所以远不足以驳倒二元论。

四

反过来，二元论要反驳唯物论，就算他们能得到（3b)，也还是不够的。因为，二元论实际主张的是：

(3c′) 心理图像不是大脑活动过程。

设（1c′）是：

(1c′) 这个女人没有头。

正如从（1b）得不出（1c′），从（3b）也得不出（3c′），虽然（3b）对（3c′）有一定程度的支持。因为感觉可以是不正确的，即它可以是幻觉。只有在我的感觉是正确的前提下，由（3b）才可以得出（3c′）。无头女人是幻觉，说明了感觉可以不正确，从而阻止从（3b）得出（3c′），因而不利于得出二元论，而有利于唯物论。所以，从这个角度看，无头女人幻觉这一现象有利于唯物论。

但是，无头女人幻觉论证是不是如阿姆斯特朗等人所宣称的那样能够捍卫唯物论呢？因为，唯物论主张的是（3c），而无头女人幻觉论证的出发点或者说前提是（1a）或（3a），正如（1a）不会支持而只可能削弱（1c），（3a）也不会支持（3c），而只可能削弱（3c）。我没有感觉到 p 当然可以看作是 p 不成立的一个理由，尽管是一个不充分的理由。从这个意义上讲，无头女人幻觉这一现象，不仅不支持唯物论，它甚至可以削弱唯物论。

其次，无头女人幻觉说明了："我没有看到这个女人有头"不能说明"这个女人没有头"，要证明"这个女人没有头"，必须要有别的论证。而证明一个东西的不存在（例如"不存在这个女人的头"）要比证明一个东西存在困难得多，唯物论要证明一个东西（即心灵实体）不存在，当然是比较困难的事，它似乎只能利用奥卡姆剃刀。剃刀剃掉了胡子，让人更美观，却不能说明这人真的没有胡子；同理，唯物论就算成功地把一切精神现象还原为物质的运动，使整个理论体系更完美，也还没有达到完全证明真的没有本体意义上的心灵，除非它还能证明假设心灵本体的存在就会导致矛盾。所以无头女人幻觉在这方面也恰恰削弱了唯物论！

所以，Ward 把唯物论者比为无头女人幻觉中的魔术师，是这个魔术师造成了一个无头的女人，（而实际这个女人是有头的），唯物论者也可以造成一个没有心灵的本体论。无头女人幻觉现象允许 Ward 作此比喻，也表明它可以是削弱唯物论的。

阿姆斯特朗也注意到无头女人幻觉的这一功能，即它可以用于批判操作主义等流派不肯承认未观察到的对象的错误。那么，从二元论的立场看，唯物论是不是也有这种"毛病"呢？即不肯承认未观察到的"心灵实体"呢？这又表明无头女人幻觉可以削弱唯物论。

因此，无头女人幻觉是一把双刃剑，一面有利于唯物论，一面不利于唯物论，我们不能只见其一面而无视其另一面。阿姆斯特朗的无头女人论证只是谈到这把双刃剑的一面的作用，却没有说明如何能防止另一面的作用，所以，说该论证能够捍卫唯物论是不能令人信服的。

五

上面我们考察了阿姆斯特朗的无头女人论证的作用，现在我们要分析一下该论证本身。我们前面已经指出其核心是推理一。推理一是逻辑上的有效推理，其小前提也是无可怀疑的，我们要问的是其大前提有充分的根据吗？阿姆斯特朗也许是用归纳法得出这个大前提的，因为他用了两个典型的实例，其一是在无头女人现象中人们由（1a）得出（1b），其二是声音现象中人们由（4a）得出（4b）。他就是根据这个大前提得出“人们是由（3a）得出（3b）的”这个颇为奇怪的结论的，因为另一方面他在该论证中要强调的正是从（3a）逻辑上得不出（3b）。仅仅两例当然远不足以建立一个普遍的命题，但阿姆斯特朗并没有给出其他的论证。

因此我们要问：在无头女人幻觉这一现象中，人们是真的由（1a）得出（1b）的吗？为什么不能说人们实际上是在作一个这样的推理：

推理四：

我仔细地看了看，　　　　（1e）

我没有看到这个女人有头。　　（1a）

所以，我看到这个女人没有头。（1b）

而不是如阿姆斯特朗所认为的仅从（1a）得出（1b）。像推理四这样的推理还不能说是逻辑上的有效推理，但却有较强的说服力，何以如此？我的解释是，推理四中的前提（1e）（当然还包括我的视力正常等前提）使得下述的（1f）、（1g）以很高的概率成立：

（1f）如果这个女人有头，那么我看到这个女人有头。

（1g）如果这个女人没有头，那么我看到这个女人没有头。

而根据排中律可得：

（1h）这个女人有头，或者，这个女人没有头。

而由（1f）、（1g）、（1h）可逻辑地推出：

(1i) 我看到这个女人有头，或者，我看到这个女人没有头。

就是说，(1e) 以很高的概率导致 (1i)，而下面的推理

推理五：

我看到这个女人有头，或者，我看到这个女人没有头。 (1i)

我没有看到这个女人有头。 (1a)

所以，我看到这个女人没有头。 (1b)

则是逻辑上的有效推理。这就是推理四使人感觉很有说服力的原因，因为它是以很高的概率成立的。这也解释了为什么在日常生活中人们大量地运用这种推理。但在特殊情况下这样的推理会失效，无头女人正是这样一个特殊情况。

就是说，推理四是一个以很高的概率成立的推理，即在它的前提为真的情况下，其结论为真的概率很高，而且它不难推广到如下的推理

推理六：

我认真地仔细地在感觉， (5e)

我没有感觉到 p。 (5a)

所以，我感觉到非 p。 (5b)

这里 p 是一个原则上可以被感觉证实或否定的命题，以确保我们有相应的 (5f)、(5g) 以很高的概率成立：

(5f) 如果 p，那么我感觉到 p。

(5g) 如果非 p，那么我感觉到非 p。

类似地我们也很容易证明，推理六也是一个以很高的概率成立的推理。而且在推理四中的前提 (1e)，推理六中的前提 (5e)，在一般的语境 (context) 下是一种不言而喻的东西，即它是一种通常的预设，是属于默认的前提，即我们在日常语言中不提它，也认为它是真的。只有在它不为真时才有必要用语句说明它不为真。即 (1e)、(5e) 是那种表明情况正常的前提。这样，在正常情况下，由推理六我们得到：

(6) 如果我没有感觉到 p，那么我感觉到非 p。

这也就是说，在正常情况下，从（5a）型命题可以得出（5b）型命题，而且（6）成立的概率很高，即在（5a）为真的前提下，（5b）成立的概率很高。借助刺激—反应和强化等相关的心理学理论，我们不难看出（6）可以导致推理一的大前提为真。因为，对人有利的行为模式经过强化会形成人的习惯性行为或行为倾向，而以很高的概率导致正确结论的推理正是一种会对人有利的行为。所以，尽管在逻辑上从（5a）推不出（5b），但人们在日常生活中还是会形成一种从（5a）推出（5b）的行为习惯和心理习惯，正是这种心理习惯造成了斯马特所说的“很强的心理压力”，或者说这种“很强的心理压力”是该心理习惯的表现。此种心理习惯也就是推理一中的大前提所说的东西。因此，推理一中的大前提并不是用归纳法得到的，该大前提的有效性通过这里的论证已经不难明白了。

注意，这种心理习惯或推理倾向只有在（5e）成立且 p 是原则上可被感觉证实或否定的命题的前提下才会发生。而这一重要的前提却在阿姆斯特朗的分析中被漏掉了。只要（5e）不成立，人们一般不会从（5a）推出（5b）：当我根本没有朝舞台上看时，这时（1a）成立，但任何人此时都不会认为（1b）成立。Ward 感觉到了“p 应该是原则上可被感觉证实或否定的命题”这一要求①的重要性，指出了在内省二元论情形人们有的是（2c）而不是（2a），指出了内省二元论情形与无头女人情形在这一点上有差别，但却没有表明这一差别是如何会影响整个论证的，没有把这一差别与是否能作推理一联系起来，所以不能令人信服地驳斥无头女人论证。因为人们可以这样反驳 Ward：（2c）虽然不是（2a），但逻辑上（2c）可以推出（2a），所以这不影响无头女人论证。

六

上节我们解释了为什么无头女人现象中会有那种心理压力。但我们仍然有理由疑问，在无头女人幻觉这一现象中，人们真的作了上述推理四那样的推理吗？因为推理四的结论（1b）是关于我们的感觉的。从（1a）和（1b）的形式上看，（1a）和（1b）都是关于我们的感觉经验的陈述。逻辑上（1a）并不能推出（1b），所以，说人们的（1b）信念竟然是由（1a）推出的——这是十分奇怪的说法。这种说法是这样的不自然，以至于对阿姆斯特朗的

① 当 p 是不可感觉的时候，例如 p 为“2 + 2 = 4”时，推理六此时显然是错误的！所以这一要求是必要的。

论证称赞备致的斯马特，也感到要补充某种心理压力的存在才可以说明人们作这种不自然的推理。因为，我们感觉到什么、我们看到什么难道需要推理才知道吗？感觉经验难道不是最直接的给予吗？

任何报告我们的感觉的命题，由于其主词是第一人称，因而是直接地反映我们的感觉经验，并且具有第一人称的权威性，即在一定条件下一定范围内它是不可能假的。当我意识到我感觉到 p，无论 p 的真假如何，“我感觉到 p”是不可能为假的。报告我的感觉经验的命题具有这种直接性、肯定性、权威性，哪怕它是幻觉，它仍然是我当时的感觉。我可以骗别人说我感觉到什么，但在这一点上我骗不了自己。

所以，我们有相当的理由认为，在无头女人现象中，我只能是直接地感觉到（看到）这个女人没有头，即（1b）是直接的感觉经验，而不是推理的结果。相反，倒是我们的认为这一感觉是幻觉——这后者却是推理的结果（见推理二、推理三）。所以，不仅逻辑上（1a）推不出（1b），事实上（1b）也不可能是由任何东西推出来的，因为（1b）是一个报告第一人称的感觉的陈述。(2b)、(3b)、(4b）等也是如此；说它们是推出来的，这与我们的关于直接的感觉经验的理论相矛盾。应该是由描述直接的感觉经验的命题推出其他命题。

所以，阿姆斯特朗式的对无头女人现象的解析，即认为其中作了从（1a）到（1b）的推理，或者说其中发生了推理四，仍是有问题的。如果真发生了这种推理，(1b）就不应该是感觉命题①。

顺便说一下，(1a）虽然也是描述感觉经验的命题，但它却是否定性的命题，因此它还不是最基本的直接的感觉经验，不是感觉命题，因而有可能由别的更基本的命题推出。所以（1a）推不出（1b），倒是（1b）有可能推出（1a）。事实上（1b）完全可以推出（1a），一般地，我们由（5b）可以推出（5a）②。就是说，无头女人论证把诸（_a）与诸（_b）命题的关系（指初始命题和导出命题的关系）倒置了。

总之，只有两种可能：其一，(1b）是感觉命题；其二，(1b）不是感觉命题。究竟是哪一个，这是一个颇为复杂的问题，限于篇幅，我们不在这里深究，而打算另文专门研究。此处，我们可以按这两种情形分别来讨论。

如果（1b）是感觉命题，作为直接经验的描述，(1b）尽管是权威的，却仍然可以是幻

---

① 这里把描述我们的直接的感觉经验的命题称作“感觉命题”。

② 已知（5b）：我感觉到非 p。我们用反证法证明（5a）：我没有感觉到 p。

证明：假设我感觉到 p。因已知我感觉到非 p，这样，我感觉到“p 且非 p”，[运用感觉内容的可叠加性]。这与感觉的内容不能是一个矛盾命题相矛盾。所以假设是错误的，因此，我没有感觉到 p。Q. E. D.

觉，因为仍然有推理二、推理三可以告诉我们这一点。但即便（1b）是感觉命题，说（3b）也是感觉命题却很勉强，谁能肯定自己**感觉到**心理图像不是大脑活动过程？这多半是一种信念，而信念形成的原因要比感觉复杂得多。可以承认（3a），但是借助推理六从（3a）推出（3b）的条件却不具备：因为这时的p并不是一个原则上可以被感觉证实或否定的命题。（这里p为“心理图像是大脑活动过程”）这意味着前述的对无头女人现象的解析是错误的：人们不会是由（1a）推出（1b），更不会是由（3a）推出（3b），阿姆斯特朗的这一论点是不正确的，在无头女人幻觉这一现象中没有发生推理四，而一般的推理六也不会发生。那么推理一呢，它的大前提还是正确的吗？在无头女人幻觉现象中虽没有发生推理四，但推理四以及推理六还是一个以很高的概率成立的推理，因此，上节所述的诸理由还成立，推理一的大前提还是正确的。无头女人幻觉现象中的心理压力也是实实在在的。我们上节对这种心理压力的解释也得以保留。但是此时无头女人论证与唯物论和二元论之争也就没有什么关系了。所以，如果（1b）是感觉命题，那么无头女人论证就基本失效了。

如果（1b）不是感觉命题，要使无头女人论证有效，还得诸（_b）命题都不是感觉命题，而对其中出现的“感觉”一词另作解释，例如把它解释成“认为”或者“相信”。对于“心理图像是不是大脑活动过程”之类的问题，确实不是感觉所能判断的，即（3b）不是感觉命题。但这又引发了这样一个问题：如果诸（_b）命题不是感觉命题，那么似乎有同样的甚或更多的理由表明相应的诸（_a）命题也不是感觉命题，那么推理四或推理六的前提的根据是什么呢？如果（1a）的根据是（1b），那么无头女人现象中就没有推理四。如果（1a）另有根据，那这个根据会比（1b）更明确吗？如果（3a）是可信的没有争议，那么，

(3a′) 我没有内省地感觉到心理图像不是大脑活动过程。

是不是同样地可信呢？于是同样的推理又会得出：

(3b′) 我内省地感觉到心理图像是大脑活动过程。

显然结论（3b′）是不可接受的。Ward的批评有道理在这里就显现出来了。因此，阿姆斯特朗要说明无头女人论证的有效，还得说明为什么我们有（3a）而不会有（3a′）。

七

唯物论与二元论何是何非，是一个有趣而又很复杂的哲学问题。但日常经验偏向二元论，人们难以相信心理图像不过只是大脑活动过程，而“**感觉到**心灵是非物质的”。阿姆斯特朗为了捍卫唯物论，试图用无头女人幻觉这一有鲜明特色的现象去说明十分晦暗的心灵问

题，把“感觉到心灵是非物质的”这种感觉、把“感觉到心理图像不是大脑活动过程”的这种感觉，均看作是幻觉；并用他的无头女人幻觉论证解释为什么日常经验会有这种幻觉，可谓另辟蹊径、匠心独运。但本文的研究表明，无头女人幻觉现象是双刃剑，并不一定有利于唯物论。无头女人幻觉论证的论点“人们倾向于从（5a）得出（5b）”是可以接受的，但人们却不是从（3a）得出（3b）的，因为这一推理的一个重要的前提在阿姆斯特朗的分析中被漏掉了，这就是推理六中的 p 应该是原则上可被感觉证实或否定的命题。关键是，如果我们的关于感觉命题的理论是正确的话，无头女人论证就面临重大困难：因为，如果（1b）是感觉命题，那么无头女人论证就基本失效了；如果（1b）不是感觉命题，那我们还得说明为什么有（3a）而不会有（3a′），而这也不是一件容易的事①。

参考文献

[1] Smart, J. J. C., 2006, “Metaphysical Illusions”, *Australasian Journal of Philosophy*, 84, pp. 167 - 175

[2] Armstrong, D. M., 1968, “The Headless Woman Illusion and the Defence of Materialism”, *Analysis*, 29, pp. 48 - 49

[3] Smart, J. J. C., 2006, “Metaphysical Illusions”, *Australasian Journal of Philosophy*, 84, p. 168

[4] Armstrong, D. M., 1968, “The Headless Woman Illusion and the Defence of Materialism”, *Analysis*, 29, p. 49

[5] mart, J. J. C., 2006, “Metaphysical Illusions”, *Australasian Journal of Philosophy*, 84, pp. 168 - 169

[6] Armstrong, D. M., 2006, “Reply to Smart”, *Australasian Journal of Philosophy*, 84, pp. 177 - 178

[7] Smart, J. J. C., 2006, “Metaphysical Illusions”, *Australasian Journal of Philosophy*, 84, p. 168

[8] Ward, K., 1969, “The Headless Woman”, *Analysis*, 29, p. 196

[9] Armstrong, D. M., 1993, *A Materialist Theory of the Mind*, London: Routledge and Kegan Paul.

---

① 感谢我的导师朱志方教授让我注意到斯马特的这篇论文、并让我对这一问题进行思考。这篇论文的初稿写于 2007 年，是我向朱老师提交的一篇课程论文。

The Headless Woman Illusion: Phenomenon and Argument

Wenhua Zhou
Yunnan University

Abstract: In the recent paper "Metaphysical Illusions" of J. J. C. Smart, David Armstrong's headless woman illusion argument was used and was extended to explain other metaphysical illusions. And Smart insists that the so called metaphysical illusions are formed not merely as a result of conceptual or logical confusion but as also incorporating a strong psychological pressure. But Smart isn't satisfied with present explanations of the psychological pressure that generates the illusions. This paper analyzes Armstrong's headless woman illusion argument and Keith Ward's refutation of the argument; and gives an explanation of why there is such psychological pressure. The moral is: the headless woman illusion argument is like a sword of two cutting edges, one edge is cutting the materialism whilst the other edge is cutting the dualism. And if our theory of the sensory propositions is correct, the headless woman illusion argument is facing serious difficulties.

Keywords: headless woman illusion; materialism; dualism; D. M. Armstrong; J. J. C. Smart; metaphysical illusions

论后期维特根斯坦对弗洛伊德的评判

◎ 王海东

云南省社会科学院哲学所

摘　要：后期维特根斯坦，从语言游戏、意义即用法、反私人语言和家族相似性等维度系统地批判了弗洛伊德精神分析学：否定其思想起点的科学性、生命动力的一元性、梦境意义指向的单一性和文艺命运的先定性；提出应在生活形式或者具体的语言游戏与活动中，运用精神分析方法阐释相关问题。虽然维氏有些批判不太科学客观，但是其对弗氏的研究，极大地修正了精神分析学说，促进了该理论的发展。

关键词：弗洛伊德；维特根斯坦；精神分析；语言游戏

在人类思想史上，关于西格蒙德·弗洛伊德和路德维希·维特根斯坦思想的研究还在不断深入，其波荡效应也还在不停扩张，源源不断溢展到各个领域，然而至今尚未形成一致的使人信服的定论，争议从未停止；但是，关于二者的思想地位却是毋庸置疑的，他们都位于人类思想皇冠上最为灿烂的几颗明珠之列。

两位天才思想家对人类思想所造成的颠覆性都是匪夷所思的；更富有戏剧性的是二者都长于奥利地、同属德语区，而且都深受哲学家叔本华思想的影响。前者长于后者 33 岁，被誉为犹太三杰之一、20 世纪最伟大的科学家之一以及“人类伟大的人物和领路人之一”；他开创了精神分析运动，构建了一个以精神分析学为基础的庞大思想体系，对哲学、心理学、文艺学、美学、宗教学、人类学、历史学和社会学等社会学科都产生了很大影响，成为后世人文学科学者们无法绕道而行的一座高峰。后者，被尊为 20 世纪最伟大的哲学家之一、是分析哲学的主要创始人之一；他的哲学分为两个时期，即前期维特根斯坦（1912—1922 年），其哲学思想主要反映在《逻辑哲学论》一书中，通过“意义的图像理论”（picture theory of meaning）揭示语言、思维和世界的关系；后期维氏哲学思想主要呈现在《哲学研究》中，他批判了自己早期的语言观，并提出了语言游戏、家族相似和用法即意义等观点，因其思想影响，而形成了两大分析语言哲学流派。他既是现代“语言转向”的巨擘，同时也是这种转向的终结者，其后的众多哲人都在他开创的思想“范式”里零敲碎打，难以望其项背。

比笛卡尔还彻底而疯狂的怀疑家维特根斯坦，满眼充塞着疑惑，对已有的一切持怀疑和批判的态度，“他对一切持怀疑态度，他甚至怀疑后人最终会把他身后发表的著作中的重要思想当作他弟子们的思想……关于他死后有人会鲸吞他的精神遗产使他第二次死亡，甚至世世代代销声匿迹的这种担忧一直很强烈。”① 倾其一生投入到与语言搏斗的活动当中“整治哲学病”，为思想驱除虚假问题。同样，作为长辈和权威的弗洛伊德，其思想也未逃脱维氏的审视和批判。后期维氏从语言游戏和意义即用法等维度考察弗洛伊德的精神分析学，从前提到理论体系，以及该思想在各学科中的运用等诸多方面进行了严厉的批判，给予了弗氏思想超乎寻常的打击，对其近于独断的全称判断进行了严酷的否定。“弗洛伊德通过他的那种臆造的伪解释（正是因为这些解释很有才智）提供了一种有害的服务。（现今任何一个傻瓜都可以把这些图画用于‘解释’疾病的症状。）”② 而更为难堪的是，能进入维氏视域的思想家稀如麟毛凤角，受其批判像是一种荣誉，是上帝赐予的一份奖赏。

一、科学或猜测：思想起点的考察

精神分析也就是心理分析，是一个心理医学术语，起先是心理学的一个流派，但因其拥有专门的理论术语和独特而新颖的观察路径，便成为一个独立的心理学体系。精神分析心理学的特色在于它是经由针对神经症或精神病患者的治疗而形成的，是一种建立在对变态心理的观察和分析之上的试图导出常态心理规律的心理学；弗洛伊德认为，通过研究变态心理，就可以发现正常人的心理活动规律及其特征，从而可以达到对人类的心灵作出普通心理学难以达到的说明和描述。

精神分析理论主要由三个有机联系而又互相渗透、交织的部分组成，即：潜意识理论、本能理论和人格结构理论。前者为整个理论大厦的第一基石，后二者是在此基础上发展起来的。

在对传统认识，即“无论是在心理科学之内还是之外，许多人都满足于这样的假定，即

---

① 雷欧·阿德勒，《维特根斯坦——一个悲惨的存在》，张继武译，载《现代外国哲学》，第6期，第243页。

② 维特根斯坦，2003年，《维特根斯坦全集》，河北教育出版社，第11卷，第75页。

仅有意识才是精神"[①] 提出质疑后，弗洛伊德认为意识心理学限制了心理学研究的范围，因为意识的东西不外是精神现象当中的"知觉、情感、思维过程和意志决断"而这些显然不能揭示人类精神的全部活动与内容。他否认将"意识"和"心理"同一化，提出了一个精神分析的基本假设，即人类精神中存在着大量非意识的东西，或人的意识并不能直接觉知到的东西，这就是潜意识，即"潜伏的构念"[②] 是与意识相对的，是"意识之外的精神过程"。[③] 弗洛伊德对潜意识进行了系统而深入的研究，并形成了心理地形学的动力学意识理论。潜意识虽不为意识所察觉，但它却又实存着，并对人的心理活动发挥着决定性的作用。在潜意识和意识之间，还有一个中间地带，也就是"前意识"，即"很容易地从无意识状态转化成意识状态的无意识"[④] 与潜意识一样，前意识也是某种无意识，只是它比较容易就能进入意识领域，也能随意地从意识领域撤出来，而潜意识与意识的沟通和转换却不然，它需要人付出艰辛的努力，并在此过程中会遭遇到意识的顽强反抗。弗洛伊德运用冰山比喻形象地阐述了三者的关系：如果我们把人的整个精神系统比作为一座海上浮动的冰山，意识部分即直接可见的部分就是浮出海面的小部分冰山，而潜意识部分就是沉入海面以下的更大的那部分，前意识就是时而露出海面、时而沉入海下的上下浮动的部分。"意识在我们的内心仅占据极少的内容，在大多数情况下，大部分被我们称为意识知识的东西都长期地潜伏着，也就是说，都是潜意识的"[⑤]。弗氏将人的精神活动视为潜意识系统（Ucs）、意识系统（Cs）和前意识系统（Pcs）三者相互作用而形成的动态有机整体。

针对弗洛伊德潜意识这一思想起点，维特根斯坦进行了深入的考察，并质疑其根据的科学性。这一逻辑起点的根据何在？其可靠性如何？

"潜意识"这一理论基石如何产生，其根据为何，为什么人的行为会由其潜意识决定，这种必然的因果关系来源于何处？维氏问道："他为什么把某种分析叫做正确的分析，其理由似乎并不明显。命题不是幻觉，梦境也不是希望的实现。"[⑥]

由于弗氏的理论是来自临床经验，通过观察和大胆的假设而确立的，并不具有像物理学原理那样牢固的根据。因而，维氏毫不客气地批评：

---

① 弗洛伊德，2004，《弗洛伊德文集》，第 5 卷，《精神分析纲要》，长春出版社，第 65 页。
② 弗洛伊德，《弗洛伊德文集》，第 3 卷，《精神分析中的潜意识的注释》，第 143 页。
③ 弗洛伊德，《弗洛伊德文集》，第 5 卷，《精神分析纲要》，第 103 页。
④ 同上。
⑤ 弗洛伊德，《弗洛伊德文集》，第 3 卷，《论潜意识》，第 89 页。
⑥ 维特根斯坦，《维特根斯坦全集》，第 12 卷，第 370 页。

> 弗洛伊德经常声称他是科学的。但他给出的东西却是猜测——某种先在于构成假设的东西。[《维特根斯坦全集》第12卷（以下简称第12卷），第372页。]
>
> 29. 弗洛伊德有非常聪明的理由表述他所说的一切，这是一种伟大的想象，宏大的猜测，但却是完全使人误导的猜测。(第12卷，第352页。)
>
> 当我们研究心理学时，我们会感到有些不满足，对整个主题或研究感到有些困难——因为我们是把物理学作为我们的理想科学。我们是把构成原则看做是物理学中的原则。……（第12卷，第369—370页。）
>
> 或者，假定你想谈论感觉活动中的因果关系。“决定论可以像用于物理事物一样真实地用于心理事物。”这很模糊，因为当我们想到物理事物中的因果律时，我们想到的是实验。而在与感觉和动机相关的事物中我们则没有这些东西。但心理学家想要说：“一定存在某个规律。”——虽然一直没有发现这种规律。（弗洛伊德：“你想要说，先生，心理现象中的变化是偶然造成的吗?”）但在我看来，实际上并不存在这种规律，这似乎非常重要。(第12卷，第370页。)

弗氏的理论探索被维氏贬为猜测，不过是在时间上先于理论系统的假设而已；不仅不是科学，而且还是误导人们的东西。显然在这一问题上，维氏的判断过于草率。

尽管弗氏的思想起点未能像物理学原理那样可以证实，不断通过实验得以验证，更无法将某种近似于因果关系的东西呈现出来，但是这并不表明其思想起点的无意义性。心理学与物理学不属于同一范畴，用物理学的标准评价心理学，是一个范畴错误。对于反本质主义的维氏而言，无所谓规律，心理现象往往是的偶然性因素引发的，没有所谓的本质，充其量不过是“家族相似”而已。

既然思想起点不过是猜测，那么紧接着是一个令人难解的问题就是为何该理论会有那么多信众？其魅力何在？经过多方考察，维氏进行了大量的论述：

> 26. 假设你口吃的时候去作分析。(1) 你会说那个解释［分析 - R］是正确的，它治疗了口吃。(2) 如果口吃没得到治愈，那么标准可能就是接收分析的这个人说：“这个解释是正确的。”或同意给他的解释是正确的。(3) 另一个标准是，根据某些经验规则，所给出的解释是正确的，无论得到它的人是否接受。许多这样的解释都被采纳了，因为它们有一种特别的魅力。关于人们具有潜意识思想的图像就很有吸引力。一种内在世界的观念，隐秘地下室的观念。某种隐藏起来的、神秘的东西。譬如，凯勒的两个孩

子把一只活苍蝇放到一个洋娃娃的头上，埋葬了这个洋娃娃，然后就跑掉了。（我们为什么做这种事情？这就是我们要做的事情。）人们准备相信许多事情，因为它们都很神秘。（第 12 卷，第 351—352 页。）

28. 弗洛伊德说："心中有一些例子（譬如，法律）。"许多这些解释（例如心理分析的解释）并不是像物理学中的解释那样来自经验。它们表达的态度很重要。它们给了我们一种对我们有特别吸引力的图像。（第 12 卷，第 352 页。）

32. 譬如，达尔文的剧变。赞同的人会说："当然。"而另一些人［敌人 - R］会说："当然不是"。地狱里的人为什么应当说"当然"？（这种看法认为，但细胞生物变得越来越复杂了，最后它们变成了哺乳动物和人等。）有什么人看到了这个过程的发生了吗？没有。有什么人现在看到这过程的发生了吗？没有。繁殖的证据微乎其微。但有成千上万的书都在说这是明显的解决方法。人们的确信几乎是没有什么根据的。难道真有过这样一种态度说："我不知道。这是一个很有趣的假设，它会是一切真正有条"？这表明你会相信某件事情。最后你就完全忘记了证实的问题，你只是确信它一定是这样子。（第 12 卷，第353 页。）

33. 如果你在心理分析学家的引导下说，你实际所想的是如此这般的东西，或者你的动机实际上是如此这般，那么这并不是一个发现的问题，而是劝说的问题。你用不同的方式也可以相信某件不同的事情。当然，如果心理分析学家治疗了你的口吃，那么这就是一个成就。人们把心理分析的结果看做是弗洛伊德的发现，不同于心理分析学家对你所做的劝说工作，我希望说，实际上并不是这样。（第 12 卷，第 353 页。）

弗洛伊德似乎对什么时候可以把一个解释看做是完全的——因而它什么时候需要反思，什么时候需要进一步的解释等等，有一些偏见。假定有人对雕塑家制作半身像的传统一无所知。如果他来到了一座已完成的某个人的半身像面前，他就会说，这显然是个片段，一定存在属于它的其他部分，使它成为一个完整的人。（第 12 卷，第 377 页。）

如果我以弗洛伊德给出某个梦境报告为例，我就会通过自由联想而达到他在分析中所达到的相同结果——虽然这并不是我的梦。联想会贯串我的经验等等。

事实上，每当你预先有了某种看法，有了某种麻烦或你生命中的大问题——比如就像是性——那么无论你从何处开始，联想都会最终不可避免地引向相同的主题。（第 12 卷，第 378—379 页。）

弗氏思想起点的魅力在于：首先，它是超感官的，因此在常人眼中具有神秘性；面对神秘之物，基于信徒心理，即宁可信其有，不可信其无；信其有，不会亏损任何东西，而信其无，就可能会失去某些东西；于是人们更愿意选择相信。其次，在于关联性解释，也就是分析心理学家通过解释，总能找到与无意识和性本能相关的东西，并不断扩大，泛化，最后就使得弱相联关系演化为同一关系。再次，是巴纳姆效应的影响，人们常常认为一种笼统的、一般性的人格描述十分准确地揭示了自己的特点；不同的信众都能从该理论的解释中得到自己想要的东西。第四，是以往社会文化、历史、习俗和规范所形成的成见、常识，或“先见”或是“集体无意识”，使得人们循规蹈矩，不敢质疑既有的说法。第五，是从众心理所导致的，人们都选择人多的方向前进，在已成趋势的环境中，跟着大流走，不敢也不愿选择细流和分支。当然也不排除可以解决一些问题的因素。如此一来，人们迷恋精神分析也就不足为奇了。

同时，维氏还在具体的语境中，通过例子分析，证明潜意识未必如弗氏所说的那样起“决定作用”；离开“生活形式”或语境的单一行为或语境就无法确定其正确的意义。

> 18. 假定泰勒和我正沿着河边散步，泰勒伸出手把我推进河里。当我问他为什么这样做时，他说：“我是在向你指某个东西。”而心理分析家则说，泰勒在潜意识里恨我。假定，比如说，当两个人沿着河边散步时经常发生这样的情况：
>
> （1）他们正在友善地谈话。
>
> （2）一个人显然在指向某个东西而把另一个人推进河里。
>
> （3）被推进河里的人有些像另一个人的父亲。
>
> 这样我们就有了两种解释：
>
> （1）他在潜意识里恨另一个人。
>
> （2）他在指向某个东西。
>
> 19. 这两种解释都可能是正确的。我们什么时候可以说泰勒的解释是正确的？是在他从未向我表示过不友好的感情的时候，是在教堂尖塔和我都在他的视野之内，而他看上去又是很诚实的时候。但在同样的环境中，心理分析学家的解释也可能是正确的。这里有两种动机——意识和无意识。用这两种动机所玩的游戏截然不同。这些解释在某种意义上是矛盾的，但却都是正确的。（第12卷，第348—349页。）

泰勒将“我”推进河里，既可以是心理分析家一味强调的潜意识中的恨导致的；也可以是在伸手指向某处，不小心推下去的，还可以是在相互作弄的过程中，力使大了点将“我”

推进河里，甚至可能是“我”想下河洗澡，有意要泰勒推的。由此一来，心理分析的解释只是诸种可能原因当中的一种，而且意识和无意识两种动机所在阐释域也不一样，因为意识是可以感知到的，泰勒恨我，就会在平常的交往当中有所表现，不可能毫无缘由地恨。通过表明动机的多元性和难以确定某种动机为决定因素，论证了弗氏无意识决定论的局限性。

二、本能：生命动力是一，还是多？

在对弗氏思想起点进行否定性批判之后，维氏又对其惟性本能的动力说展开了严厉的批评。

在弗氏理论体系中，“本能是对心理的一种刺激”[①]，但本能又不同于心理刺激，因为在所有的心理刺激中，本能刺激只是其中的一种。本能来源于有机体内部，是一种“恒定力量”。本能的根源“指的是身体过程，它产生于某一器官或身体的某一部分，其刺激以心理生活的本能表现出来”[②] 本能的动力因素就是本能的压力，它“是一种力量或它所展示出来的需要量”[③]，这就构成了本能的实质内涵；本能的目的在于寻求满足，弗氏将满足定义为“在本能状态下将刺激状态移开”[④] 也就是本能刺激的缓解或消除。

前期，弗氏把本能区分为自我（保护）本能和性本能两种原始本能；自我本能指向主体自身，其目的在于保存并维护主体生命，表现为自卫、求生等等；性本能被认为是最大的一类本能，“它们数量很大，源自许多的身体器官”[⑤] 性本能无休止地追求“器官快感”，即性满足，性的快乐便是最大的身体快乐。“生物学常用‘性本能’表达存在于人类及动物身上的性需要，并将它比喻为营养需求本能，相当于饥饿感。”[⑥] 为进一步量化研究性本能，弗氏创造了“力比多”这一概念。“力比多”是测量性本能大小或性兴奋强弱的量化单位。后来，弗氏对本能的区分作了修正，在《超越快乐原则》中，他将本能区分为生本能（爱欲本能）和死本能（破坏本能），以代替原来的自我本能和性本能；在弗氏看来，广义“性”实际上就是生命，因而自我本能和性本能在实质上是一致的，二者合一便是生本能。生本能

---

① 弗洛伊德，《弗洛伊德文集》，第 3 卷，《本能及其变化》，第 213 页。

② 同上。

③ 同上。

④ 同上。

⑤ 同上。

⑥ 弗洛伊德，《弗洛伊德文集》，第 3 卷，《性学三论》，第 312 页。

“不仅包括不受禁律制约的性本能本身和具有升华作用的冲动或由此派生的受目的制约的冲动，而且包括自我本能”①，而死本能则是一种“把有机的生命带回到无机物状态”② 的本能。生本能和死本能是对立统一的，它们构成了生命过程的两个方面，如饮食和性交，“吃的活动就是对对象的一种破坏，而破坏的最终目的是吸收对象；性活动是一种攻击活动，而攻击是为了最亲密的结合。两种基本本能共存和相互对抗的活动，造成了全部丰富多彩的生命现象”③。死本能指向内部时是寂静的，它悄悄地实现自己的目的；而一旦转向外部，则表现为强烈的破坏性冲动，这时死本能就显现为破坏本能，但若这种外部活动遇到了阻碍，它就将再度转向自身和内部，对内部的破坏替代了对外部的破坏。弗氏将本能视为人类的基本心理动力，它驱使人通过活动来满足由于内部刺激所产生的心理和生理需求，宣泄和消除由于刺激所引起的紧张、痛苦和焦虑。性本能是众多本能中最重要、最活跃的因素，还是文化艺术形成和发展的主要推动力。“性的冲动，广义的和狭义的，都是神经病和精神病的重要起因，这是前人所没有意识到的。更有甚者，我们认为这些性的冲动，对人类心灵最高文化的、艺术的和社会的成就作出了最大的贡献。”④

随着时间的推移，弗氏不但没有开放式地搭建他的本能理论，反而愈加坚信性本能的决定作用，固执于个体的生物性需求这个单一的因素；与弗氏众多优秀的弟子一样，维氏也无法赞同弗氏这种近似于独断的看法，他带着讽刺的口吻说道：

> 30. 假定有人喜欢弗洛伊德极端地强调性动机的重要性：
> (1) 性动机是非常重要的。
> (2) 人们常常有充分的理由隐藏一种性动机。(第 12 卷，第 352 页)

毫无疑问，性动机不可能成为人的一切活动的主宰，而弗氏甚至悲观地认为人的命运早已被儿童时代的发展状况所决定，性本能决定了人类的大方向，一切都与之息息相关。维氏反驳：

> 31. 承认性动机是一切事情的动机不是一个很好的理由吗，比如说：“这实际上是

---

① 弗洛伊德，《弗洛伊德文集》，第 6 卷，《自我与本我》，第 54 页。

② 同上。

③ 弗洛伊德，《弗洛伊德文集》，第 5 卷，《精神分析纲要》，第 76 页。

④ 同上。

一切事情的根基”？一种特别的解释方法可以使你承认其他的东西，这难道还不清楚吗？假定我向雷德帕斯表明了他承认某种动机的50次情况，而在20次情况中，这种动机是一种重要的联系。我就会使他承认它在所有的情况中都是动机。（第12卷，第352—353页。）

没有理由解释人们为什么谈话。一个小孩牙牙学语，常常是为了弄出声音来取乐。这也是成人为什么谈话的一个理由。还有无数其他的理由。（第12卷，第377—378页。）

但用这种语言来说，虽然做梦可以用来指女人或阴茎，但也可以不用来指这些东西。如果某个行动表现出是为了某个目的而进行的——击打某个人以带来疼痛，那么有百分之一的可能在其他情况中也不是为了这个目的。他可能只是想打他一下，并不想使他产生疼痛。我们愿意把帽子看做是阴茎的象征，这并不是指艺术家在作画时无论如何都必然要提到阴茎。（第12卷，第371—372页。）

我可能会在墙上乱涂一气。这在某个方面看上去就像是在写，但这并不是写字，我或其他人都无法认出或理解。所以说我是在涂鸦。然后，分析家就开始向我提出一些问题、线索联想和其他的东西；我们最后解释了我为什么这样做。于是我们可能就把我所画的各种涂鸦与解释中的各种成分联系起来的。然后我们就可以把涂鸦看做是一种书写，就像通常的语言一样，虽然它并不为任何人所理解。（第12卷，第372页。）

其一，强化性本能决定性作用的根基不牢，因为这是从各种动机中进行归纳得出来的，而经验归纳难以得出全称判断，反倒比较容易被证伪。其二，在生活世界中，并非所有行为都先天就设定了意义，尤其是与“力比多”相关的意义，小孩牙牙学语，可能是因为以声取乐，未必就是性本能的规定；成人的聊天、谈话也有非性因素。其三，从概率上来看，生活中某一行为可能指向A，但是随着生活形式的变化也可能指向非A，对于动机也是如此，未必每次都必然指向“力比多”。其四，精神分析学家往往是通过催眠和自由联想，在解释中意向性地将生活性化，在象征化的技术中，各种活动都成了“力比多”的具象；一种随意的涂鸦，也会当成书写；一个随意的行为，也会赋予性的色彩。

三、梦：意义的隐喻，亦或其他？

后期维氏对弗氏的批判几乎没有停止过，通过对弗氏著作的大量阅读，批判一步步深化；尤其是对弗氏的《释梦》进行极为详细而全面的批判；同时，在对弗氏梦理论的考察中，也深刻地批判了弗氏的人格结构理论。

弗氏认为，“梦是愿望的满足”① 除了小部分梦以外，大多数梦都表达了一种潜意识里被压抑的欲望，由于这些欲望为意识所不允许，就只能趁人在睡眠状态下意识松弛时，获得一种伪装和变相的满足。这种伪装表现为，梦中呈现出来的景象都是虚假的或毫无意义的，弗氏将之称为“显梦”；而梦所要真正表达的东西是潜意识里被压抑的欲望，这就是“隐梦”；真正的梦念披着显梦的外衣，骗过意识的稽查，实现隐梦的目的。梦的解析，便是将显梦翻译成隐梦，而梦念根据隐梦的目的而编织显梦的过程，就是梦的工作。弗氏将梦的工作归纳为四种方式：一、凝缩作用，梦将几种梦念凝聚在一个显梦上，通过该显梦同时表达多种梦念；二、移置作用，将看似不重要的材料编织进显梦中，使其表达一个意义重大的梦念；三、象征作用，根据材料与梦念之间的相似性，使这些材料在显梦中象征性地表达梦念的欲望；四、润饰作用，将显梦中杂乱、荒谬的材料巧妙地组织起来，使其具有逻辑性与合理性。梦的工作就是对梦念进行多重化装，使意识无法辨认它的真面目，从而干扰意识的纠察，千方百计地混进意识领域以获得表达与满足。在《日常生活的心理病理学》中，弗洛伊德通过对遗忘、口误、笔误、闪失动作等失误现象的考察和研究，表明这些失误现象并非毫无意义，而是由无意识里的欲念决定的，同时这些欲念也不为意识所容，就只好采取看似无足轻重的失误形式来骗过意识的盘查，“不经意”地表现出来，从而获得满足。

维氏对梦超乎寻常地感兴趣，其程度不亚于对语言的兴奋度。在各种语言游戏中，维氏十分活泼而富有诗意地对梦进行考察。

维氏通过戏剧和折画活动，形象地描述出弗氏的梦念，各种隐梦如何通过显梦表达自身；但是维氏并不赞成这种“肢解法”，看似分解出许多富有意义的东西，但作为整体的梦的意义却消失了。

> 在弗洛伊德的分析中，梦仿佛被肢解了。它完全失去它原来的意义。人们可能认为梦是舞台上演出的戏剧，它的剧情有时相当难于理解，有时却非常易于理解，或者在我们看来仿佛是如此。仿佛剧情被撕成许多碎片，其中每个碎片具有完全不同的意义。人们还可能作出这样的设想：在一张大纸上画出一幅画，然后把它对折起来，是一些在原来的画中互不相连的部分拼凑到一起，构成一幅新画。这幅新画，也许有意义，也许没

① 弗洛伊德，《弗洛伊德文集》，第2卷，《释梦》，第24页。

有意义。（这后一幅画相当于显现的梦，原有的画相当于“潜存的梦的思想”）……（第 11 卷，第 93 页。）

梦与生活，在弗氏的思想体系中，梦就是生活中主体的欲望遭受压抑，得不到满足的另类表达；二者是处于因果链条之中，梦与生活事件相联。维氏却不以为然：

一个梦之所以使人感到惊奇，不是由于梦与我的生活事件等等有因果关系，而是由于梦仿佛是某个故事的一部分，——肯定是一个非常生动的部分——其他部分仍然模糊不清。……人们从这个地方把我所看见的那个人拉过来，从那个地方把他的话语拉过来，又从其他地方把梦中的环境拉过来。不过，梦中的故事依然有它自己的魅力，如同一幅吸引我们并且激励我们的图画那样。

现在我们当然可以说，对梦中形象的思考使我们受到启发，正是我们受到启发。因此，如果我们把梦告诉别人，梦中的形象通常不会受到启发。梦对我们的影响就像一种很有发展前途的思想对我们的影响。（第 12 卷，第 93—94 页。）

如果梦有时保护睡眠，人们就可能指望梦有时对睡眠进行干扰。如果梦中的幻觉有时实现一种似乎合理的目的（幻想中的希望得到实现），那就是可以指望梦做出与此相反的活动。没有任何“关于梦的动力学理论”。（第 12 卷，第 98 页。）

如果我们的睡眠中的梦与白天的梦有相似的机能，那它们的部分目的就是使人对任何可能性（包括最坏的可能性）做好准备。（第 11 卷，第 99—100 页。）

25. 这是一种极其有趣的心理现象，这个丑陋的解释使你说你实际上有这些想法，而在通常的意义上你并没有。

（1）有这样一些过程把这个梦的某些部分与某些对象联系起来了。

（2）有这样一些过程“所以这就是我所指的”。有一种迷惑使人们在这里步入歧途。（第 12 卷，第 351 页。）

梦与生活并没有多大的关联性，不存在因果必然关系，梦也许会影响我们的某些行为，但我们的主观意念无法对梦产生影响；某些梦中的故事具有吸引力，不是因为它揭示了生活的真谛，而是因为“家族相似性”使我们将梦与生活事件、意识以及语言游戏等相关材料连为一体，从而拼凑出一幅使人信服的图画，使自己陶醉于其中。

梦与象征，可以说没有“象征”，弗氏的思想体系就大为失色，失去了一根栋梁；通过自由联想和象征的过滤，一切都变得灵活而有序，都朝向“力比多”，一切行为都有了牢固的根据。弗氏这种泛性化倾向，可与我国古代阴阳学媲美，后者将世界置入阴阳二元之中，阴代表雌性，阳代表雄性，二者无处不在，相生、相济、互制、互克，以此为依据阐释世间万象；但是弗氏思想体系没有从宇宙发生学和知识论上来为自然立法。维氏无法忍受弗氏过度的性化论。

> 梦境的象征化。梦境语言的观念。把一幅画看做是一个梦。我曾在维也纳看过一个年轻女画家的画展。有一幅画是一间空房间，像是一个地下室。两个戴高帽的男人坐在椅子里。没有其他东西。画的题目是：“参观”。当我看到这幅画时，我立刻就说“这是一梦”，（我的姐姐把这幅画描述给弗洛伊德，他说：“嗯，这是一个很普通的梦。”——与处女有关。）注意，这个题目确定了是一个梦——我不是用它指，像这样的东西都是画家在睡着的时候梦到的东西。你不会对每一幅画都说“这是一个梦”。这表明存在像梦的语言这样的东西。
>
> 弗洛伊德提到各种象征：高帽通常象征着阴茎，像桌子一样的木制的东西就是女人，等等。他对这些象征的历史解释是很荒谬的。我们可以说这并不是必要的：世界上最自然不过的事情是，桌子应当的是这种象征。（第12卷，第371页。）

弗氏的释梦工作，通过象征将生殖器直接暴露在阳光底下，并进一步将其附着在各种具象上；但是如此阐释的根据何在？一件随意的什物何以解释成性器官？而这些只是在意念、文化、象征和解释中生产出来的，如此，理论越庞大就越摇摇欲坠。这种意向性的象征，在弗氏看来是荒谬的，因为任何人都可以用之得到自己想要的解释。

梦与游戏，显然在弗氏的观念中，梦肯定不是做梦者所玩的一场游戏，而是无意识的显现形式，是一种不为意识所察觉的预谋性行为。维氏更愿意将梦境看作是做梦者所玩的游戏。

> 假定我们把梦境看做是做梦者所玩的一种游戏。（顺便说一下，没有任何原因或理由可以说明孩子们为什么总是玩游戏。这就是游戏理论常常出错的地方。）可能会有这样的游戏，把各种形状的纸放到一起构成了一个故事，或至少是把他们收集起来。可以把这些材料收集起来，把它们储存到一个剪贴簿里，装满了图片和轶事。孩子会从这个剪贴簿里取出各种片段，把它们组成这样的结构；他可能会取出一个相当不错的图片，

因为其中有些东西是他想要的，他可能只是把剩下的东西都包括在内了，因为它就在那里。

比较一下我们为什么做梦和我们为什么写故事。并非故事中的每件事情都有寓言性的。想要解释他为什么只是以那种方式写那个故事，这到底是指什么？（第 12 卷，第 377—378 页。）

在梦境游戏论中，梦为何发生就像孩子为何喜欢玩游戏一样，找不到确定的答案，可是这样的原因，也可以是那样的原因，甚至多种原因的集合。并非每个梦境都有寓意，梦只是经验材料堆积的一种方式，释梦行为是从诸多材料中找出相关联的，并给予一种貌似合理的解释，而更多的是堆积着无法解释的材料，甚至是毫无意义的东西。

梦与语言，在我们的观念和经验中，很容易就会将梦看成是语言；我们会说："张三昨晚睡觉说梦话了。"看似毫无问题，事实上并非如此。在弗氏的梦理论中，梦可以说是一种语言，至少是一种表达方式。但维氏提出了疑问，梦境是思想吗？梦是语言吗？

梦境是否是思想。做梦是否是在思考某个东西。

假定你把梦境看做是一种语言，一种说话的方式，或象征某个东西的方式。可能有一种有规律的象征，不必是按字母排列的——譬如说，可能就像是中文一样。于是我们就可以找到一种把这种象征翻译成日常谈话、日常思维的语言。但这样，翻译就应当可能是这样两种方式。就应当可能是用同样的技术把日常思想翻译成梦的语言。正如弗洛伊德所说的，这从未这样做过，也不可能这样做。所以，我们会怀疑做梦是否是思考某个东西的方式，甚至它是否是一种语言。

显然有某些与语言相似的东西。（第 12 卷，第 376 页。）

因为梦中的某些东西实在太像语言了，以至于我们深信梦是一种语言；我们明明听到张三在梦中叽里咕噜说过不停，还叫着他家媳妇的名字，怎么会不是语言呢？那是因为我们已经在语言的"先见"中作出的判断，是在我们的立场，用语言道说张三的梦，可能只是张三睡觉时发出的声音，或是未进入深睡眠状态下发出的声音，还可能是他睡觉的习惯，经常发出叽里咕噜的声音。维氏通过反证法论证了梦不是语言的观点；如果梦是语言就意味具有规律性，可以掌握和交流，并且可以与语言互译，释梦的工作是将隐梦翻译成显梦，用语言表达出来，使之成为日常思维和谈话可交流的东西，但是我们却无法将日常思维和语言翻译成梦。这正是维氏竭力反对的私人语言。

梦与解释，梦能够呈现出来，还形成理论，其关键就在于解释；在精神分析学家那里，梦经常被解释成有意义的东西，像是事先就安排好了，是幻觉和欲望渴求的实现。维氏反对这种解释的单向化：

> 梦境的特征就在于，它们常常能够使做梦者唤起一种解释。
>
> 梦境想象中似乎存在某种东西与语言记号类似，就像是纸上的记号或沙滩上的记号一样。可能没有什么记号会使我们看做是我们所知的字母表中的约定符号，但我们可能有一种强烈的感觉，认为它们一定是某种语言：它们意味着某个东西。莫斯科有一座有五个塔尖的教堂。在每个塔尖上都有一个不同的雕刻结构。人们强烈地感觉到，这些不同形状和安排一定意味着什么东西。（第12卷，第373页。）
>
> 对梦境所作的解释并不只是一种。有一种解释工作（比如说）仍然属于梦境本身。在考虑梦为何物时，重要的是要知道它究竟发生了什么，当把它（譬如）与所记住的其他联系起来时它的外观变化方式。在最初醒来时，梦境可能会以各种方式给人留下印象。人们可能会感到恐怖和焦虑；或当人们写下这个梦境时，人们会有某种激动，感到对它很有兴趣，感到由此激起了自己的兴趣。如果人们现在记得前一天的某些事情，把它们与梦到的东西联系起来，这就有所不同了，改变了梦的外观。如果对梦的反思会使人们记得自己在童年时代的某些事情，这就又是一种不同的外观，等等。
>
> 另一方面，人们会提出一个假设。在阅读关于梦境的报告时，人们会预见到，做梦者可能会被唤起这样或那样的记忆。这个假设可能得到也可能没有得到证实。这可以叫做对梦境的科学处理方法。（第12卷，第374页。）
>
> 梦境是希望的实现这种说法非常重要，这主要是因为它指出了所需要的某种解释——这种东西可能会是对梦境的解释。与此相反的另一种解释是说，（例如）梦境只是对所发生过的事情的记忆。（我们并没有感觉到记忆唤起了解释，就像我们对梦境所感到的一样。）某些梦境显然是希望的实现；例如，成人的这种性梦。但如果说所有的梦境都是幻觉希望的实现，那就是胡说八道了。（弗洛伊德最常见的就是给出我们所谓的性的解释。但有趣的是，在他所给出的所有梦境报告中，没有一例是直接的性梦。但这些都像下雨一样普通。）……所以，梦境并不是幻想满足了什么东西。
>
> 可能是有许多不同的种类梦境，而对所有这些梦境不存在惟一的解释线索，正像有许多不同种类的笑话，或像是有许多不同种类的语言。（第12卷，第375页。）

并非所有梦境都有先天的意义，是解释赋予了梦以意义；而对梦境的解释，并非单向度的，解释会因为梦境的相关物以及清醒后所回忆的梦与现实所组成的外观的变化而发生改变。如，我听见张三睡觉时“啊！”地叫了一声，精神分析家会想尽办法使之与性相联，是张三在梦中达到了性高潮；而此外，也可以是张三在梦中看到了一条可怕的蛇而发出的尖叫声，刚好昨天他在回家的路上碰到了一条毒蛇；还可以是他和妻子吵架，被气急败坏的妻子打了一下，发出来的疼痛声；……甚至就是张三睡觉的一个习惯，每天睡觉他都要“啊”地叫两声。对梦境的解释，犹如语言一样，不存在唯一的解释线索，而是多维度的，只有在具体的游戏中才能给出恰当的解释。

四、文艺的命运：定或未定？

维氏继续对精神分析学穷根究底，从根到主干，现在又到枝进行考察；他丝毫没有放松对运用于诸多学科中的精神分析学进行批判。

弗氏在其《图腾与禁忌》中，主要论述了图腾崇拜与原始禁忌的起源和本质问题。他结合猿猴群居生活中权力斗争和性占有的演化方式，构建出原始人“弑父娶母”式的权力与性支配模式，提出原始人的图腾崇拜和禁忌根源于他们的“俄底普斯情结”，就是“假如图腾动物就是父亲，那么，图腾崇拜的两个主要禁戒（即毋杀图腾，毋与属于同一图腾的女人发生性关系）就与俄底普斯王弑父娶母这两大滔天之罪、与儿童的两大原欲（对这两大原欲的不充分压抑以及它们的再觉醒构成了几乎所有神经症的核心）吻合了。”①

他结合性与思维的发展历程，对人类理性的发展史进了划分：神话对应于自恋或自我贯注的前性器阶段，宗教对应于对象选择的性器阶段，而科学则对应于真正意义上的性成熟阶段。弗氏提出，一切艺术创作都是艺术家本人的性本能，即“力比多”升华形式的宣泄，他们的创作动力都源于这种巨大的“力比多”的张力和冲决力，艺术作品中都凝结着他们“力比多”固着的某个点，而这个点就是“俄底普斯情结”，即“……宗教、道德、社会和艺术的起源都汇集在俄底普斯情结中”②。并对达芬奇进行了深入而有趣的分析，蒙娜丽莎的微笑不过是画家俄狄普斯情节的固着之处。由此衍生出来的心理史学和文艺学流派，更是注重

---

① 弗洛伊德，《弗洛伊德文集》，第 8 卷，《图腾与禁忌》，第 56 页。
② 同上书，第 86 页。

研究对象的心理发展轨迹，尤其早年的性本能发展状况，人物的命运像是早已被安排好了似的。

维氏反对这种近于悲观的宿命论，对文艺和人都是如此。

> 弗洛伊德提到了各种古代神话及其联系，认为他的研究现在可以解释，任何人都应当想到或考虑那种神话，这是如何产生的。
>
> 然而，事实上，弗洛伊德是做了不同的事情。他并没有对古代神话作出科学的解释。他所做的是提出一种新的神话。例如，这种建议的吸引力在于，所有的焦虑都是重复着出生时所受损伤的焦虑，而这只是神话的吸引力。"正是某个东西的所有后果，都发生在很久以前。"所有这些都是指图腾。
>
> 几乎所有这些都同样可以来说"Urszene"。使某个人的一生具有悲剧特征，这常常是有吸引力的。所有这些都是很久以前确立的相同模式的重复。这就像是一个悲剧人物在执行判决，根据这种判决，他的命运早在出生时就确定了。(第12卷，第379页。)
>
> 弗洛伊德在他的分析中提出了一种许多人都会去接受的解释。但如果这个解释是人们不愿意接受的，那么它也就完全有可能是他们愿意接受的。这就是弗洛伊德实际上带来的东西。例如弗洛伊德认为，焦虑总是以某种方式重复着我们在出生时感到的焦虑。他并没有用证据来确认这一点——因为他无法这样做。但正是这个想法有着明显的吸引力。这是一种神秘解释所具有的吸引力，这种解释说，万物都是以前发生事物的重复。当人们接受或采纳了这一点，那么他们就会对某些事情看得更清楚明白了。所以，这对无意识观念同样如此。(第12卷，第370—371页。)

弗氏虽然给出关于神话产生的解释，但是并未给出科学的解释，只是换了一个视角；虽然弗氏认为，焦虑总是以某种方式重复着我们在出生时感到的焦虑，但是他无法证实这种看法；万物都是以前发生事物的重复，悲剧人物的命运早在出生时就确定了，这些如何得到确定？在无法证实，也无法证伪的情况下，这一切都没有被先天固定，而是处于未定之中。

五、结　论

通览维氏著作和手稿，就会发现在思想史上除了弗洛伊德以外，没有人能如此地吸引维氏，并使其花费了如此大的篇幅进行如此全面而深入的批判。

> 1946 年，维氏还说道：我一直在与 H 通读弗洛伊德的“释梦”。这使我感到了这整个思维方式想要挑战的许多东西。(第 12 卷，第 378 页。)

在里斯《关于弗洛伊德的谈话》的笔记中记载：

> 在这些谈话中，维特根斯坦批评了弗洛伊德。但他也表明了弗洛伊德所说的东西中有多少是关于（例如）“梦境记号”的概念或提出我在做梦时——在某种意义上——“说出了某个东西”。他试图区分弗洛伊德中有价值的东西和他想要为之奋斗的“思维方式”。
>
> 他告诉我，当 1914 年前他在剑桥时，他认为心理学是在浪费时间。“多年以后，我偶然读到弗洛伊德的一些东西，我感到很吃惊。这里有个人有东西要说。”我认为这是在 1919 年后不久。在他生命的晚年，弗洛伊德是他认为值得阅读的少数几个作者之一。他会把自己说成是——在这些讨论的阶段——“弗洛伊德的一个信徒”和“弗洛伊德的一个追随者”。
>
> 他赞赏弗洛伊德著作中的观察和想法；因为在维特根斯坦看来，“有东西要说”，即使是说错了地方。另一方面，他认为，心理分析在欧洲和美国的巨大影响是有害的——“虽然在我们不在吹捧它之前，它会持续很长时间”。要学习弗洛伊德，你就得学会批评；而心理分析通常是阻止这样做的。(第 12 卷，第 368—369 页。)

尽管维氏对弗氏进行了否定性的批判和沉重的打击，但是维氏意识到其实弗氏和他一样都是“破坏性天才”，都颠覆着以前的思想；弗氏的著作是少有的值得一读的，他的观察路径和思维方式也是值得学习的，他所实现的宏伟目标：改变人类的思维方式；更是值得仿效的，从这一意义上讲，维氏自封为弗氏的信徒和追随者也就顺理成章了。

若认真审视维氏对弗氏的批判，我们就会发现维氏的不少批评有失公允。首先，他们二者是在不同的论域之中，维氏从语言哲学的角度自然可以寻到弗氏精神分析的种种毛病。其次，维氏错将科学原理的根据当成人文学科的根据，二者的评判标准不一，人文学科的逻辑起点几乎不可能用实证法进论证，更多的是基于主体公共性、语言公共性和客体性公共性，或者如维特根斯坦所说的“家族相似性”；其三、维氏的某些批判也有武断之疑；“他想要发现某个解释可以表明梦境是什么。他想要发现梦境的本质。他好像是要抛弃任何建议，他也许部分是对的，但也不是全对。如果他有部分是错的，这就意味着他全错了——他实际上没有发现梦境的本质。”① 既然维氏无法确定梦境的本质，那又何以能确定弗氏就没有发现梦境的本质？当弗洛伊德无可奈何地叹息“精神分析是一门解释的艺术”时，对于维特根斯坦又何尝不是呢，语言哲学并没有超越解释而成为真理。

在对弗氏的批判中，维氏不少观点反倒不如弗氏的弟子们。弗氏为了坚持自己的理论而不惜和学生们决裂，不愿意接受他们的新观念；事实上，不少弗氏的学生早已窥到其理论的不足：荣格与弗氏一样，也极为重视无意识的巨大作用，但是他主张无意识的产生和作用主要不是生理结构及其活动的产物，而是千百年来全人类共同的生活与经验造成的，并一代代遗传下来的，个体不过是接受了这种遗传物，并在各自的经验活动中呈现出来，他并提出了“原型”、“情结”等范畴来阐发该思想，构建了庞大而精致的人格理论，为考察人的心理构造和活动提供了新视角。另一位著名的学生阿德勒，也不满于弗氏对性因素的过分重视，像荣格一样，他对社会生活和实践的意义给予了高度重视，提出了“追求优越”的重要概念，认为这是人的心理和行为的推动力之一，而其本质就在于渴望支配别人；他提倡教育要善于为个体人格的成长培养积极健康的社会兴趣，以便为心理发展营造良好的社会环境与氛围。当然，后期维氏从语言游戏、意义即用法、反私人语言和家族相似性等方面批判了弗氏的观点，极大地修正了弗氏的观点，推动了精神分析学的新发展。后来的新弗洛伊德主义，就不再局限于对心理现象和规律进行阐释，而是在广大和真实的社会、文化环境中，探索人的心理变化过程及其特点，及大地拓展了精神分析学的视域。

参考文献

[1] 弗洛伊德，2004，《弗洛伊德文集》，第1—8卷，车文博主编，长春出版社。

[2] 维特根斯坦，2003，《维特根斯坦全集》，第5、第8、第10、第11、第12卷，涂纪亮主编，河北教育出版社。

[3] 雷欧·阿德勒，1985，《维特根斯坦——一个悲惨的存在》，张继武译，载《现代外国哲学》，第6辑，人民出版社。

[4] 涂纪亮，2007《现代欧洲大陆语言哲学：现代西方语言哲学比较研究》，武汉大学出版社。

[5] 梅耶尔，2008，《弗洛伊德批判》，郭庆岚、唐志安译，山东人出版社。

[6] 车文博，2010，《弗洛伊德主义》，首都师范大学出版社。

---

① 维特根斯坦，《维特根斯坦全集》，第12卷，第375—376页。

On Later Wittgenstein's Criticism to Freud

Haidong Wang
Yunnan Normal University

Abstract: Later Wittgenstein criticized Freud's psychoanalysis according to his theory of language games, meaning as use, the private language argument and family resemblance. He denied Freudian ideological point as the scientific oneness of the life-giving powers and as singularity of dream meanings, the priority of literary. Instead he put forward the form of life representing in specific language games by analyzing uses of related problem. Although Wittgenstein's criticism is too weak to support his argument from objective views, his analysis of Freud's theory promoted further study of psychoanalysis later.

Keywords: Freud; Wittgenstein; Psychoanalysis; Language Games

语言哲学

Vagueness in the Epistemic View

◎ **Chingming Lin**

Taiwan University of Science and Technology

Abstract: For epistemicists, vagueness is a matter of ignorance (Williamson 1992, Williamson 1994). Suppose *B* is a borderline case of red. An epistemic view about vagueness claims that either it is true that *B* is red or it is true that *B* is not red, but we cannot know whether red applies to B. Williamson tries to show that vagueness do not provide any motive for denying bivalence (Williamson 1994: 186). This line of idea indirectly claims that non-classical logic about vagueness went in the wrong way. Epistemicists seem to regard that sentences with vague predicates can have cognitively inaccessible truth-values. If epistemicists actually hold this idea, they have to defend it.

Keywords: Vagueness; Borderline Case; Supervenience; Bivalence

1. Introduction

Vagueness is about predicates without sharp boundaries (Sainsbury 1991: 167). There are very few concepts with sharp boundaries in the ordinary use, so vagueness is norm and sharpness just an artifact. The epistemic view of vagueness gives another picture; predicates always have sharp boundaries, though we do not know where they are.

There is a case from Timothy Williamson, 'TW is thin'. Suppose we accurately measure Williamson's waist and compare it with vital statistics for the rest of population (Williamson 1992, Williamson 1994). For the predicate 'is thin', 'TW is thin' is either true or false, but we do not know that TW is thin and do not know that TW is not thin. What Williamson wants to say is that we do not know where the sharp boundary of the predicate is. He does not mean that there is no sharp boundary of 'is thin', but he insists that we are ignorant of it. He objects to the view that Williamson is just a borderline case of thinness; 'TW is thin' is neither true nor false. He subscribes to the alternative view that 'TW is thin' is either unknowable true or unknowable false. Williamson claims that vagueness is a kind of ignorance (Williamson 1992: 145).

On the epistemic view of vagueness, Williamson says '[A] vague expression has sharp boundaries whose location speakers of the language cannot recognize. This is not to deny that vagueness exists; it is to assert that its underlying nature is epistemic.' (Williamson 1996: 327) He claims that epistemic view is compatible with classical logic and bivalent truth-conditional semantics.

There are two theses that will be claimed in this paper: (1) Epistemicists contend that vague predicates have unknown sharp boundaries; but if we are ignorant of them, how can we deduce that there are? (2) Maybe there are unknown sharp boundaries, but still have some predicates without sharp boundaries; so they are vague predicates.

2. Principle of Bivalence

If 'TW is thin' is neither true nor false, it indicates that the principle of bivalence doesn't work in this case. The denial of bivalence for a sentence would entail a contradiction (Williamson 1992: 145-6). To see this, suppose a language L with negation ($\neg$), disjunction ($\vee$), conjunction ($\wedge$) and a biconditional ($\leftrightarrow$). In metalanguage of L, there are a truth predicate (T) for sentences of L and quotation marks ('…') for naming them. The falsity of a sentence of L is equivalent to the truth of its negation. So the denial of bivalence for a sentence of L is equivalent to the denial of either it or its negation is true:

3.1 $\neg$ [T('P') $\vee$ T('$\neg$ P')]

Two instances of Tarski's disquotational schema for truth are:

3.2a T('P') $\leftrightarrow$ P

3.2b T('$\neg$ P') $\leftrightarrow \neg$ P

We can use (3.2a) and (3.2b) to substitute their right-hand sides for their left-hand sides in (3.1):

3.3 $\neg$ [P $\vee \neg$ P]

To apply De Morgan's Law to (3.3), it entails

3.4 $\neg$ P $\vee \neg \neg$ P

This is a contradiction. Williamson claims that (3.1) reduces to absurdity. But for the paraconsistent logic, (3.1) would lead to a true contradiction for a particular sentence with a vague predicate.

3. Supervenience Thesis

Williamson introduces a supervenience thesis on precision (Williamson 1992: 152). In the above example that Williamson is a borderline case of 'is thin', the semantic fact of 'TW is thin' would be connected with some physical measurement. There is an idea that vague facts supervene on precise ones. If two possible situations are identical in all precise respects, they are identical in all vague respects too. Suppose vague facts about 'is thin' supervene on the physical measurement. If x and y have exactly same physical measurements, x is thin if and only if y is thin.

The objection to epistemic view would be described as follow (Williamson 1992: 152). Let exactly physical measure of Williamson be m. According to the epistemic view, TW is thin or TW is not thin. By supervenience thesis, if TW is thin, necessarily anyone with physical measurement m is thin. If TW is not thin, necessarily no one with physical measurement m is thin. When we know what the physical measurement of Williamson is, we would deduce that TW is thin or deduce that TW is not thin. But a borderline case cannot be like that.

Williamson's response is that the objection depends on something like the inference that supervenience generalizations are metaphysical necessary, they can be known *a priori* (Williamson 1992: 153). But metaphysical necessities cannot be assumed to be knowable in any way at all, otherwise all mathematical truth could be assumed knowable.

Williamson's argument is only powerful against the objections that depend on the supervenience thesis which he refers to. There are other objections that do not depend on it. I would give one objection in next section.

4. Unknown Sharp Boundaries

How many grains of sand can make a heap? Four or five? Five big stones can be a heap, but five grains of sand cannot. The epistemic view of vagueness commits there are unknown sharp boundaries, and we are ignorant of them. A non-epistemic view would claim that nothing is hidden in borderline cases; even we are ignorant of various facts about these cases. Williamson supposes that there are omniscient speakers who are ignorant of nothing about borderline cases (Williamson 1994: 199). For epistemic view, omniscient speakers would know that there are sharp boundaries for vague predicates. Epistemicists take that all predicates are semantically precise ones, there are no vague predicate (Priest 2003: 12). In opposite of non-epistemic view, if *h* is neither definite a heap nor definite not a heap, then omniscient speakers know that *h* is neither definite a heap nor definite not a heap. It means that in the borderline cases of a vague predicate, omniscient speakers would know that there are no sharp boundaries. So supporters of non-epistemic view would claims that vague predicates are a part of our language.

In epistemic view, there are unknown sharp boundaries for vague predicates. What they want to say is that there are semantic facts about sharp boundaries which are not cognitively accessible. Maybe there are cognitively inaccessibly semantic facts about borderline cases, but it does not lead to there are cognitively inaccessibly sharp boundaries.

The situation of borderline cases varies from predicate to predicate. How many roses is a bundle? Ten roses can be a bundle, but two roses cannot. There are borderline cases of the predicate 'is a bundle'. It is odd to say that there are unknown sharp boundaries in the rose's case, if there are sharp boundaries which would be explicit to find out. So the predicate 'is a bundle' is vague.

5. Conclusion

There are no unknown sharp boundaries of vague predicates. Not every vague predicate's borderline cases are cognitively inaccessible. In the case of a bundle of roses, the semantic facts about borderline cases are cognitively accessible. Epistemicists must explain why we can deduce that there are unknown sharp boundaries in some cases like a bundle of roses, but we are ignorant to them. I regard that they would fail.

Bibliography

[1] Gaifman, Haim, 2010, "Vagueness, Tolerance and Contextual Logic". *Synthese* (2010) 174: pp. 5-46.

[2] Graff, Delia and Williamson, Timothy (eds.), 2002, *Vagueness.* Aldershot, Hants: Ashgate Publishing.

[3] Hyde, Dominic, 2005, "Sorites Paradox". *Stanford Encyclopedia of Philosophy.* http://plato. stanford.

edu/entries/sorites-paradox/.

[4] Keefe, Rosanna and Smith, Peter (eds.), 1997, *Vagueness: A Reader*. Cambridge, Mass: MIT Press.

[5] Priest, Graham, 2003, "A Site for Sorites". In JC Beall (ed.), *Liar and Heaps*, Oxford: Oxford University Press, pp. 9 – 23.

[6] Sainsbury, Mark, 1991, "Is There Higher-Order Vagueness?" *The Philosophical Quarterly* 41: pp. 167 – 82. Reprinted in Graff and Williamson (2002): pp. 279 – 294.

[7] Sorensen, Roy, 2008, *Vagueness and Contradiction*. Oxford: Oxford University Press.

[8] Williamson, Timothy, 1992, "Vagueness and Ignorance". *Proceedings of the Aristotelian Society*, Supp. 66: pp. 145 – 62. Reprinted in Keefe and Smith (1997): pp. 265 – 280.

[9] Williamson, Timothy, 1994, *Vagueness*. London: Routledge.

[10] Williamson, Timothy, 1996, "What Make It a Heap?" *Erkenntnis*, 44: pp. 327 – 339. Reprinted in Graff and Williamson (2002): pp. 239 – 251.

[11] Wright, Crispin, 1994, "The Epistemic Conception of Vagueness". *The Southern Journal of Philosophy*, 33 (Supp): pp. 133 – 159.

在认识论观点中的模糊

林景铭
台湾科技大学

摘　要：对认识主义者而言，模糊是关于无知的课题。假定 *B* 是红色的边界例子。认识论观点的模糊会主张 *B* 是红的为真或 *B* 不是红的为真，但是我们无法知道红色是否可以应用在 *B* 上。威廉森试图指出模糊不会提供任何理由来否定二值原则。这种想法间接的宣称模糊的非古典逻辑观点是错的。认识主义者认为带有模糊述词的语句，可以有非认知达取的真假值。如果认识主义者持有这种想法，他们需要为此加以辩护。

关键词：模糊；边界例子；附随；二值

一致、真与解释

——戴维森的全知解释者论证

◎ 方红庆

浙江工业大学

摘　要: 戴维森的全知解释者论证是一个基于彻底翻译理论的反怀疑论论证,它试图通过阐明信念的一致与真之间的先天关系来证明我们的绝大多数信念都是真的。在该论证中,类似于康德的先验演绎,戴维森追问为什么解释者的标准免于犯大规模的错误或什么东西能够确证我们支持这个标准的客观有效性的权利。在这种意义上,全知解释者论证是一个语言学版本的先验论证,它代表了用语言学路径探究形而上学的一种方法。

关键词: 全知解释者论证;彻底翻译;怀疑论;先验论证;戴维森

一、全知解释者论证:缘起、目标与结构

我们的绝大多数信念都是真的吗?这是一个相当棘手的问题,我们会发现它既不能用经验的方法来证明,因为这已经超出了我们用现实的经验去证实它的能力,至于数学和逻辑学所使用的逻辑证明方法更是无从谈起。事实上,"我们的绝大多数信念都是真的"这一命题是一个形而上学命题,而在戴维森看来,形而上学探究可以通过对语言的探究来实现,因为他认为在语言与实在之间存在着同一关系:"我们共有一种语言时,也就共有一幅关于世界的图景,这幅图景就其大部分特征而论必须是真的。因此,我们在显示我们的语言的大部分特征时,也就显示了实在的大部分特征。所以,研究形而上学的一种方式便是研究我们的语言的一般结构。"① 同理,如上所说的形而上学命题同样可以用语言学的方式得到证明,这便是戴维森的全知解释者论证。

全知解释者论证的提出缘自戴维森的知识观的处境。戴维森在《关于真和知识的一致主

① Donald Daviddson, 2001, "The Method of Truth in Metaphysics", in *Interpretation into Truth and Interpretation*, Oxford: Oxford University press, p. 199.

义》一文中表达了一致主义的知识观，否认在信念之外能够寻找到确证的基础，他认为“一致能够产生符合”①，即“一致”便足以产生作为确证的真信念的知识，在此，“一致”概念的功能就是保证客观性。但是，如果仅仅诉诸于一致就会导致真同世界的分离，这也是一致主义理论的一个共同困境，然而如果他把真解释为超出一致之外的某种东西的话，那么一致便又不足以保证真了。所以，实际上，戴维森的知识观遭遇了两难。要摆脱这种困境，一条可能的路径就是寻找一个可靠的独立论证，它的前提首先不能是关于世界的知识的，也不能够依赖它作为其证据支持，但是其结论却是要表明我们关于世界的一致信念不能是假的。这样一个没有经验支持的论证必定是一个关于某种概念联结的先天证明，它试图表明信念的一致同信念的真的先天关系。

全知解释者论证是一个基于全知解释者假设的论证，对该论证较为明确的论述即出现于《关于真和知识的一致论》和《形而上学中的真理方法》这两篇文章之中，尽管如此，戴维森依然没有给出一个严格论证，因此我们要在对此论证进行一个系统的讨论之前，我们首先要根据其相关的论述以及结合其哲学的基本观点来进行构造。这种构造是必要的，否则一切论述都将是无的放矢。

一个公认的看法是，全知解释者论证最早出现于如下一段话中：

“因为我们可以试想这样一个解释者，他对于世界、对于引起或会引起一个说话者对其（潜在无限的）全部语境中的任何一个语句持赞同态度的原因无所不知。这个全知的解释者使用与可出错的解释者所用的相同的方法，他发现可出错的说话者说的话在很大程度上是一致的和正确的。当然，这是根据他自己的标准，但是既然这些标准是客观地正确的，因此，按照客观的标准来看，可出错的说话者被认为在很大程度上是正确的和一致的。”② 从这段话可知，全知解释者所代表的是一种客观的正确标准，因而只要他是可能的，那么能够与之进行交流的说话者就不可能发生大规模的错误，否则解释就是不可能的。但是问题恰恰在于，这样一个全知解释者的假设不是显得非常荒谬吗？戴维森当然会注意到这个问题，他在另一处为此提供了辩护：“关于无所不知的解释者的看法并不荒谬；这个无所不知的解释者把信念归于他人，并且正如我们其他人一样根据他自己的信念来解释他人的言语。既然就像我们其他人一样来做这件事，因此他必然发现需要大量的一致意见，以便了解他对信念的归属和他对他人言语的解释的

① Donald Davidson, 1986, “A Coherence Theory of Truth and Knowledge”, in Lepore (ed.), *Truth and Interpretation: Perspectives on the Philosophy of Donald Davidson*, Oxford: Blackwell, p. 307.

② 同上书，p. 317.

意义；在这种情况下，一致意见根据假设当然是真的。"① 这个回应的根本点在于他把全知解释者视为是一个本质上同我们没什么区别的解释者，因为他同我们一样使用解释或理解的方式，差别只在于它所持有的所有信念都是真的。这样一个解释者应该能够解释所有我们其他人，根据戴维森的宽容原则（Principle of Charity），这将使得我们的大部分信念都是真的。根据上述，我们可以把该论证刻画如下：

1）存在一个全知解释者 O 是可能的；

2）存在一个可能的世界 Wp，它同现实世界 W 的唯一区别就在于它存在一个全知解释者 O（根据 1）；

3）因此，如果 S 是 W 中一个说话者并且拥有一个信念集 B，那么 S 在 Wp 中也应该拥有 B（根据 2）；

4）在 Wp 中，O 解释 S，因此分享了 S 的绝大部分信念；（宽容原则）

5）但是 O 的信念都是真的（根据 1）；

6）所以，S 的绝大多数信念都是真的；（根据 4，5）；

7）因此，B 是不能够大规模地错误的。

事实上，绝大部分评论者都总结出了类似的论证结构，虽然表述上存在一定的差别。这个论证的要点有两个：1）全知解释者的可能性；2）依赖于宽容原则之上的彻底解释的方法；恰恰是这两方面遭遇到了大量的批评和质疑，下面笔者将围绕这些方面展开论述，剖析该论证的各个环节的作用，力求较为完整地展现该论证的精华所在。

二、全知解释者论证的有效性：争论与反驳

如上所述，对全知解释者论证的争论主要集中在两个方面：1. 全知解释者的假设；2. 解释的限度。下面我们依序讨论。

什么是一个全知解释者？这个问题其实可以拆分为两个部分，一就是什么是全知，二就是什么是一个解释者。显然，这里的全知不应该是如同上帝那般能够对把握其他心灵具有特权，因此，一个全知解释者也需要同其他任何解释者那样通过同样的解释过程来认识我们的表达的意思，否则"如果这个全知解释者知道这些心灵状态，那么他就不需要（并且作为一个事实，

---

① Donald Davidsson，2001，"The Method of Truth in Metaphysics"，in *Interpretation into Truth and Interpretation*，Oxford：Oxford University press，p. 201.

也不能够）使用彻底解释。为了成为一个解释者，全知解释者不能知道所有事情”。[①] 全知的意义则体现在这个解释者知道所有的真理，因此他不可能错误地解释，在这个意义上，他是不可错的，即他所相信的每一个命题都是客观地真的。作为一个解释者，在戴维森看来，其最重要的一个蕴涵就是解释者和说话者的信念之间的一致的引入，因为根据戴维森的一致主义的观点，一个信念的确认需要另一个信念，如此一个信念的可解释性就会传递到另一个信念，如此最终导致整个信念系统的可理解性，同时导致解释者自身所拥有的信念与说话者的信念极大地相似，因此，解释者与被解释者共享一个信念背景。两相结合，全知解释者拥有两个基本特性：1. 不可错性；2. 他同我们（作为被解释者）享有一个信念背景，或者说“他应该足够地见多识广（well-informed），即他的语句至少应该比得上他的交流者的语句”。[②]

福利（Richard Foley）和富梅顿（Richard Fumerton）在《戴维森的有神论?》[③] 一文中力图表明戴维森的全知解释者论证一开始就是错的，因为它试图驾通在全知解释者的可能的存在与外在世界的现实存在之间的鸿沟，而这是不可能的，他首先断定“如果他反对怀疑论的论证是成功的，那么他必须假设或认为事实上存在一个全知解释者”，紧接着就质问：“那么，一个宽容原则强迫我们得出结论说，戴维森确实相信存在一个全知解释者吗?”[④] 同时，他们把戴维森的全知解释者直接理解为上帝：“实际上，我们需要断定上帝存在。但是如果如此，那么戴维森就会像在他之前的笛卡尔那样求助于上帝来打败怀疑论。”[⑤] 首先，根据我们上面对该论证步骤的总结，我们知道该论证不需要事实上存在一个全知解释者；其次，全知解释者根本不是一个上帝；最后，也许是更为根本的一点，这点是由基诺瓦（A. C. Genova）提出来的，他在根本上否认了把全知解释者论证依赖于全知解释者这一假设的基础上，他认为这个假设是没有必要的，完全可以用一个可错的解释者来取代其在论证中的作用，他说：“但是我坚决主张，戴维森的论证只依赖于认知的可能性与可理解性的等同，可理解性与可解释性的等同”[⑥]。笔者认同基诺瓦的观点，我们更应该关注该论证所揭示的通过彻底解释来实现从一致到真的过渡的路径本身，达尔米亚（Vrinda Dalmiya）则没有那么极端，他一方面承认全知解释者的作用，同时

---

① Peter Marton, “Ordinary Versus Super-Omniscient Interpreters”, in *The Philosophical Quarterly*, Vol. 49, No. 194 (Jan., 1999), p. 74.

② 同上。

③ “Richard Foley and Richard Fumerton, Davidson's Theism?”, in *Philosophical Studies* 48 (1985), p. 74.

④ 同上书，p. 88.

⑤ 同上书，p. 84.

⑥ A. C. Genova, 1999, “The Very Idea of Massive Truth”, in L. E. Hahn (ed.), *The Philosophy of Donald Davidson*, Chicago: Open Court, p. 183.

又淡化全知解释者的存在问题："正是以这种方式，一个全知解释者起到了一致与真之间的连结的作用。……我们能够确定这样一个存在者的存在吗？我想这就是戴维森的论证真正的精巧所在，因为它有效地避过了这个问题。戴维森没有为了移向真而宣称一个全知解释者的存在：这种存在者的单纯可能性已经足以实现这种过渡"。[①] 也正是这种两可的态度导致他最终否定全知解释者论证的成功，这样一种在本质上还是把论证的有效性建立在全知解释者的假设之上的观点使得他很容易就能够构造一个反论证来论证相反的结果。

本内特（Jonathan Bennett）的观点为笔者的观点提供了佐证，他把戴维森想要完成的工作看成是实现如下两个论题之间的推理：（1）X不能为Y所理解，除非X的绝大部分信念也是Y的信念，即被Y判断为真；（2）X不能为任何人所理解，除非他的绝大部分信念都是真的。他说："戴维森通过一个大胆的先验论证表明，（1）蕴含（2）……在语言学的前提与形而上学的结论之间架上一道稳固的、宽广的桥梁。这是一个令人惊奇的雄心勃勃的努力。"[②] 因此，戴维森论证的关键不在于全知解释者这一假设，而在于意见一致与真之间的先天联系，他认为虽然无论多大范围内的意见一致也无法保证真，但是他主张人类共同体的信念不可能是大规模地错误的，全知解释者的假设代表的就是人类共享的信念背景，并且认定这是客观的错误得以可能的前提条件。因此，全知解释者假设以一种极端情境表现出人类的语言交流或理解的根本特征。

不过，本内特的主要关注点在于上述的论题（1）的不合理性，他批评戴维森把解释者的信念与被解释者的信念之间的联系看得太紧密了，而他本人就是想要在这两个信念体系之间拉开距离，使得一个解释者去解释其他人的语言行为的能力不再依赖于一个共享的一致的信念系统。[③] 因此，对论题（1）的不合理性的批评其实就是对解释理论的不满，因为它完全就是对宽容原则的一个具体表述，这便涉及解释的限度问题。拉斯姆森（S. A. Rasmussen）则更进一步，他认为戴维森的全知解释者论证的有效性依赖于这样一个主张，即（Ⅳ）[④] 企图解释我们的全知解释者将会成功，而这个主张的成立是以牺牲类似于本内特的论题（1），拉斯姆森把它表示为（I）解释要求大范围的事实性的一致，为代价的，他说："根据目前的主张，为什么全知解释者的解释的努力能够成功的一个实质性的保证的理由在于，不管我们可能有多少可解释的错，这个存在者都将会定位和解释我们的错误。结果，由全知所保证的（Ⅳ）是以危及（I）为代

① Vrinda Dalmiya, "Coherence, Truth and the 'Omniscient Interpreter'", in *The Philosophical Quarterly*, Vol. 40, No. 158 (Jan., 1990), p. 89.

② Jonathan Bennett, "Critical Notice", in *Mind*, New Series, Vol. 94, No. 376 (Oct., 1985), p. 610.

③ 同上。

④ 为了与引文一致，这里涉及拉斯姆森所理解的论题前面的标号都一律沿袭原文。

价的”。[①] 最后，他们不约而同地得出了类似结论，即我们的信念发生大规模的错误是可理解的。

作为应激的反驳，笔者认为拉斯姆森的推理是错误的，因为在笔者看来，全知解释者能够解释我们所有的错误并不意味着他不能与我们达成事实性的一致。首先，我们一定要明确，全知解释者因为掌握了所有的真信念，并且构成了一个一致的信念系统；其次，全知解释者与我们能够进行交流或理解，这说明我们至少是存在由真信念所组成的一致系统的，因而现在的问题在于戴维森凭什么就断定我们的绝大部分信念都是真的呢？戴维森所提供的理由是：“我们可以假定大多数信念都是正确的。理由在于，一个信念是由它在一种信念模式中的位置加以确定的；而正是这种模式决定了这个信念主题以及它所涉及的内容”。[②] 这段话的核心要义在于，大量真信念的一致模式对于信念内容的归属以及对信念的认同或不认同是必不可少的，不过瓦尔德（Andrew Ward）认为这种回应是无效的，因为他认为戴维森事先在一个语句认为真的和事实上真的之间作了区分，并且断定我们就是在这两者之间的联系中来理解信念这个概念的，这在他看来是不可行的。[③] 而在笔者看来，戴维森上面所提供的理由所蕴含的要义本身恰恰是全知解释者论证所要完成的，其实他在这里犯了论证中经常出现的乞求论点（question-begging）的错误；因此，问题在于让戴维森的全知解释者论证发挥其效力，所以笔者认同瓦尔德回到全知解释者论证本身的建议，他说：“缺少全知解释者论证，根本没有什么东西能够阻止本内特所描述的这种状况……对戴维森来说，一个更好的回应就是说，本内特所描述的这种状况从根本上来说是不一致的，恰恰是因为全知解释者论证表明，我们确实拥有一个一致的信念系统，其绝大多数成员都是真的”[④]。

因此，应对本内特的批评的最佳策略就是通过展示全知解释者论证的真正效力来消解它，不过遗憾的是，瓦尔德所提供的他自己对戴维森的全知解释者论证的重构是不成功的，因为，在笔者看来，他有些过分地要求作为可错解释者的我们能够解释全知解释者的语言，这是戴维森所不容许的，同时在他看来也是没有必要的。归根结底，瓦尔德没有理解全知解释者所代表

---

① Stig Alstrup Rasmussen, “The Intelligibility of Abortive Omniscience”, in *The Philosophical Quarterly*, Vol. 37, No. 148 (Jan. , 1987), pp. 315 – 19: 318.

② Donald Daviddson, 2001, “Thought and Talk”, in *Interpretation into Truth and Interpretation*, Oxford: Oxford University press, p. 168: 168.

③ Andrew Ward, “Skepticism and Davidson’s Omniscient Interpreter Argument”, in *Critica: Revista Hispanoamericana de Filosoficas*, Vol. 21, No. 61 (Apr. , 1989), p. 133.

④ 同上书，p. 134.

的是一种在根本上是异于可错解释者的客观标准，它对于可错解释者的应用的权利正有赖于整个论证来阐明，一如康德的先验演绎对范畴之于经验对象的应用的权利的阐明。

此外，全知解释者与可错解释者的唯一差别应该在于，他知道所有关于世界的真理，而且这些真理正是为了翻译一种语言所必须要知道的所有真理，而这里所蕴含的一个前提，同时也是戴维森的先验论证的一个核心，就是意义的可能性的一个前提是真理性，这是对奎因式的一个论点——任何一个语句的意义完全是通过知道什么原因或什么将会引发一个说话者同意它来决定的——的进一步延伸，因此隐藏在全知解释者论证背后的是戴维森的外在主义。①

三、全知解释者论证的功能与性质：一个驳斥怀疑论的先验论证

由于全知解释者论证的结论实际上已经构成了对认知怀疑论的一种直接反驳，因此它又被当作是对认知怀疑论的一个结论性的证明。然而，还是有许多哲学家虽然承认全知解释者论证确立了信念的大规模的真，但是他们认为我们已经可能系统地弄错我们的真信念的内容，甚至否认驳斥信念内容的怀疑论本身具有意义，克莱格（Edward Craig）不无讽刺地说："仅仅通过把可能存在的关于它们的真的怀疑转变为关于它们的内容是什么的怀疑这种方法来确立我们的信念绝大部分都是真的，这是一种甚至还没有把洗澡水倒掉之前先把孩子扔掉了的做法"②。无疑，有一点克莱格是正确的，戴维森的全知解释者论证确实是应对信念内容的怀疑论的，因为归根结底该论证是一个关于信念系统内部的论证，它并不直接指涉外在世界。因而关键在于要表明克莱格不能既承认戴维森的"整个论证"又一致地坚持我们所拥有的信念有可能是系统地错误的，并且引入了一个一阶信念内容（例如，"我相信我有一只手"）和二阶（"我相信我相信有一只手"），乃至于更高阶的信念内容的区分，这是和克莱格对关于笛卡尔式的对外在世界的知识的怀疑论与关于信念内容的怀疑论的区分相对应的。基诺瓦认为，首先，一旦我们承认全知解释者论证以及蕴含在其背后的解释理论，那么就必然能够得出，我们的绝大部分二阶信

① 对于外在主义的讨论，笔者在另外一篇论文《戴维森的外在主义》（《科学技术哲学研究》，即出）中详细讨论，笔者表明其外在主义对怀疑论的驳斥是釜底抽薪式的，因为它以消除产生怀疑论的根源即认识论的中介的方式来抹去怀疑论（全面怀疑论）的生存空间，它更像一个统帅，从整体的角度驳斥怀疑论，而全知解释者论证更像一个前线士兵，直接同怀疑论刀兵相见，因此，在笔者看来，它们两者相互补充、相得益彰。

② Edward Craig, "Davidson and the Sceptic: The Thumbnail Version", in *Analysis*, Vol. 50, No. 4 (Oct., 1990), pp. 213 – 4: 213.

念都是真的，否则一旦允许我们的绝大部分二阶信念都是假的，这势必导致我们的整个信念系统都是大规模地错误的可能性，因此这就等于否定了全知解释者论证。据此，基诺瓦排除了信念内容的怀疑论的可能性。[①] 其次，他进一步强调关于二阶信念内容的怀疑论同关于一阶信念内容的怀疑论是不一致的，原因就在于，以一阶信念为内容的二阶信念必须是以一阶信念为基础的，他反问："如果我们没有关于我们的信念内容的在先的信念或思想（一阶信念——笔者注），我们如何能够有意义地表达关于这些内容的怀疑论的疑惑呢?"[②] 不过，布鲁克内尔（Anthony Brueckner）据此却解读出完全相反的内容，他说："【1】（指上面引文中的这个反问句——笔者注）告诉我们，关于某种一阶内容的一阶怀疑论的疑惑要求关于那个内容的一个信念 B（根据基诺瓦的术语，一个二阶信念）的支持"[③]。这种解释显然是站不住脚的，正如基诺瓦所说的："这种怀疑论（指一阶怀疑论）……允许系统地弄错我们所拥有的信念是什么。由此，我们将会系统地弄错我们所有的二阶信念以及所有更高阶的信念，以至无穷"[④]。最后，结合前面两步得出，只要承认全知解释者论证，一阶信念的怀疑论（笛卡尔式的关于外在世界的怀疑论）也是不可理解的，不过与笛卡尔求助于一个上帝来力保防止怀疑论不同，戴维森则需要一个先验论证——全知解释者论证。[⑤]

由于先验论证通常被视为是一种驳斥怀疑论的方法，正如基诺瓦所说："先验论证在这样一种语境下具有其最大的可信性，即试图驳斥被解释为是对确证信念或达到关于外在世界的知识的可能性的系统怀疑或否定的认知怀疑论"[⑥]。并且，他给出了先验论证的一般驳斥路线：

"先验论证被设计用于表明，就某些基本的概念或特定的核心命题的真的客观有效性而言，怀疑论的主张是自败的或不一致的，因为它们必定招致某些概念图式或认识论语境的必要条件的反对，而只有在这些概念图式或认识论语境之下，怀疑论的主张才是可理解的。如果是这样，那么怀疑论所怀疑或否定的东西的真是或者必然包含该怀疑论可理解的必要条件（预设）；因

---

① A. C. Genova, "Craig on Davidson: A Thumbnail Refutation", in *Analysis*, Vol. 51, No. 4 (Oct., 1991), p. 196.

② 同上书，pp. 196 – 7.

③ "Anthony Brueckner, Genova, Davidson and Content-Scepticism", in *Analysis*, Vol. 52, No. 4 (Oct., 1992), pp. 228 – 31: 230.

④ A. C. Genova, 1999, "The Very Idea of Massive Truth", in L. E. Hahn (ed.), *The Philosophy of Donald Davidson*, Chicago: Open Court, p. 184.

⑤ A. C. Genova, "Craig on Davidson: A Thumbnail Refutation", in *Analysis*, Vol. 51, No. 4 (Oct., 1991), p. 198.

⑥ A. C. Genova, 1999, "The Very Idea of Massive Truth", in L. E. Hahn (ed.), *The Philosophy of Donald Davidson*, Chicago: Open Court, p. 186.

此，如果怀疑论的主张是可理解的，那么它必定是假的而其对立面是真的"。①

戴维森的全知解释者论证完全符合这种驳斥路线，因为，戴维森在论证中表明，在一个说话者中客观的错误预设了一个共享的大量地真的信念的背景，或者具体来讲，一个全面的、一致的大量地错误的信念系统要成为可理解的，那么它已经预设了所有可理解的、全面的、一致的信念系统都是大规模地真的。这样一种自我指涉的先天的必要条件关系的解释正是先验论证的一大特征。

当然，戴维森的先验论证并不是没有前提的，它必须要放在其解释理论的语境之下才是可理解的，因此其所反驳的怀疑论毋宁说是反驳传统的笛卡尔式的认知怀疑论，不如说，他反驳的是一种语义学的认识怀疑论，即其怀疑的知识内容是语义学的。因此，从根本上来说，戴维森的先验论证的核心要义在于，意义的可能性的一个必要条件就是真理性，而语言则是一种意义的工具，如果某种东西是一种语言，那么它就必须以一种有效的方式描述世界。正是基于这种语言描述世界的先天有效性，使得我们作为语言的使用者却大规模错误地拥有关于世界的信念变得不可理解。

行文至此，还有一个重要的问题没有解决，即为什么需要这样一个先验论证来驳斥怀疑论呢？这个问题之所以要提出来，是因为在戴维森的彻底解释理论本身就具有驳斥怀疑论的功能，如果真是如此，那么这样一个论证是否有画蛇添足之嫌呢？如上面所见，对戴维森的宽容原则的表述可以各异，但是其所要表达的意思大致可以分为两层：1. 解释者应该追求他与被解释者之间在信念上最大化的一致；2. 解释者应该设想说话者认为真的大部分信念都是真的。因此，如果我们接收了宽容原则，那么似乎全知解释者就没有必要了，戴维森自己也曾表示过用宽容原则就能驳斥怀疑论的看法，他说："在我看来，防止对感觉的全面怀疑的东西就是这样一个事实，即在那些最清楚明白的和在方法论上最基本的情况下我们必须把一个信念的对象作为该信念的原因，而这正是宽容原则所要求的东西。并且，我们作为解释者必须如实地看到这些对象"②。也就是说，戴维森把驳斥怀疑论的理由放在了依赖于信念原因的信念内容之上。克莱恩（Peter Klein）认为，如果论证到此为止，那么这个论证要么是一个循环论证，因为它事先预设了解释者知道外在于他们自身并同他们的信念状态联系的原因的存在，因而也就是预设了全面怀疑论的虚假性；要么是一个无效论证，因为，如果他企图仅仅在解释的方法论要求解释者与

---

① A. C. Genova, 1999, "The Very Idea of Massive Truth", in L. E. Hahn (ed.), *The Philosophy of Donald Davidson*, Chicago: Open Court, p. 186.

② Donald Davidson, 1986, "A Coherence Theory of Truth and Knowledge", in Lepore (ed.), *Truth and Interpretation: Perspectives on the Philosophy of Donald Davidson*, Oxford: Blackwell, pp. 317 - 8.

被解释者之间的最大化的一致的基础上证明我们的信念绝大部分是真的，那么这个基础本身已经足以得出所要求的结论。[①] 当然，戴维森没有在此停步，而是在此基础之上，诉诸于信念的固有的、诚实的本性，对于这种本性的理解可以保证在任何一个一致的信念系统之中信念的大规模的真，然而，麦克金（Colin McGinn）批评这种把论证放置在自明性基础之上的做法是“不坦率和兜圈子式的”（oblique and roundabout）。[②]

然而，基诺瓦认为这些批评都是因为他们都没有认识到戴维森的整个驳斥怀疑论的论证，他的驳斥怀疑论并不是一步到位的，即没有认识到全知解释者论证在整个驳斥怀疑论中的重要作用。首先，基诺瓦认为，首先要认识到的一点是，在驳斥怀疑论的论证之前还有一个预设便是对图式/内容二元论的反对，这种反对背后所蕴含的意思便是，信念内容的规定不能独立于其因果环境。我们知道，戴维森极力地把自己的语义实在论（戴维森自己喜欢称之为“外在主义”）同普特南的形而上学实在论相区分，因为普特南承认独立于心灵与语言的实体的存在，而对于戴维森来说，“我们并不拥有任何凌驾于任何一种语言中的所有可能的语句（我们可以把它们翻译成一种我们能够理解的语言）的真理、意义或内容之上的关于真理、意义或内容的一般概念。所以，离开在一种语言中被解释的内容来讨论（如克莱格所做的那样）一个信念的内容是毫无意义的。离开这种解释的方法论，根本不存在可理解的内容的独立地位”[③]。按照对信念内容的这种理解，在我们的信念与世界之间根本不存在一种中介，世界作为我们信念的原因本身就构成了我们的信念内容，因而，普特南这种预设以信念与世界的根本分裂为基础的缸中之脑类型的怀疑论就被排除了，同时，戴维森的这种信念与世界之间的无中介的紧密联系自然地就会导致信念固有的、诚实的本性。

即使我们承认图式/内容的二元论是站不住脚的，接受信念内容与原因之间的方法论的连结，排除缸中之脑的怀疑论，同时也承认戴维森的一致论题，怀疑论还是没有完全杜绝，因为还存在一种怀疑论，基诺瓦称之为“内在化的语义学怀疑论”，这种怀疑论是在彻底解释的语境内部发生的，它承认解释者必须把信念内容与原因连结在一起，并且**根据他自己的标准**，发现说话者在很大程度上是一致的和正确的，而其质疑的恰恰是，为什么解释者的**标准**免于犯大

① “Anthony Brueckner, Genova, Davidson and Content-Scepticism”, in *Analysis*, Vol. 52, No. 4 (Oct., 1992), pp. 228 – 31: 230.

② Colin McGinn, 1986, “Radical Interpretation and Epistemology”, Lepore (ed.), *Truth and Interpretation: Perspectives on the Philosophy of Donald Davidson*, Oxford: Blackwell, pp. 356 – 368: 358.

③ A. C. Genova, “Craig on Davidson: A Thumbnail Refutation”, in *Analysis*, Vol. 51, No. 4 (Oct., 1991), p. 198.

规模的错误呢？这个问题类似于，康德的这样一个问题，即使这些范畴必然地构成我们关于对象的思想，为什么这些对象本身应该必然地根据这些范畴来被构成呢？确证我们支持其客观有效性的东西是什么？对康德来说，需要一个先验演绎来回答，而对于戴维森则是全知解释者论证。因此，全知解释者论证，作为一个先验论证，他在戴维森的整个驳斥怀疑论的论证中起到了一个至关重要的作用，它实际上是在为宽容原则的合理性和有效性提供辩护。全知解释者的必要性就体现在此。

四、结　语

总体而言，戴维森的全知解释者论证力图在信念的一致与一个客观的公共世界的知识之间建立先天的连结，其内在的背后驱动力可以追溯至近代哲学的语言学转向的深刻根源，简言之，就是语言与世界（思想与实在）的同质性的认同。同时，它是戴维森的整个驳斥怀疑论的论证体系中的一个结论性的环节，它绝不是一个孤立的论证，我们应该在系统中来考察它，进而才能真正理解它。此外，虽然它同康德的先验演绎存在极强的相似性，但是由于它们所处的哲学背景的深刻差异，它们各自论证的起点并不相同，即前者的起点是经验的可能性，而后者则是交流的可能性，相应地，它们的论证结果也各不相同；尽管如此，这种方法论上的一致性表明先验论证在形而上学领域具有其得天独厚的优越性，使得康德、斯特劳森、戴维森和普特南等一大批哲学家对此趋之若鹜、情有独钟。

参考文献

[1] Donald Daviddson, 2001, "The Method of Truth in Metaphysics", in *Interpretation into Truth and Interpretation*, Oxford: Oxford University press, pp. 199 – 214.

[2] Donald Davidson, 1986, "A Coherence Theory of Truth and Knowledge", in Lepore (ed.), *Truth and Interpretation: Perspectives on the Philosophy of Donald Davidson*, Oxford: Blackwell, pp. 307 – 319.

[3] Peter Marton, "Ordinary Versus Super-Omniscient Interpreters", in *The Philosophical Quarterly*, Vol. 49, No. 194 (Jan., 1999), pp. 72 – 7.

[4] "Richard Foley and Richard Fumerton, Davidson's Theism?", in *Philosophical Studies* 48 (1985), pp. 83 – 9.

[5] A. C. Genova, 1999, "The Very Idea of Massive Truth", in L. E. Hahn (ed.), *The Philosophy of Donald Davidson*, Chicago: Open Court, pp. 167 – 91.

[6] Vrinda Dalmiya, "Coherence, Truth and the 'Omniscient Interpreter'", in *The Philosophical Quarterly*, Vol. 40, No. 158 (Jan., 1990), pp. 86 – 94.

[7] Jonathan Bennett, "Critical Notice", in *Mind*, New Series, Vol. 94, No. 376 (Oct., 1985), pp. 601 – 26.

[8] Stig Alstrup Rasmussen, "The Intelligibility of Abortive Omniscience", in *The Philosophical Quarterly*, Vol. 37, No. 148 (Jan., 1987), pp. 315 – 19: 318.

[9] Donald Daviddson, 2001, "Thought and Talk", in *Interpretation into Truth and Interpretation*, Oxford: Oxford University press, pp. 155 – 70: 168.

[10] Andrew Ward, "Skepticism and Davidson's Omniscient Interpreter Argument", in *Critica: Revista Hispanoamericana de Filosoficas*, Vol. 21, No. 61 (Apr., 1989), pp. 127 – 43.

[11] Edward Craig, "Davidson and the Sceptic: The Thumbnail Version", in *Analysis*, Vol. 50, No. 4 (Oct., 1990), pp. 213 – 4: 213.

[12] A. C. Genova, "Craig on Davidson: A Thumbnail Refutation", in *Analysis*, Vol. 51, No. 4 (Oct., 1991), pp. 195 – 8.

[13] "Anthony Brueckner, Genova, Davidson and Content-Scepticism", in *Analysis*, Vol. 52, No. 4 (Oct., 1992), pp. 228 – 31: 230.

[14] Peter Klein, 1986, "Radical Interpretation and Global Skepticism", in Lepore (ed.), *Truth and Interpretation: Perspectives on the Philosophy of Donald Davidson*, Oxford: Blackwell, pp. 369 – 386: 381.

[15] Colin McGinn, 1986, "Radical Interpretation and Epistemology", Lepore (ed.), *Truth and Interpretation: Perspectives on the Philosophy of Donald Davidson*, Oxford: Blackwell, pp. 356 – 368: 358.

Coherence, Truth and Interpretation
——Davidson's Omniscient Interpreter Argument

Hong-qing Fang

Xiamen University

Abstract: Davidson's Omniscient Interpreter Argument (OIA) is an argument against skepticism based on his theory of radical interpretation, which attempts to prove that our beliefs are mostly true by expounding the a priori relation between coherence and truth. Like Kant's transcendental deduction, Davidson asks why the interpreter's standards should be immune to massive falsity, or what justifies our right to posit their objectivity validity. In the sense, OIA is a linguistic version of the transcendental argument, which represents a method of metaphysical investigation with the linguistic approach.

Keywords: OIA; Radical Interpretation; Skepticism; Transcendental Argument; Davidson

Understanding the First Person

◎ Yuncheng Zhou
Tsinghua University

Abstract: This paper is to discuss the metaphysical issues concerning the problem of the first person. The goal is to find out something that could be meaningfully asked about what it is for there to be the first person. The itinerary goes from presenting the problem of the first person as posed by Nagel and disputed by Stalnaker, through sketching a metaphysical cartography of modality and locating what is problematic about modality, till last reaching a metaphysical understanding of the first person. The conclusion is that the first person is understood to be a state of being that is relatively defined with a specific instantiation that is given by a particular person who makes a first-person statement.

Keywords: The First Person; Modality; Mode of Existence; State of Being

The first-person point of view assumes a central role in philosophical thinking from Cartesian and Humean classics till contemporary metaphysics①. However, what it means to entertain the first-person thought remains unsettled although the effort of understanding the first person has never ceased. The seemingly futile effort is due to the fact that there is no consensus on what sorts of things can be meaningfully asked about the first person and so philosophers talk past each other more often than not. In discussing the problem of the first person, Nagel concentrated on mode of existence that objective self takes in ascribing a first-person thought while Stalnaker emphasized the subject's state of being a certain way in making a first-person statement②. In order to find out where the problem lies, it seems sensible

---

① Among others, see Kripke (1980), Shoemaker (1996), Nagel (1983), Yablo (2002) and Chalmers (1996).

② Mode of existence and state of being are two terms that will be elaborated later in the paper. For the details, see Sections 2 and 3.

to adopt the approach of 'metaphysical ascent'① to set up a dialectic discourse. This leads us to survey the metaphysical landscape concerning the theories of modality so as to make sense of various philosophical theses in the field. Different metaphysical standpoints will be compared to locate what is problematic about modality. In so doing, some vantage point will suggest itself to us, offering a new understanding of what can be meaningfully asked about the problem of the first person. But, let us first see what the problem of the first person is.

1. The problem of the first person

The formulation of the problem we will be discussing is from Nagel (1983), which is this: what is it that I am the person I am? The proposition that I am the person I am is not simply an analytic proposition. It conveys something puzzling, which is Nagel's concern. What is it for a particular person like TN in the world to be me? How is it possible that I happen to be the particular person I am, say, TN? Nagel's tactic to deal with the problem is to bring the subjective and objective views together by proposing a notion of objective self.

Just as what Peacocke said in his comment on Nagel's book *The View from Nowhere*, "The objectivity of the new conception is a matter of degree."② There is no dichotomy of the subjective and the objective. Objective self is something that is intermediary between the subjective and the objective. Nagel's diagnosis is that the puzzling part of the problem comes from the dichotomic thinking that pervades the literature. In the objective world, there is no place for something subjective to dwell in. However, the reality, as pondered among metaphysicians, is not so simple. The centerless conception of the world does not allow a subject to exist from whose perspective the world is viewed, but it does not prevent an individual being detached from the world he is in and seeing the world from without. TN is a person existing in the objective world, but he could think of what he is as being included in the centerless conception of the world. His conception of the objective world contains everything there is to him, including the thinking he does. How is that possible? Nagel's answer is that there are two

---

① To be exact, this is to find out metaphysical underpinning. However, the way of doing this is similar to how 'semantic ascent' is supposed to work in elucidating philosophical problems as proposed and exercised by Quine.

② Peacocke (1989).

aspects about TN: a publicly identified figure that is called TN and an objective self that is TN. Objective self, as configured by Nagel, views the world from nowhere, but materializes as a person in the objective world. It is the objective self that connects the subjective and the objective, which meets the need to find out "what the world must be like from no point of view in order to appear to him (TN) as it does from his point of view."①

Isn't it a true story? But what is it true of? What is it that the objective self is TN? It cannot be read from Nagel's understanding that it is an identity statement. After all, the objective self cannot be substituted for TN *salva veritate*. Then the alternative interpretation is that the objective self is predicated to be TN. There is much complication with this. First, how is it possible to reach an understanding of being TN? Second, what is the semantic contribution of the objective self? Putting aside the first question②, let us see how we can proceed with the semantic analysis of the objective self. If the objective self is treated as a proper name, what does it refer to? Or if it is taken as a reference fixer, what referent does it fix? If it is a definite description, how can it be quantificationally calculated? This, in essence, has to do with ontological status of objective self. No matter how it is interpreted, one thing is certain that it cannot be totally objectified into the centerless world, as patently argued by Nagel. Aside from Nagel's objection to the ontological diagnosis, there seems to be nothing more to be found in Nagel (1983) about the problem of what there is when it is said that there is objective self.

The problem that is left open there is fundamental to a more general metaphysical thesis. It is undoubtedly true that there is something special about objective self that is not shared with TN or any other individual in the objective world. It is this something that provides a way to make sense of a centerless conception of the world. What is essential to objective self that plays such a crucial role? It requires us to make clear what objective self, in nature, is. In order to do that, we need to find out what objective self would have been like had the world been different—the metaphysical fact about objective self. However, given Nagel's theoretical framework in question, it seems to be a non-starter to go along that line of reasoning. Nagel's concentration is on mode of existence an objective self takes in ascribing a first-person thought, which leaves no room for an inquiry into essence of objective self. Elaboration of mode of existence awaits till Sections 2 and 3. Before that, we will turn to Stalnaker's response to objec-

---

① Nagel (1983).

② There is something ambiguous with Nagel's understanding that TN possesses or is an objective self.

tive self, which will induce a contrasting metaphysical problem.

In Stalnaker (2003*c*), it is argued that there is no need to propose a notion of objective self since the centerless conception of the world is better off in itself. What needs to be done is to work out a version of centerless conception of the world that is usable in accommodating the first-person thought. As a result, an austere account of contextual content is developed to address the problem of the first-person.

Stalnaker did not agree with Nagel in the rejection of semantic diagnosis as being incapable of an account of the philosophical thought expressed with a statement that I am TN. The statement that I am TN is true if and only if it is made by TN. A semantic account like that does not offer any explanation of the metaphysical fact that I am the particular person I am (i. e., TN) although it could account for the ordinary fact that I am TN as a reply to the question—who are you. The real problem is what it is that I am the particular person I am, which remains elusive in the semantic approach to the problem.

According to Stalnaker (2003*c*), the semantic diagnosis is not to blame since it is not aimed to account for what it is that I am TN. All it can do is to give truth condition on which the statement is true. As to how truth condition could be understood, it requires metaphysics of an appropriate sort to interpret the content of the first-person statement. As is well-known, Stalnaker's metaphysics is developed with the possible-world apparatus. The content of a statement consists in the way different possible worlds are to be distinguished. A statement is usually made in a certain context, so the possible worlds that are to be distinguished constitute a proper subset of the context set. For the first-person statement, its content is essentially tied to the context in which the statement is made to the effect that the content always contains some information about the speaker. Suppose Thomas Nagel said, "I am TN." What he said is true in the possible worlds where the statement is made by Thomas Nagel. Given the individual, Thomas Nagel, we want to know what it is like when he says, "I am TN" in any counterfactual world. If what he says is true in all the counterfactual worlds, he expresses a necessary truth. And this is what is required for the philosophical thought that I am TN to get through.

The key point is that the relevant counterfactual fact is conditioned on the actual person who makes the first-person statement. Truth condition of a first-person statement, on this construal, provides an austere account of what it is that I am TN in the sense that nothing more is required but the essential contextual constraint that the speaker is included in the conception of the world. Since a first-person statement is evaluated with regard to a counterfactual world, its truth is explicated with the centerless conception of the world. Therefore, there is no problem of disharmony between the subjective and the objective involved around the centerless conception of the world.

It is clearly seen that the objective fact of the centerless world is not captured with semantic content of a statement but is encoded in the informational content conveyed with the statement. Informational content is to be explained with a meta-semantic mechanism that shows what it is that a statement has semantic content it has. It is at the meta-semantic level that the philosophical thought that I am the particular person I am gets interpreted. The philosophical thought is not just about attribution of a certain property to an individual, but rather about what it is that an individual has a certain property it has. So what is required for an account of the philosophical thought is more a meta-semantic interpretation than a semantic construal.

What gets interpreted with a meta-semantic mechanism is metaphysical truth, a truth that obtains in every counterfactual world. The statement I am TN is true in the actual world if and only if the actual speaker is TN in any possible world that is considered as counterfactual. But what does it mean for a speaker to be actual? What is it for anything to be actual? Is it possible to develop some sort of metaphysics of actuality?

The questions raised here make a contrast to the metaphysical problem that is kept untouched in Nagel (1983) —the metaphysical fact of objective self. As to Nagel's notion of objective self, we want to ask what would have happened to the objective self had the world been the other way around. This is about state of being an objective self is to have. Regarding Stalnaker's austere account of contextual content, we want to ask what the subject would have turned out to be like had the world turned out to be otherwise①. And this is about mode of existence with which a subject is supposed to stand. The overall picture is about state of being and mode of existence. Nagel's theorizing lacks in the discussion of the state of being for objective to have while Stalnaker's account is question-begging as to what makes for the subject's mode of existence. The problem can be made clear only on a certain understanding of modality that has to do with mode of existence as well as with state of being. We will address the problem by offering a metaphysical cartography of modality.

---

① This is the way Yablo used to characterize conceptual necessity. See Yablo (2002), p. 453.

2. The metaphysical cartography of modality

Metaphysical works on modality with the notion of possible worlds as building blocks divide along two axes: realist axis and actualist axis. Possible worlds can be given an extreme realist construal and a moderate realist construal, which is crisscrossed with an absolute actualist understanding and a relative actualist understanding. Such a two-axis cartography helps to clarify metaphysical thinking of modality.

An extreme realist takes possible worlds as really existing and qualitatively specified entities①. They are parallel universes disconnected from one another in terms of spatial and temporal relations. The only sensible relation that could be established among them is counterpart relation which is defined on the basis of similarity. Any part of a possible world is more similar to its counterparts in other possible worlds than to any other part in the same possible world. To an individual in one possible world there corresponds a counterpart in another possible world. There is no individual that simultaneously exists in two or more possible worlds. In other words, individual existence is world-bound.

This can be illustrated with a notorious sort of example. At this time, it is an obvious fact that McCain lost the presidential election. But it might have been the case that he won the election②. The modal thinking can be construed with the possible-world apparatus as follows. In one possible world, McCain lost the presidential election. In the other possible world, a person who has a counterpart relation with him won the election. McCain and his counterpart are descriptively defined with the two possible worlds that are qualitatively specified: the person who lost the election is McCain in this world and the person who won the election is his counterpart in the other possible world. It is understood that individual existence is determined by the description that is associated with the specification of a possible world. A person who understands the description of an individual is in a position to know what it is for that individual to exist. We know who McCain is because we could give a description about him by ascribing a certain property to him, say, losing the presidential election in this case③. Our knowledge about McCain's counterpart derives from the specification of a possible world that provides a certain description

---

① This is Lewisian modal realism.

② It is obvious that this is an up-to-date version of the notorious Humphrey example.

③ Our knowledge of McCain could be got via demonstration, but that can also be treated as descriptive way of knowing who McCain is. See King (2001).

about him.

In general, what an extreme realist takes as possible individuals and possible worlds is about concrete entities with qualitative properties. Among all the entities, what we are and what the world we live in is like is no exception: everything there is exists on an equal footing. This gives rise to a metaphysical doctrine that modality counts as an essential part of existence. In order for something to exist, it is necessary to determine the modal property it has—the property of inhabiting a possible world. It amounts to determining a function that has a set of possible worlds as its domain. Metaphysical thinking in line with extreme modal realism thus works *simpliciter* to account for what it is for something to exist, which is to give an account of mode of existence according to which existence is specified with possible worlds construed as real entities.

However, a moderate realist conception of possible worlds① is different from that of an extreme realist. It is argued that a possible world is nothing more than a way things are. As Stalnaker said, "[*t*]*he way things are* is a property or a state of the world, not the world itself. The statement that the world is the way it is is true in a sense, but not when read as an identity statement."② So, this conception of possible worlds seems to be metaphysically innocent in that there is no commitment to real entities.

It has been repeatedly emphasized by Stalnaker that a semantic thesis is to be separated from a metaphysical thesis in talking about possible worlds③. Possible worlds are used to construct a model for semantic interpretation of modal language. The role that possible worlds play in the process of semantic interpretation lies in explicating modal semantics in an extensional way. There is no need to ontologize possible worlds as real entities. However it does not mean that there is no metaphysical argument for an account of possible worlds. The metaphysical thesis advocated by Stalnaker is that possible worlds are understood to be properties that could be instantiated or exemplified. A possible world represents things in the actual world as being a certain way. In the actual world, there is something that is instantiated and also there is something that is to be instantiated. Instantiation is made only with things in the actual world.

McCain lost the presidential election in the actual world. We want to know what it is that he lost

---

① Two advocators of moderate modal realism are Plantinga and Stalnaker, but our discussion focuses on Stalnakerian moderate modal realism.

② Stalnaker (2003), pp. 27 – 28.

③ Stalnaker (1984, 1987, 1996, 1997).

the election. Then we abstract the property of his losing the election away from the actual world and ask whether this property obtains in other possible worlds. We know that he might have won the election had the world been the other way around. Or there is a possible world in which he won the election. For any world in which he won the election, it is not true that he lost the election. For any world in which he lost the election, it is true that he lost the election. Truth value varies from world to world, so the statement that McCain lost the election does not express a necessary truth. Since the property of his losing the election does not obtain in every possible world, this is a contingent property. The contingency of McCain's losing the election is of a metaphysical fact that is manifested with the possible-world apparatus.

With the moderate realist conception of possible worlds, modality is thus understood in a metaphysical sense to be concerned with an account of properties things have in the actual world. Things in the actual world have properties they have by virtue of the fact that reality is a certain way for them to have the properties they have. This requires that there be a certain way to distinguish among possible worlds for reality to be that way. Possible worlds are to be distinguished accordingly as whether states of the world can be instantiated or not relative to the description of the thing in question. The fact that a thing is a certain way it is amounts to nothing more than the modal fact of its being a certain way under various circumstances. It is in this manner that the moderate modal realism offers a way to account for what it is for a thing to be what it is. It is virtually an account of state of being according to which the state of a thing being a certain way is represented with a possible world construed as a state of the world with respect to that thing.

As is discussed above, the extreme modal realism gives us a picture of mode of existence while the moderate modal realism tells us something about state of being. The two philosophical projects could be carried out only if the problem of actuality is well understood. As to the problem of actuality, there are two standpoints: absolute actualism and relative actualism.

An absolute actualist claims that everything there is exists actually. The way a thing exists actually consists in the way possible worlds are distinguished. The details will be developed accordingly as how possible worlds are to be understood. If possible worlds are understood to be real entities as claimed by the extreme modal realist, there seems to be no sense to talk about the way possible worlds are distinguished since there is nothing problematic about indistinguishability among possible worlds. After all, on the modal realist view, possible worlds are qualitatively specified on *a priori* ground.

However, when possible worlds are treated as ways things are, the way possible worlds are distinguished counts in elucidating what it is for a thing to be actual. What is actual about a thing is determined in the way in which possible worlds are distinguished. So, although absolute actualism is irrelevant to extreme modal realism, it is consistent with moderate modal realism. A moderate realist conception of actuality presupposes no more as to what there is than tense semantics does to the present time. It boils down to "the metaphysical neutral belief that 'the actual world' is just another name for reality."① This is a clear statement of absolute conception of actuality.

In contrast, a relative actualist does not recognize the absolute conception of actuality but emphasizes a relative conception of actuality. Corresponding to the two modal realist standpoints, there are two kinds of relative actuality. On extreme modal realism, it is relative to a mode of existence that a thing is claimed to be actual. What it is for a thing to be actual is about its mode of existence: a certain mode of existence works to exemplify what it is for a thing to be actual. What it is for McCain to be actual is different from what it is for his counterpart to be actual because of their different modes of existence—they inhabit different possible worlds.

However, if a moderate modal realist standpoint is taken, actuality is understood to be relative to state of being. The fact that McCain lost the election in the actual world does make sense only if there is a clear understanding of the circumstances under which he lost the election. In the world we are in, he lost the election, but in other possible worlds, he might have won the election②. Therefore, our world is the actual world in which McCain lost the election, which is understandable in virtue of the metaphysical fact about the state of his being a certain way in various circumstances.

In the same sense, a supposition could be made that McCain won the election in the actual world. What is needed to make sense of this supposition is to certify that there is a way McCain is—he won the election—under various circumstances. If his winning the election also constitutes a state of his being a certain way, then there is a sense to say McCain actually won the election. The point is that the two cases in discussion are equally significant to account for the actuality of McCain's being a certain way. There are different ways for McCain to be, but his actually being in whichever way he is is of

---

① Stalnaker (2003), p. 30.

② This seems to be ambiguous regarding the expression of modal property. But this is irrelevant to the problem that is being discussed here. The point is that there is *only one* world in which McCain lost the election regardless of what he might have been like in the other possible worlds.

importance to a metaphysical understanding of actuality.

So far, we have finished constructing the metaphysical cartography of modality, which can be illustrated as follows.

	moderate modal realism	extreme modal realism
absolute actualism	Yes	No
relative actualism	Yes	Yes

As is obviously seen in the chart, there are three permissible combinations: extreme modal realism and relative actualism, moderate modal realism and absolute actualism, moderate modal realism and relative actualism. It is senseless to combine extreme modal realism with absolute actualism because they are irrelevant to each other. Among the three combinations, the third one seems to be advantageous in the sense that it could overcome the problems that exist with the other two alternatives. We will see what problems there are with the first two alternatives. Then we try to analyze how the problems are to be overcome.

3. Modality analyzed

All that can be seen from the metaphysical cartography of modality is about mode of existence and state of being. As to mode of existence, the question that will be asked is what it is for a thing to exist as it does. What state of being means can be pictured as the way a thing is as it is. Modal property can be ascribed to a mode of existence, it can also be ascribed to a state of being. Ascription of modal property to a mode of existence is not independent from ascription of modal property to a state of being since existence and being are closely related to each other as being constitutive of reality. However, this is somewhat ignored in the first two combinations (i. e., extreme realism with relative actualism and moderate realism with absolute actualism).

When extreme modal realism is combined with relative actualism, a mode of existence relative to which a thing is actual is ascribed a modal property. Suppose a mode of existence is contingent in the sense that not all possible worlds are specified as required for a thing to exist. What is actual about this thing will be contingent along with its contingent existence. What is actual about McCain—he lost the election—is a contingent fact. He might have won the election. But that is a different actual fact about McCain which is associated with a different mode of existence. What seems puzzling is how to account for the fact that a certain person exists contingently: McCain differs from world to world. The trick is that there is a trade-off between an account of existence and an account of being. The emphasis is laid on McCain's mode of existence rather than on his state of being a certain way when it comes to what it is that McCain exists.

Admittedly, there is something substantive about McCain that makes him what he is. This seemingly essential fact that McCain is what he is does not seem to be susceptible to metaphysical contingency. No matter how it is that McCain exists, he is what he is. An account of his contingent existence cannot admit of any doubt about the fact that he is what he is. In general, what is claimed about mode of existence is possible only if there is some assumption of state of being. This is question-begging for a full account of modality since it trivializes what is taken to be a state of being.

On the other hand, the combination of moderate modal realism and absolute actualism poses a different sort of problem. A thing is whatever it is, but there is some contingent fact about what it is. As to the contingent fact, it is claimed that what a thing is in one possible world does not obtain in a different possible world. Although the way a thing is differs from world to world, there is a certain way for a thing to be what it is. This is so because the way possible worlds are distinguished is determined once for all. That gives us a sense of what it is for a thing to be actual: it is an absolute conception of actuality. The absolute conception of actuality is not argued but presumed to be true, only for the purpose of an account of state of being—an account of what it is for a thing to be a certain way it is.

A proposition about McCain—McCain lost the election—is true in one possible world, but it is false in a different possible world in which a different proposition—McCain won the election—is true. However, for everything that *actually* happened to McCain, it is true that he lost the election and it is also true that he might have won the election given some counterfactual fact. McCain's state of being a certain way is to be accounted for on pain of the lack of an argument for what it is for him to be absolutely actual—an argument that would be given with an account of mode of existence.

As far as the discussion goes with the first two combinations, it seems that mode of existence and state of being cannot be both accounted for in a single theory. When one is given an account in a theory, the other would be kept unargued. This is inadequate for a full account of modality.

The third combination is of moderate modal realism and relative actualism. This is similar to the second combination in that a way a thing is differs from world to world but it is not unlike the first combination in the sense that what is actual is relatively defined rather than absolutely determined. However, in this case, what is actual is about the state of a thing being a certain way that is represented with a possible world in which a proposition has a certain content it has.

We have seen that the proposition that McCain lost the election is true in one possible world but false in the other possible world. That the proposition has the modal content it has is not due to the fact that possible words are distinguished in a certain way but to the fact that the proposition is assigned a truth value in the possible world that *happens to* be designated in a certain way. It is not the case that there is a unique possible world in which the proposition could be assigned a truth value. Other possible worlds could be the candidate worlds in which the proposition is assigned a certain truth value. The world in which an assignment function is determined for a proposition is the world that is claimed to be actual no matter which world it is.

Suppose we live in a world in which the proposition that McCain lost the election is false. It is equally possible for the proposition to have a certain modal content since the fact that the proposition is false is not anchored to a unique possible world. In other words, there *happens to* be a possible world in which the proposition is false. However, a supposition like this does not commit us to an extreme realist conception of possible worlds. Among all possible worlds, there is one single possible world in which a proposition is assigned a truth value. Other possible worlds are not eligible for the assignment because they are not real. They are needed only for an account of how it is that a proposition has a certain content it has.

It is clear that what is modal is not about propositional content but about the way a certain propositional content is determined—the modal status of a proposition. It is important to separate propositional content from propositional modality. The former is given by Tarskian semantics while the latter is interpreted in the light of possible-world semantics. However, when possible worlds are understood to represent states of being at which a proposition is to be attributed a certain truth value, it is not impossible to combine interpretation of propositional modality with construal of propositional content①. A detailed elaboration of this will be done in Section 4. Anyhow, it is certain that the theory of propositional content is closely related to the theory of propositional modality. This offers a way to understand how it is

① The formal work in this connection is developed in Stalnaker (1994).

possible to construct a full account of proposition.

A full account of proposition does not only give a construal of propositional content but also offers an interpretation of how a proposition has a certain content it has. In the process of explaining how it is that a proposition has a certain content it has, a theory of propositional modality is incorporated into the full account of proposition. A full account of proposition is what is required for a complete theory of modality, a theory that consists of an extensional theory and a modal theory. Therefore, the third combination is a promising alternative in providing a framework of a complete theory of modality.

4. Metaphysical understanding of the first person

It is time to return to the problem of the first person. We will see how the problem is to be given a metaphysical understanding. In Section 1, we reviewed two arguments that concern two aspects of the problem: the first-person existence and the first-person state of being. Nagel emphasized the former while Stalnaker stressed the latter. In their arguments, when an account of one aspect of the problem is given, the other aspect of the problem will be kept unargued. The problem with Nagel's account is about what objective self in nature is; the problem with Stalnaker's theory is concerned with how the subject exists as it does in the actual world. Coincidentally, this is corresponding to the first two combinations discussed in Section 3. So the analysis of modality in Section 2 and 3 could provide a metaphysical understanding of the first person problem that was discussed in Section 1. It is not just to deepen the understanding of the problem but also to indicate a way the solution goes.

It might be too presumptive to impose a certain metaphysical standpoint on a philosopher, but it is not unreasonable to infer that Nagel's account of objective self commits him to a certain metaphysical doctrine. In this context, it is claimed that the metaphysical doctrine is the combination of extreme modal realism with relative actualism. As is discussed in Section 3, when extreme modal realism is combined with relative actualism, modal existence is given an account but modal state of being is left unargued. That a thing exists is represented with a possible world that is qualitatively specified in some way. It can also be represented with a possible world that is qualitatively specified in a different way. Hence comes contingent existence. However, the argument cannot be made possible unless there is an assumption of what it is for a thing to be a way it is. There is a case of contingent existence of a person regardless of what the person in nature is, which is due to the fact that the person inhabits different possible worlds that are qualitatively specified. It is in this sense that Nagel's notion of objective self is to be construed: objective self has a contingent mode of existence in that it occupies different particular persons in the objective world no matter what objective self is understood to be.

There is something actual about a thing that is claimed to be relative to a mode of existence of that thing in a possible world. It is virtually a property that is to be instantiated by a particular mode of existence. When it is said that objective self views the world through TN, it is to say that objective self exists as TN. In this case, what seems to be actual about objective self is relative to TN, a particular person in the objective world. TN is an instance of what objective self is actually to be. As a matter of fact, objective self is to be instantiated by any actual person in the objective world. But no matter how exhaustively objective self is to be instantiated in the actual world, it remains unknown what objective self is. It is not a question that is to be answered but a question that is presumed to have been settled. This results from the commitment to a metaphysical standpoint of extreme modal realism and relative actualism.

In comparison, Stalnaker's metaphysical belief seems to be more explicit in this case. His insistence on moderate modal realism and absolute actualism[①] is evidently seen in his philosophical writings[②]. One of his great achievements is elucidation of propositional content with the possible-world apparatus. On his view, a proposition is taken to be a function from possible worlds into truth values. Possible worlds are understood to be ways things are in various circumstances. Given certain circumstances, there is a certain way a thing is in which possible worlds are distinguished accordingly as whether what that thing is obtains or not. Thus, what a thing is can be modeled as a set of possible worlds in which that thing has a property it has. In talking about what a thing is, there is nothing said about how it is that the thing exists except that it exists in the actual world. A proposition that I am TN is true in the possible worlds where the subject exists and says what she says no matter which mode of existence the subject is to have in those possible worlds. In fact, there is no concern with a mode of existence in an account of propositional content. In Stalnaker's account of contextual content, all it is needed for a first-person statement to be correctly made is to find out where in the possible world the subject is located with no regard to the subject's mode of existence.

---

① This is Lewis's label for Stalnaker's conception of actuality.

② See Stalnaker (1984, 1987).

However, what is required to find out where in the world the subject is located is nothing but to make clear how it is that the subject exists as it does in a possible world. This is the problem of modal existence, which cannot be accommodated in Stalnaker's account of propositional content. The reason is that an absolute actualist picture of reality as embraced by Stalnaker does not allow counteractual① thinking that is employed to elucidate modal existence. On absolute actualism, there is nothing that is beyond what is actual. What is actual is determined in a way in which possible worlds are distinguished. The way possible worlds are distinguished is fixed with a given proposition. The proposition that I am TN distinguishes among possible worlds to the effect that all there is to reality as it is in itself is about the fact that I am TN. The fact that I am TN is to be represented with a set of possible worlds that are centered on TN②. This is wrong in two ways: first, the possible world is not a concrete entity that could be geometrically measured; second, the set of possible worlds are to be distinguished accordingly as what things are supposedly to be in a possible world rather than to be determined in a way things turn out to be *simpliciter*.

The diagnosis leads us to the metaphysical standpoint that combines moderate modal realism with relative actualism. A possible world is not a concrete entity that is qualitatively specified but a way things are. To say there is a possible world that is centered on a thing is no more than to say there is a way for a thing to be what it is—to have a state of being. On Stalnaker's account of contextual content, the subject is essentially tied to the context in which a first-person statement is made. This amounts to saying that the way in which a first-person statement is made provides a state of being for the subject. But what state of being the subject is actually to have varies from occasion to occasion. When TN makes the first-person statement, the subject is TN; when RS makes the first-person statement, the subject is RS. So the subject's state of being is relative to the specific way in which a first-person statement is made. There is no absolute determination of a state of being for a subject.

It is advisable to take a relative actualist standpoint to account for what it is for a thing to have a certain state of being. In order to determine the state of being for a thing, it is needed to specify a particular way the thing is said to be, which is to consider a possible world that is used to represent the way

---

① This term comes from Yablo (2002).

② The notion of centered world is three-way ambiguous: for an extreme realist, it is a real world with a real center; for a moderate realist, it is a way of specifying what a thing is in itself; for Quine, it is an ordered triple of a possible world, an individual in the domain of the world, and a time [See Stalnaker (2003), p. 205]. The third one is a formal device in semantics that is irrelevant to the substantive content about this notion.

a thing is supposed to be. Depending on the specification of a possible world according to which the truth of a statement is determined, an account of what it is that the statement has a content it has will be offered, which is, in nature, to specify the state of being that a thing is to have.

There is a possible world that represents the way in which the statement that I am TN is true. This is done through considering what a possible world might be like in order for the statement to be true. What is needed for such a consideration is to construct Tarskian semantics to find out the satisfaction condition for the truth of the statement. The statement that I am TN is true if and only if an assignment function is determined to give an individual that is to satisfy what is to be TN. But the assignment is complicated in that what is in the discourse domain varies accordingly as what context the statement is made in. As an indexical, what the first-person pronoun means is interpreted as a function of something that is closely related to the utterance context. This does not mean that the individual assigned is contextually dependent but that the individual existence is contextually specified. When TN made the statement, the statement is true not because he is the person that is contextually given but because he is the person whose existence constitutes what a specific context is.

In order to say what it is that the statement I am TN is true, we need to specify a possible world that represents a person in the way in which the person has a role to play in truth attribution of the statement. In this case, a possible world is not treated as an index to form an intensional entity but functions to provide a representation for the semantic value to be assigned to a term in a sentence. As a matter of fact, what a possible world provides is an instance of what constitutes the semantic value of a term. This makes it possible to interpret a term by possible worlds that provide what is needed to instantiate the semantic content it has. Then, the first-person pronoun can be interpreted with a set of possible worlds that provide particular persons for particular first-person statements.

In general, it is claimed that what a Tarskian sequence gives is not a set of logically abstract individuals but rather a set of possible worlds that represent various ways things are actually to be. There might be a worry that this will bring about an ontological burden to explain away what possible worlds are. However, since a moderate modal realist standpoint is taken in this context, this does not constitute a great challenge. To repeat, possible worlds are nothing but ways a thing is under various circumstances. Kripke suggested that a possible world be better termed as a 'possible state (or history) of the world'① . According

① Kripke (1980), p. 15.

to Kripke, among all possible states (or histories) of the world, only one state (or history) is said to be what the actual world is, although other possible states (or histories) are equally probable to turn out to be actualized①. This is undoubtedly a standpoint of moderate modal realism and relative actualism.

So, when a metaphysical standpoint is taken in line with moderate modal realism and relative actualism, the problem of the first person would be given a different understanding, which is claimed to be a promising approach to addressing the problem. The problem, as formulated by Nagel, is what it is I am a particular person I am. It is that there is a certain state of being for the subject to have which is specified relative to a specific person who is asserted to have the property of being me. The property of being me is what is meant for the subject to have a state of being. To say that a subject has a certain state of being it has is to say that the subject is a certain way it is, which could be represented with a possible world that gives a specification of what it is like for there to be a particular person. There is no absolute sense in which a possible world is to be specified as supposed to be. A possible world is specifiable depending on there being a particular person. But this does not require a weighty metaphysical theory to account for what it is for there to be a particular person. Stalnaker told us that, just as there is no need to assume that past exists in giving a semantic account of past tense, there is no need to assume that particular persons exist in giving an account of possible-world representation②.

The key point to this approach to the problem of the first person lies in elucidation of the notion of state of being. First, state of being is to be separated from mode of existence. Mode of existence is used to give a qualitative specification about how it is that a thing exists. But state of being is to give an abstract characterization of what it is that a thing is a way it is. Second, state of being, as a property of what is to be actual, is not to be determined in an absolute sense but relative to the specific way of being instantiated. There is no absolute state of being but a state of being of a particular thing in the world. Third, state of being is not to be formalized as a semantic value assigned to an intensional expression. It is a property that belongs to the category of what Lewis called natural property. It, in fact, is an exemplary case of natural property③.

Correspondingly, the first person, as a state of being, is to be understood as follows. First, it is

① This understanding is derived from Kripke's illustration of what possible world is with an example of dice casting.

② Stalnaker (2003), p. 29.

③ That state of being is defined relative to a specific way of instantiation does not preclude it from being a natural property because what is essentially a state of being is not changeable from world to world.

not a special perspective that is taken by objective self to see the centerless world. It is rather a state of being that any particular person is to have in the actual world. Second, it is not to be determined in a way in which a subject is essentially tied to a certain context. It is presented with a specific subject that makes for what a concrete context is. Third, it functions as a semantic value to be assigned to the first-person pronoun that is treated as a predicate in a logic form. The sentence, I am TN, is interpreted as a predication of TN that he has a property of being me.

5. Conclusion

The problem of the first person is controversial because the discussions that have been done go astray with different metaphysical assumptions. This is clearly seen in a metaphysical cartography of modality that is elaborated in Sections 2 and 3. When extreme modal realism is combined with relative actualism, it gives an account of mode of existence. When moderate modal realism is combined with absolute actualism, it gives an account of state of being. However, this account of state of being is contrasted with another account of state of being that arises from the combination of moderate modal realism and relative actualism in that the former is an absolute account of state of being while the latter is a relative account of state of being.

It is argued that a relative account of state of being is what is needed to account for what is meaningfully asked about the problem of the first person. The first person is understood to be a state of being that is relatively defined with a specific instantiation that is given by a particular person who makes a first-person statement. So long as the predicational problem① of the first person—the problem of what can be said about the first person— is made clear, a meaningful philosophical discussion will get off.

References

[1] Chalmers, D., 1996, *The Conscious Mind*, Oxford: Oxford University Press.

[2] Kaplan, D., 1989, "Demonstratives", in J. Almog, J. Perry, and H. Wettstein, eds., *Themes from*

① Quine set up two tasks for a philosophical project: the problem of what it means for there to be something, which is an ontological problem, and the problem of what can be meaningfully asked about what there is, which is a predicational problem (a label given by Quine in an interview with Bryan McGee).

Kaplan, New York: Oxford University Press, pp. 481 –564.

[3] King, J. , 2001, *Complex Demonstratives*, Cambridge, Mass, MIT Press.

[4] Kripke, S. , 1980, *Naming and Necessity*, Cambridge, Mass, Harvard University Press.

[5] Lewis, D. , 1968, "Counterpart Theory and Quantified Modal Logic", *Journal of Philosophy* 65, pp. 113 –26.

—— 1986, *On the Plurality of Worlds*, Oxford: Basil Blackwell, .

[6] Loux, M. , ed. , 1979, *The Possible and the Actual: Readings in the Metaphysics of Modality*, Ithaca: Cornell University Press.

[7] Nagel, T. , 1983, "The Objective Self", in C. Ginet and S. Shoemaker, eds. , *Knowledge and Mind*, Oxford: Oxford University Press, pp. 211 –32.

——1986, *The View from Nowhere*, Oxford: Oxford University Press, .

[8] Peacocke, C. , 1989, "No Resting Place: a Critical Notice of *The View from Nowhere*, by Thomas Nagel", *The Philosophical Review* 98: pp. 65 –82.

[9] Plantinga, A. , 1976, "Actualism and Possible Worlds", in Loux, 1979, pp. 253 –73.

[10] Quine, W. V. , 1969, "Propositional Objects", in Quine, *Ontological Relativity and Other Essays*, New York: Columbia University Press.

[11] Shoemaker, S. , 1996, *The First Person Perspective and Other Essays*, Cambridge: Cambridge University Press.

[12] Stalnaker, R. , 1978, "Assertion", in Stalnaker (1999), pp. 78 –95.

——1984, *Inquiry*, Cambridge, Mass: MIT Press.

——1987, "Counterparts and Identity", in Stalnaker (2003), pp. 111 –32.

——1994, "The Interaction of Modality with Quantification and Identity", in Stalnaker (2003), pp. 144 –62.

——1996, "On What Possible Worlds Could Not Be", in Stalnaker (2003), pp. 40 –54.

——1997, "Reference and Necessity", in Stalnaker (2003), pp. 165 –87.

——1999, *Context and Content* (Oxford: Oxford University Press).

——2003*a*, *Ways a World Might Be*, Oxford: Clarendon Press.

——2003*b*, "Conceptual Truth and Metaphysical Necessity", in Stalnaker (2003), pp. 201 –16, .

——2003*c*, "On Thomas Nagel's Objective Self", in Stalnaker (2003), pp. 253 –75.

[13] Yablo, S. , 2002, . "Coulda, Woulda, Shoulda", in T. Gendler and J. Hawthorne (eds), *Imagination, Conceivability, and Possibility*, Oxford: Oxford University Press, pp. 441 –92.

理解第一人称

周允程
清华大学

摘　要：本文主要讨论关于第一人称的形而上学问题，思考在何种意义上我们可以探讨第一人称的存在方式。文章首先围绕内格尔关于第一人称问题的提出以及斯托尔内克对此的驳斥展开评述。为了在形而上的层面上厘清有关讨论，本文接着富于创见地描绘了一个关于模态的各种理解的形而上学图解。最后，在这样的一个形而上学分析框架下，达到对第一人称的本质理解。第一人称可以理解为所是之态，该状态的界定是相对于作出第一人称陈述的人在特定语境下的例示给出的。

关键词：第一人称；模态；存在模式；所是之态

道德哲学

Contractualism, Consequentialism and the Demands of Morality*

◎ **Xiangdong Xu**

Peking University

Abstract: In contemporary normative ethics, how to understand the nature and limits of moral demands has been a central issue. It is said that utilitarianism, or more generally, consequentialism, asks us too much. This kind of moral theories is thereby severely criticized and attacked. By contrast, the proponents of contractualism in moral philosophy have argued that contractualism constitutes a genuine alternative to utilitarianism or consequentialism on two related reasons. First, they claim that contractualism provides the best possible treatment of fairness which utilitarianism or consequentialism will necessarily lead to deny in virtue of its structural features. Second, they claim that contractualism realizes the ideal of a moderate morality when compared with the 'fact' that utilitarianism or consequentialism demands us too much. The aim of this paper is to show that the claims are both mistaken. They are mistaken on two main reasons. In the first place, they are based on some misleading understanding of moral rightness. In the second place, the critique which contractualists address of consequentialism turns out to be ill-founded. More specifically, I shall show that not only does contractualism not have an independent conceptual resource to deal with the issue of moral rightness, but also its analysis of what is right to do is crucially dependent upon a consequentialist conception of moral rightness.

Keywords: Contractualism; consequentialism; moral rightness; fairness; reasonable rejection; non-ideal world

---

* This paper was finished on 20 November, 2000 at Columbia University as an independent research paper, and thus far no revision has been made of it because I believe that most of what I have said in the paper are still sound. Thanks are to be given to Philip Pettit and Thomas Pogge for their helpful discussions with me on this and relevant topics.

The proponents of contractualism have argued that contractualism provides or constitutes a genuine alternative to utilitarianism or consequentialism on two related reasons. First, they claim that contractualism provides the best possible treatment of fairness which utilitarianism or consequentialism will necessarily lead to deny in virtue of its structural features. ① Second, they claim that contractualism realizes the ideal of a moderate morality when compared with the 'fact' that utilitarianism or consequentialism demands us too much. ② The aim of this paper is to show that the claims are both mistaken. They are mistaken on two main reasons. In the first place, they are based on some misleading understanding of moral rightness. In the second place, the critique which contractualists address of consequentialism turns out to be ill-founded. More specifically, I shall show that not only does contractualism not have an independent conceptual resource to deal with the issue of moral rightness, but also its analysis of what is right to do is crucially dependent upon a consequentialist understanding of moral rightness.

Of course, this paper is not aimed to refute contractualism as such. Its goal is more moderate: it is to show that, while there is no single moral theory that fully captures the complexity and variety of our moral thinking and moral practice, consequentialism may be, by contrast, more desirable than any other moral theory we have had thus far. But the advantages of consequentialism are not adequately manifested unless we associate it with an analysis of the nature of morality and the end of moral lives. Such an analysis is, in my view, best done by making a comparative investigation between consequentialism and contractualism. In the essay, I will especially rest on Thomas Scanlon's recent formulation of contractualism mainly because it is the most fully developed and powerful version of contractualism we have had thus far. ③ If contractualism is of any plausibility, then it is most plausi-

---

① Since Rawls, to overcome the 'utilitarian alienation' of persons has been a principled motivation for some theorists to pursue a contractualist approach to morality in general and moral demands in particular, although some theorists actually direct their target to all impartial moralities (Kantian morality included) in addressing this kind of objections to utilitarianism. See, for example, Bernard Williams, "Persons, Character and Morality", in Williams (1981), *Moral Luck* (Cambridge: Cambridge University Press), pp. 1 – 19.

② For a recent argument for a claim of this kind by especially associating contractualism to common sense morality, see Rahul Kumar (2000), "Defending the Moral Moderate: Contractualism and Common Sense," *Philosophy and Public Affairs* 28 (4): 275 – 309.

③ Thomas Scanlon (1998), *What We Owe to Each Other* (Cambridge, MA: Harvard University Press). Page numbers appearing in the text will be referred to this book.

ble in the form Scanlon articulates it. ①

This paper is then divided into four parts. In the first section, I discuss Scanlon's understanding of moral rightness, and on the basis of that discussion I show why Scanlon's notion of moral rightness is best seen as specifying a decision procedure rather than defining moral rightness as such. In the second section, I extend my discussion to an account of Scanlon's motivation for advancing contractualism by associating it to some issues about agency and consequentialism. I argue that Scanlon's account of reasonable rejection a principle does not actually make his contractualism fare better than a sensible consequentialism. I shall further argue for the thesis in the third section by specifically focusing on Scanlon's approach to aggregation and fairness. In the final section, I give a brief discussion of the nature and aim of morality in a view to showing why it is wrong to hold that contractualism realizes the ideal of a moderate morality in virtue of its structural features.

1. MORAL RIGHTNESS AND REASONABLE REJECTION

It is often said that what distinctively characterizes contractualism is the notion of fairness. In our time, contractualism is advocated and developed mainly as an alternative to utilitarianism or consequentialism on the recognition that the latter is said to seriously ignore the separateness of persons. ② Contractualism is said to achieve the ideal of personal separateness by adopting the liberal idea that

---

① This point should be evident so long as we compare Scanlon's contractualism with other attempts to construct a moral theory on the basis of the idea of contract, for instance, the one advanced by David Gauthier (David Gauthier, *Morals by Agreement*, Oxford: Clarendon Press, 1986). At least from the viewpoint of commonsense morality, it is obviously improper to construe moral norms mere as constraining norms of rational self-interests. By contrast, in Scanlon's moral contractualism, reasons which can be used to reject a proposed principle are not merely limited to rational self-interested reasons. For a further critique of the Hobbesian moral Contractarianism, see Xu Xiangdong, *The Self, Others and Morality* (Beijing: Commercial Press, 2007), pp. 484 – 494.

② The difference between contractualism and consequentialism is sometimes, typically as in John Rawls, characterized as the one between a distributive conception of impartiality and an aggregative conception of impartiality. But how the ideal of separateness is to be understood and achieved, as will be seen, is strongly controversial. Let alone, it is not generally true that consequentialism cannot in principle accommodate the issue of fairness. See, for example, articles by T. M. Scanlon, Peter Railton and Amartya Sen in *Consequentialism and Its Critics* (Oxford: Oxford University Press). Philip Pettit's clarification of consequentialism and related concepts is especially helpful in "The Consequentialist Perspective", in *Three Methods of Ethics* (Oxford: Blackwell), pp. 92 – 174.

the legitimacy of social rules and institutions depends on their being freely and publicly acceptable to all individuals bound by them. This is why contractualism is so called.

In general, contractualism can be divided into two main forms: interest-based and right-based. ① What is common to them is the idea that social cooperation should be for mutual advantage. But they differ in their characterization of the idea of reciprocity. Interest-based views attempt to ground morality in individuals' antecedent desires and interests, which are seen as definable without reference to any moral notion. This form of contractualism is aimed to show that moral principles are among the rational percepts necessary to promote one's prior and independent ends. Its task is to show that, from among several modes of cooperation that might appear to be mutually advantageous when compared to the status quo or a non-cooperative baseline, there is a unique set of institutions which will ensure cooperation on stable terms and which is acceptable to everyone. By contrast, right-based contractualism is characterized by the idea that that principle of rights and justice cannot be accounted for without appeal to certain irreducible moral notions. This form of contractualism thinks of the idea of social cooperation as having, in addition to a conception of each individual's rational good, an independent moral component. Thus, to say that a social contract view is right-based is not (merely) to say that it bases the agreement on an assumption of prior individual rights. Instead it also ascribes persons a basic interest defined in moral or social terms. Thus, while interest-based views define social relations as a rational compromise among conflicting interests, right-based views holds that what we have reason to do in our social and political relations are not uniquely determined by what it is rational to do to promote our prior and independent ends.

Scanlon's contractualism is right-based as well as Rawls'. What most centrally occupies Scanlon's contractualism is the question of what makes a principle for action right. But Scanlon characterizes moral rightness essentially in a negative way, that is, by defining "right" as "not wrong." For Scanlon, "an act is wrong if its performance under the circumstances would be disallowed by any set of principles for the general regulation of behavior that no one could reasonably reject as a basis for informed, unforced general agreement" (p. 153). This makes it clear that Scanlon's conception of morality is mainly negative. Morality is concerned only with what we *owe* to each other, not even what we

① For a detailed account of the distinction, see Samuel Freeman (1990), "Reason and Agreement in Social Contract Views", *Philosophy and Public Affairs* 19 (2): 122 – 157.

ought to do for others. Let alone, our relations of the rest of the world are not included in the contractualist notion of morality. The characterization of morality may be what makes a contractualist morality "moderate". However, as I shall show, it is also that which makes extremely problematic the claim that contractualism provides a genuine alternative to consequentialism.

How to understand the notion of wrong is central to Scanlon's contractualism. In this regard, Scanlon has claimed that his understanding of that notion is derived from our intuitions about what it is to be a morally wrong act. ① There is no problem that in our ordinary intuition, the wrong of an action is importantly related to the idea that there are reasons to disallow it. But the question is whether the *rightness* of an action must then *irreducibly* consist in the fact that no one can reasonably reject the principle that issues that action. The question is especially relevant to the tenability of Scanlon's contractualism on two reasons. First, while it is phenomenologically true that our disapproval of an action is characteristic of its wrongness, it is also in our moral intuitions that we disapprove of an action in virtue of something else. If we all disapprove of an action, it is most possibly because we all respond to the disvalue of the action. Thus, it seems that there must be something that ground our reasonable rejection of an action when we unanimously assert that it is wrong. Second, Scanlon identifies two kinds of approach to moral rightness—the formal and the substantive—and quite explicitly claims that the contractualist approach he is advancing is substantive rather than formal. A substantive approach distinguishes itself from a formal one because, according to Scanlon, it treats moral agents as having a substantive end in mind. Therefore, even if Scanlon's characterization of moral rightness is, as I shall show in a moment, explicitly modeled on a Kantian formula of universalizability, he claims that the contractualist approach is nevertheless different from the Kantian one. ② But it is the ascription of a substantive aim to moral agents in the Scanlon's procedure of reasonable rejection, I shall show, that makes the status of Scanlon's contractualism become extremely dubious.

---

① See especially Scanlon (1998), passim, pp. 152 – 158.

② The difference, according to Scanlon, lies in the fact that reasons on which a given principle can be reasonably rejected are not located in Kant's considerations of autonomy which Kant regards as a priori. Scanlon thinks of his account of right and wrong as heteronomous in Kantian sense on the following reason: "While Kant sought to explain the special authority of moral requirements by showing how they are grounded in conditions of our rational agency, I try to explain the distinctive importance and authority of the requirements of justifiability to others by showing how other aspects of our lives and our relations with others involve this idea" (p. 6). However, as I shall show, the claimed difference is shadowed by their substantive similarities.

To illustrate this point, it will be convenient and helpful to call our attention to two main differences between Rawls' contractualism and Scanlon's one. In the first place, whereas Rawls supposes that his contractualism is aimed to work out principles that command our evaluation of basic social institutions, Scanlon assumes that his contractualism is directly applied to choice of individuals. For Rawls, the establishment of the principles that are to be applied to assess social institutions is subject to obviously moral considerations, and the reasons that ground the Rawlsian agreement cannot be reduced to what rationally promotes each individual's antecedent concerns. ① Thus, Rawls' contractualism is not damaged at all if the principles devoted to evaluating social institutions are themselves morally backed or driven. But this will be a problem for Scanlon's contractualism if he explicitly thinks of his contractualism as both explaining the motivation for morality and shaping the content of morality. ② In the second place, Scanlon's contractualism completely gives up the notion of the veil of ignorance, which is central to Rawls' contractualism. The parties in Scanlon's contractualism are explicitly aware of their full identities and their own interests as well. But if the parties are not motivated by any self-interested consideration even when they have been fully aware of their identities, then what distinctively characterizes them is nothing but "the aim of finding principles that others, similarly motivated, could not reasonably reject" (p. 5). This, however, raises the question: in what sense is

---

① Here it is worth pointing out that it is a misunderstanding of Rawls' contractualism to hold that the two basic principles of Rawls' contractualism are chosen from what Rawls calls the "original position", which is a kind of contractualist procedure. Rational choice does not generate the two principles. Instead, in order to derive them, we must import some morally driven baseline into the original position. See Brian Barry (1989), *Theories of Justice* (Berkeley: The University of California Press), pp. 213 – 234, 330 – 339, and (1995), *Justice as Impartiality* (Oxford: Clarendon), pp. 51 – 69. For Rawls' own acknowledgement of the need for introducing substantive moral considerations into the original position, see John Rawls (1971), *A Theory of Justice* (Cambridge, MA: Harvard University Press), pp. 145, 176ff. In addition, for a relevant account of why bargaining under uncertain conditions leads to the version of utilitarianism that maximizes average utility, not to Rawls' version of contractualism that has the difference principle as a component of it, see John Harsanyi (1977), *Rational Behavior and Bargaining Equilibrium in Game and Social Situations* (Cambridge: Cambridge University Press).

② According to Scanlon, the reasons that guide our thinking about right and wrong are also the reasons that motivate us to act in a certain way. For both of them "follow from the same more general reason: the reason we have to live with others on terms that they could not reasonably reject insofar as they are also motivated by this ideal" (p. 154).

Scanlon's contractualism actually a version of contractualism. ①

Scanlon's contractualism is specifically concerned with an account of rightness. When Scanlon assumes that the parties to his contract procedure have been accorded the wish to justify one's actions to others on reasons or terms they cannot reasonably reject, he is assuming a normative fact. Scanlon does not give us an account of one can have such a desire in question. The question cannot be answered only by saying "because one cares about the legitimacy of one's actions in the eyes of others," for it obviously begs the question. The fact that one cares about the justifiability of one's actions to others has at least suggested that one takes others' points of view to be as important as, if not more important than, one's own. If one simply had had the awareness, it would be plausible to view him or her as already morally motivated. The awareness of the legitimacy of one's actions is a properly moral one. But if it turns out to be the case, how can Scanlon claim that the justifiability of an action to others determines or constitutes its moral rightness? For it is more likely that an action is justifiable to others since they have reasons to accept it. The reasons must be metaphysically prior to the notion of justifiability. This gives us some reason to doubt that some circularity is involved in Scanlon's approach to moral rightness, as Scanlon himself is aware (p. 169):

> Even with this qualification [i. e., that we regard justification as hypothetical rather than actual] in mind, however, justifiability may seem at best secondary. What is primary, it might be said, is the value of people's lives, or the moral legitimacy of their claims. It is these that determine whether an action is justifiable. To say that a moral person cares about the justifiability of his or her actions to others is at best a roundabout way of saying that such a person is concerned to act in a way that is responsive to the value of others' lives and to their moral claims.

---

① The same question could have been addressed to Rawls on the ground that once the parties in the Rawlsian original position must conceive of the reasons to be employed in that position in terms of the notion of persons as free and equal, there would probably no room for a different kind of contract or agreement. See David Gauthier, "The Social Contract as Ideology" and "Bargaining and Justice", both reprinted in Gauthier (1990), *Moral Dealings* (Ithaca: Cornell University Press), pp. 325 – 254, 187 – 208. Jean Hampton (1980), "Contracts and Choices: Does Rawls Have a Social Contract Theory?" *Journal of Philosophy* 77: 315 – 38. But it seems to me that the question would dissolve once we notice that Rawls' contractualism is aimed to establish the principles of justice that are to be applied to the evaluations of basic social institutions rather than moral principles as such. Yet the question still exists for Scanlon's contractualism because of the reasons I shall give in what follows.

To say that the idea of justifiability is secondary is of course not to say that it plays no role in moral deliberation. There is no problem that we can regard that idea as itself morally important. That is to say, taking one's actions to be justifiable to others has in itself a substantive moral importance, which may go beyond what can be expressed by or in such an action of justification. For example, it may express the ideal of mutual respect, which is obviously morally valuable. Thus, having an intention to justify one's actions to others may embody one's respect for others, even if one does not actually need to justify one's actions to others. ① However, it seems to me that what Scanlon calls the weak challenge does constitute a genuine challenge to his theory. The challenge "accepts the idea of justifiability to others is an important component in moral motivation but claims that there is a standard of rightness that is prior to this notion of justifiability, and that an action is justifiable in the relevant sense just in case it is right" (pp. 169 – 170).

In my view, there are two reasons why we must regard the justifiability of an action *to others* as consisting in something else. In the first place, Scanlon takes the desire to justify one's actions to others for granted, which nevertheless calls for an explanation if Scanlon's contractualism is supposed to give a definition of moral rightness as such. In the second place, if the basic desire, as we may call it from now on, to justify one's actions to others, is simply presupposed, then Scanlon's contractualism is best thought to function at some less fundamental level. That is to say, given some particular circumstance, contractualism is aimed to work out certain concrete principles of action that are specifically applied to the circumstance. In the sense, the justifiability to others does, as it were, specify the rightness of an action of some kind. But its doing so is based on some grounding moral reasons. We may then characterize Scanlon's contractualism by saying that the parties to the procedure of reasonable rejection aim to find out principles, which, given their desire to justify their actions to one another, none of them can reasonably reject, on the basis of (1) certain given moral principles and moral considerations, and (2) their claims and expectations to one another. Thus, if Scanlon's contractualism is true, it is most likely to be true at the level at which some specific principle is to be worked out by moral deliberation. This should be especially clear from Scanlon's notion of justification and his account of the nature of reasons for rejection.

---

① For example, a person may believe that his actions are morally unobjectionable. But he may consult them with his parent so as to express his respect for them when he is making decisions.

In response to the objection that some circularity may be involved in his approach to rightness, Scanlon has argued that moral justification does not have to adopt a foundationalist strategy. Instead it can be, as Scanlon suggests, coherentist or holistic. This means that the judgment of whether a proposed principle can be reasonably rejected may involve some other moral considerations or moral principles, which must be seen as "fixed" when we access some given principle (p. 214). If moral justification is coherentist, then Scanlon avoids the charge of circularity. ① But he can eschew the charge only if he supposes that there is really something that figures in our judgment about the justifiability of action to one another. The reasons for rejecting a principle, in other words, may involve further moral reasons *we share*. For otherwise we would be unlikely to unanimously respond to our judgments about the moral rightness of an action. ② The co-responsiveness means that judgments about rightness are actually based on judgments about value. Rightness thus cannot be adequately characterized independent of and prior to our recognition of value.

The same point can be seen from Scanlon's analysis of the nature of reasons for rejection. These reasons are what Scanlon calls 'generic reasons', that is, reasons "we can see that people have in virtue of their situation, characterized in general terms" (p. 204). For example, if I have a reason to give my children a special concern which may not be accorded to other children, and if any person who occupies the same role as mine will also have such a reason, then the reason is a generic reason. Insofar as generic reasons characterize certain general characteristics that people have in virtue of their situations, they are in general agent-relative. Each of such reasons derives its force solely from the features that the subject has in virtue of the particular situation he is in. By seeing reasons for rejection as generic reasons, Scanlon holds that he can build some flexibility into his procedure of reasonable rejection, which may be lacking in consequentialism as well in some other versions of contractualism. In fact, as will be clear in the next section, taking reasons for rejection to be generic rea-

---

① Generally speaking, a coherentist theory of epistemic justification is indeed susceptible to the charge of circularity. It is not quite clear that the advocates of the theory such as Keith Lehrer can succeed in avoiding the charge. See, for example, Matthias Steup, *An Introduction to Contemporary Epistemology* (New Jersey: Prentice Hall, 1996), chapter 6.

② I am not claiming that reasons on which we accept or reject a principle must be those we have initially shared. To do justice to contractualism, we can assume that the contractualist procedure actually plays some role in the deliberation about the reasons we can finally share. But what is true is that this cannot be done in a moral vacuum.

sons reflects Scanlon's insistence on agency. But then it is also difficult to see how the justifiability to every other individual can be achieved on the basis of agent-relative reasons unless we suppose either that some moral considerations have figured in the procedure of reasonable rejection, or that generic reasons as reasons for rejection are themselves morally sensitive.

However, making these assumptions also makes Scanlon's proposal regarding how to solve the conflict between personal values and moral values become less convincing. Consider Scanlon's account of friendship. ① It is a requirement of friendship that we be moved to do things for a friend by the special affection and regard that we hold for him or her as a friend, not simply by consideration of a kind that we owe to everyone. Friendship is thus a prime example of a personal value that may conflict with the demands of impartial morality. But how do we understand that considerations of the right and wrong can take a priority whenever they conflict with personal values like friendship? According to Scanlon, we do this by recognizing that "the conception of friendship that we understand and have reason to value involves recognizing the moral claims if friends *qua* persons, hence the moral claims of non-friends as well." It follows that "no sacrifice of friendship is involved when I refused to violate the rights of strangers in order to help my friend" (p. 165). However, the solution Scanlon here conceives is completely a wishful one. First, even if friendship requires seeing friends as having a moral standing, for example, thinking of them as deserving respect *qua* persons, it is not at all clear that this will entail that the agent also *necessarily* sees others as having the standing he ascribes to a friend. Second, it is not clear either why it is *because* a person took friendship seriously that a person "refused to violate the rights of strangers" to help his friend. For in that case, not only has the extension I just mentioned about moral standing been *ex hypothesi* established, but also the value of friendship has ultimately become agent-neutral, contrary to Scanlon's initial views on friendship. We can of course explain why one can sacrifice friendship when sustaining it will certainly require doing greater evil to others. But the account is dependent on the fact that we regard every person as having equal moral standing, and it is not achieved by supposing implausibly that agent-relative values must be *a priori* sensitive to (and even to subordinate to) the requirements of impartial morality.

It is more plausible to hold that moral claims must be taken into account in reasonable rejection if it must meet the requirement of distributive justifiability, i. e., justifiable not to others as such but

---

① See Scanlon (1998), passim, pp. 161 – 166.

to every other individual. This is really the reason why what Scanlon employs is not the notion of *rational* rejection but the notion of *reasonable* rejection, although Scanlon does not so clearly explicate the distinction between the rational and the reasonable as Rawls has done. Roughly speaking, Scanlon holds that reasonableness involves consideration of others' standpoints or positions. Being reasonable is to think or behave in ways which "everyone will be happy with" (p. 33). 'Reasonableness' is then distinguished from 'rationality' by the fact that it is combined with consideration of others' points of view, interests, claims, and the like. ① This of course means that that notion is itself morally loaded.

Yet if it turns out to be the case, then the ideal of distributive justifiability is best viewed as specifying a procedure through which certain principles are to be established in relation to particular circumstances of action. The process of judging whether or not an action is distributively justifiable, as Scanlon himself recognizes, "involves seeing reason to exclude some considerations from the realm of relevant reasons (under certain conditions) just as it involves reasons for including others" (p. 156). But we cannot see some reasons as excluded and some other reasons as included unless we suppose that it is done from some shared point of view. In fact, as Scanlon himself makes it plain, we judge whether a proposed principle is likely to be rejected "by drawing on our understanding of why there should a moral constraint on actions of the kind in question (why principles that lefts us free to do as we liked in such situations are 'reasonably rejectable') and of the structure that constraint takes (in what way we can be asked to take the relevant interests into account" (p. 201). This means that, in order to judge whether or not a proposed principle can be reasonably rejected, we need to know, at the very least, that there are constraints on alternative courses of action, and that what constraints will be relevant to the moral permissibility of an action. Reasonable rejection is then best understood as a procedure or mechanism of deliberation through which such constraint satisfaction is to be reached among the individuals who have the basic desire to justify their actions to one another. But the fact that the very possibility of reasonable rejection turns on substantive moral reasons shows that it is never plausible to see moral rightness as first and foremost determined by the justifiability to oth-

---

① For Rawls, while both the rational and the reasonable mark the essential features of human agents, reasonableness is distinguished from rationality by the fact that reasonableness is a notion that is closely connected to the idea of fair cooperation and mutual reciprocity. A desire to form the terms of fair cooperation is then built in the notion of reasonableness. See John Rawls (1995), *Political Liberalism* (New York: Columbia University Press), pp. 48 – 54.

ers. The justifiability in question, as I previously indicated, lies in our common responsiveness to some value, or some ideal of life, or something like this. Thus, even if we need not deny that the justifiability itself expresses a moral value, the property of being justifiable to others must be a supervenient one, i. e., a property which an action has in virtue of some other features or properties of it. It is not that an action is morally right because it is reasonably justifiable. Instead the converse is true: an action is reasonably justified because it is what is morally right to do.

To see why it is plausible to construe the ideal of distributive justifiability as specifying or representing a democratic procedure of deliberation,① it is proper to compare it with the Kantian notion of the Categorical Imperative (CI). As Barbara Herman has neatly argued, the CI does not serve to specify moral rightness of an action because of two reasons. First, insofar as the CI formulates a form of universalizability test, Kant's moral agents do not come to invoke the CI to test the permissibility of the actions they want to do unless they are already aware that their actions are morally objectionable. Second, these agents also must have some kind of independent moral knowledge if they are to assess their actions by the CI procedure. ② For Scanlon, being moral is to make one's action fully justifiable in the sense that it is justifiable to everyone else involved. But the fact that the parties in Scanlon's contractualism has been a priori ascribed the desire to justify their actions to one another shows that they are prepared to appeal to moral considerations to judge which generic reasons are morally relevant and determine how to weigh them. Without such considerations figuring in reasonable rejection, no distributive justifiability can be reached on what Scanlon calls generic reasons.

2. WELL-BEING, AGENCY AND CONSEQUENTIALISM

Scanlon has taken the issue of moral rightness to be the central concern of his contractualism. However, if I am right, it is the issue that poses a serious challenge to the contractualism. The reason

---

① To call the procedure 'democratic', I am supposing that the participants in the procedure are like Rawlsian moral agents.

② Barbara Herman (1985), "The Practice of Moral Judgment", reprinted in Herman (1993), *The Practice of Moral Judgment* (Cambridge, MA: Harvard University Press), pp. 73 – 93.

is that the reverse is more likely to be true: instead of saying that the justifiability to others defines moral rightness, we say that moral rightness commands the justifiability in question. This is not to deny that reasonable dialogue between free and equal agents may help see whether we should adopt some principle or policy for action whose normative standing is not particularly clear before the dialogue. But such questions cannot be settled by any purely formal procedure. Obviously we must import certain moral considerations into such a procedure to judge whether our claims and expectations to one another are legitimate. In my view, this means that we must adopt a substantive rather than formal approach to the concept of moral rightness. Scanlon, of course, has declared his approach to be substantive. However, if Scanlon takes the basic desire to justify one's actions to others on terms they cannot reasonably reject to express the ideal of equal respect, he should have given some account of how the ideal is to be construed. If the plans of life we respectively rationally endorse can be in conflict when they are put into being, we must be able to say something about the resolution of conflict in terms of the idea of equal respect. A natural way to do this is by invoking the notion of well-being since our plans of life are normally related to our considerations of well-being. However, Scanlon has made it explicit that in deciding the reasonable rejectability of a principle, we should take into account not only the impacts of its adoption on well-being, but also other morally relevant or important factors like fairness and legitimate expectation between individuals. Scanlon's rejection of the idea of well-being as a "master" value can be taken to mean an insistence he places on agency itself. Sometimes a principle can be reasonably rejected if its general adoption will do injustice to some individuals, despite the fact that it promotes the general good in some sense.

This, we must acknowledge, is a quite plausible claim, a claim in virtue of which Scanlon has claimed his contractualism to be preferable to utilitarianism or consequentialism. But I suspect that Scanlon has gone so far as to implausibly reject the importance of (the notion of) well-being in ethics. For if reasonable rejection is based on agent-relative reasons, it is not clear how the ideal of distributive justifiability can be reached unless we assume that there are substantively agent-neutral reasons that govern our consideration and choice of relevant agent-relative reasons. Some of such reasons must be from our considerations of well-being. The point is that even if well-being, as Scanlon may have rightly argued, has no fixed or fixable boundaries, it does not follow that the idea of well-being can be dispensed with in ethical inquiry in particular and practical deliberation in general. I shall give two brief reasons for this. First, to say that we do not yet have an explicit and systematic conception of

X does not amount to saying that X is itself unimportant. Second, even if we have not had a general account of well-being, i. e. , an account of "what it is for a single life to go well", it does not mean that we cannot identify certain morally important conditions that are specifically relevant to our considerations of what makes a single life go well. The first reason is evident enough. But the second reason needs some account.

Scanlon derives his claim about the ethical unimportance of well-being from the observation that so far we have not had a satisfactory account of well-being. All the theories that seek to understand well-being in terms of some subjective mental metric have been proved to be inadequate. Consider the desire theories of well-being. This kind of theories does not seem to fare better than other kinds of subjective theories even if it claims to combine an objective ingredient into the account of well-being by seeing satisfaction of one's desires as depending on the state of the world as well. The problem is of course that desire satisfaction is not necessarily related to well-being. This can be explicated by distinguishing between happiness and well-being. We may define happiness as one's felt satisfaction of the conditions of one's life. So construed, we do not have to characterize happiness in a hedonist manner. For, as James Griffin has occasionally indicated in relation to his refutation of the experiential theories of well-being, "we do seem to desire things other than states of mind, even independently of the states of mind they produce. "① This means that well-being cannot merely consist in experience itself. We may enjoy something even if doing so does not necessarily produce physical or physiological pleasure. A moral saint might have live a life that has a very lower level of well-being, for example, as the result of distributing all his property to the poor and spending his time and energy on relieving, both materially and mentally, their suffering. But he might think that he had been very happy in doing so. Desire theories, like some other theories, then leave individual well-being too sensitive to such extraneous factors as social conditioning because of the malleability of personal preferences. As a result, they also fail to capture the evaluative dimension of well-being. ②

Then, insofar as happiness is not the same as well-being, not any (type of) desire-satisfaction contributes to one's well-being. Sophia might have felt quite happy in her five-year long marriage with

---

① Cf. J. Griffin (1986), *Well-Being: Its Meaning, Measurement and Moral Importance* (Oxford: Clarendon Press), chapter 1 and p. 9.

② See, for example, Amartya Sen (1985), "Well-Being, Agency and Freedom: The Dewey Lectures", *Journal of Philosophy* 82 (4): 169 – 221, especially pp. 187 – 195.

Peter. But what if, as the five years passed away, she came to discover that Peter had been betraying her? It seems less likely that Sophia would claim she had been unhappy before she discovered that fact. But the event would seem to have negative effects on her well-being taken as a whole, for example, by no longer believing anyone. Even if desire theorists may claim that desires that can figure in the specification of one's well-being must be informed, how to define an informed desire is itself a problem. If we view happiness (or unhappiness) as a response by a subject to her life conditions *as she sees them*, Sophia was at least not subjectively unjustified in believing that Peter was giving her a happy life. Indeed she had been being deceived throughout her life with Peter. But she simply did not discover that fact during that time. If we must regard desire-satisfaction as relevant to one's well-being, then the requirement of information emerges as a necessary condition. But this is not enough. For the quality of a person's life does not actually increase even if she acknowledges that relevant desires are desires she identifies with hers. She may have such desires as a result of indoctrination, manipulation, and socialization. ① On the other hand, if such a person can come to recognize that a life on such desires is a demeaning or dehumanizing one, then her having such capacity is itself dependent on the extent to which she has been able to emancipate herself from extraneous influences. Accordingly, even if we may not exactly know about the boundaries of well-being, we can at least identify some conditions necessary for the achievement of well-being. Autonomy is another condition of this kind. Autonomy must be accorded to the agent so that she can genuinely take responsibility for what she choose and exercise control over the process of choice itself.

When Scanlon claims that well-being is not a "master" value, he is probably insisting that such factors as fairness and personal autonomy also figure in our considerations of reasonable rejection. This is indeed right because "persons must enter the moral accounting by others not only as people whose well-being demands concern, but also as people whose responsible agency must be recognized." ②

---

① As Sen puts it neatly: "Desires reflect compromises with reality, and reality is harsher to some than to others. The hopeless destitute desiring merely to survive, the landless laborer concentrating his efforts on securing the next meal, the round-the-clock domestic servant seeking a few hours of respite, the subjugated housewife struggling for a little individuality, may all have learned to keep their desires in line with their respective predicament. Their deprivations are gagged and muffled in the interpersonal metric of desire fulfillment" (Sen (1985), passim, p. 191). Cf. Sen (1987), *On Ethics and Economics* (Oxford: Clarendon), pp. 45 – 46.

② A. Sen (1985), passim, p. 204.

But this is revealed only by the fact that the idea of what makes one's life go well is practically important for the agent herself and not merely, as Scanlon sees it, for those who appear as benefactors. One simply needs such a notion to organize one's own lives. Moreover, even when agency should be taken into account, we still need a robust notion of well-being to accommodate the conflict between different individuals with respect of their agency. This is not hard to understand because the notion of agency is specifically attached to the activities of the subject that are aimed to achieve the goals and plans which she regards as good for her. Agency freedom can be separated from well-being freedom because what an agent regards as good for her is not necessarily tied to her well-being. In fact, they can pull in opposite directions. But if there are no enough resources for the full implementation of agency freedom in respect of different individuals, then it is probably both reasonable and desirable to decide the distribution of resources in terms of some feasible measures of well-being and some pertinent moral principles. ①

A notion of well-being that can be used to serve the purpose in question is not, of course, morally neutral. In fact, if the concept of well-being is in practice important, it is important for the most part from an impartial point of view. From that point of view, the well-being of each person is of equal important as everyone else. If we must give some special considerations to the well-being of some people, we would have to do it on morally justifiable reasons. Likewise, if the adoption of some public policy negatively influences the level of some people's well-being, the policy must be particularly justified to those people on morally acceptable reasons. Therefore, even if there are specific moral principles and moral considerations that govern our legitimate pursuit of our own plans of life, it does not mean that the notion of what makes one's life go well is itself unimportant. For it is not fundamentally implausible for an agent to ask whether a moral demand has been justly or justifiably applied to her if its application results in a radical lowering of the original level of her well-being, even if it is actually justifiable to her when compared with some reasonably fixed baseline of well-being. In any event,

---

① Here I will not go on to inquire into the question of what are adequate measures of well-being. But I want to recommend the approach that is already pursued by Amartya Sen and Martha Nussbaum. See Sen (1992), *Inequality Reexamined* (Cambridge: Harvard University Press), (1993), "Capacity and Well-Being", in Nussbaum and Sen (eds.), *The Quality of Life* (Oxford: Clarendon), 30 – 53; Martha Nussbaum (1988), "Nature, Function, and Capacity: Aristotle on Political Distribution", in Julia Annas and Robert H. Grimm (eds.), *Oxford Studies in Ancient Philosophy*, Supplementary Volume, 146 – 184; (1992), "Human Functioning and Social Justice: In Defense of Aristotelian Essentialism", *Political Theory* 20 (2): 202 – 246; (1993), "Non-relative Virtues: An Aristotelian Approach", in *The Quality of Life*, 242 – 269.

what motivates one to act is closely related to one's considerations of what makes one's life go better. The notion of well-being, that is to say, is also important for moral justification itself.

We can then agree with Scanlon that reasonable grounds for rejection are not restricted only to considerations of well-being as such. For it may be that a principle could be reasonably rejected even if its adoption did not lower the level of the well-being of each individual involved. The intelligibility of the claim still rests on the distinction between agency and well-being. For if the general adoption of a principle makes a demand on agents, it will negatively influence their agency, although it need not lower the level of their well-being. For example, if a new policy requires that the rich men pay 5% more taxes than they should pay in accordance with the old policy, this will perhaps make some of them to give up some of their expensive plans of life. This shows that when Scanlon makes the claim in question, he has actually had in mind some notion of well-being, or something like that, for example, the idea of the quality of a life. But if a principle can be reasonably rejected even if its general adoption does not lower the level of any individual involved, then its rejectability most possibly consists in the fact that its adoption will wrong some individuals by making them unfairly treated, for instance. This is probably what Scanlon wants to mean when he says that reasons for rejection are generic reasons, which are, on Scanlon's view, essentially agent-relative. And this is also why he holds that contractualism will be superior to consequentialism once it adopts the generic reason model. But whether the claim is right will depend on whether consequentialism can accommodate such notions as fairness and personal autonomy *to a morally significant extent.* ①

It has been a well-known critique of consequentialism that consequentialism results in rough intrusion on personal autonomy or even serious destroy of personal integrity. This is so because it is said that the consequentialist standards of moral rightness require people to give up their agent-relative goals, ideals, or plans when doing so is required by the promotion of the good. Scanlon caters to the critique by claiming that the consideration of agency requires rejecting a teleological notion of value. This, however, seems to me to be a mistake. For, in my view, there are no other more sensible ways to understand moral rightness than by seeing it as consisting in the promotion of neutral values. The fact that there can be conflict between values does not constitute a conclusive reason for rejecting a teleological notion of value. Let me explain.

---

① I emphasize this because, as will become clear, there is no intelligible way to make sense of notions like fairness and autonomy except in the light of certain moral, or morally relevant, considerations.

It is often thought that consequentialism characterizes the moral rightness of an action in accordance with the effects of the state of affairs the action is supposed to bring about, without taking the value or disvalue of the action itself into account. But if an action can have *intrinsic* value (or disvalue), that is, value (or disvalue) it has independently of the consequences it may bring about, then the consequentialist notion of rightness will necessarily leave it out. For that notion requires seeing things from an impartial or impersonal standpoint. However, what is the reason for thinking that there are *agent-relative* values, and especially that they determine the rightness of an action?

One way to see how the idea of agent-relative values comes to surface may be by examining what some writers have called 'the paradox of deontology'. The deontological conception of moral rightness, as some writers have observed, would necessarily bring about an air of paradox if practical rationality were to be characterized in terms of the notion of maximization. ① Seeing rights as unrelaxable constraints, some rights-based theorists have claimed that in no case should one's rights be violated. But if the rights of some individuals have been actually violated, it is not cleat why it would be impermissible (i. e., morally wrong) to violate some comparably trivial rights to prevent more serious violations from happening. Suppose, for example, a few schools girls will be to be rapped, and the only way to prevent it from happening is to take without permission a car belonging to someone else so as to rush to the school. Then it is evidently plausible (and I will say, morally right) to take the car without permission (since he would never permit it). If rights only take the form of constraints ("Do not violate the rights of others in any case"), then this form of deontology seems to violate our intuitions about practical rationality. The only conceivably plausible way of removing the air of paradox is by supposing that an action can itself have intrinsic value, and that such values are agent-relative. The consequentialist strategy of maximization is then prohibited because it is claimed that the agent-relative value is not comparable to the maximizing value. An agent may see the doing or not doing of an action as having some special significance for him simply because it is *him* who occupies the position of doer. Therefore, in the example already made famous by Williams, ② Jim might have reason

① This is the view that a person would never be rational if, in facing a choice between two options, he chose the option that was knowingly worse than the other with regard to his performance of the given goal he saw as desirable. See Samuel Scheffler (1994), *The Rejection of Consequentialism* (Oxford: Clarendon Press, revised edition), pp. 143 – 151.

② J. J. C. Smart and Bernard Williams (1973), *Utilitarianism: For and Against* (Cambridge: Cambridge University Press).

to choose not to kill one Indian even if killing would be better (the less of two evils) from some third-person point of view since it was supposed to make the other nineteen Indians exempt from being killed.

Then, what is the rationale for holding an agent-relative reason against doing what is right to do from an impersonal or impartial standpoint? The most powerful answer the deontologist can have given thus far to is usually derived from the claim that each person has the status of a person who may not be violated even to help others avoid violation, even if what happens to some of them is the violation of that right. ① On this interpretation, what makes Jim's act of killing one Indian for the good of other nineteen Indians extraordinarily bad is his own violation of the right of the victim, and it is the right of the potential victim that stops him. But it is quite unclear to me why A's violation of the rights of B for a greater good for some people C should constitute a reason for A not to do it himself, while the rights of B together with C, would be likewise violated, if not by A, then by someone else D. ② Nagel, who initially introduces the distinction between agent-neutral values and agent-relative values, ③ always attempts to explain the paradox in question by saying that deontological constraints operate through the relation between agent and victim. The relationship of agents and victims, like that of love or friendship, is, on Nagel's view, a personal relationship. But this cannot be sensibly taken to mean that deontological reasons are the personal property of individual agents. If people generally hold that they care about not killing the innocent themselves, then their attitude toward the relationship between them and would-be victims reflects a universal value, i. e., the value of respecting the right of the innocent not to be killed for some greater good for some others. The value is in effect neutral, even though it does operate through the relationship between agent and victim. Thus, the fact that people

---

① See, for example, Francis Kamm (1992), "Non-Consequentialism, the Person-as-an-End-In-Itself, and the Significance of Status", *Philosophy and Public Affairs*: 354 – 389.

② There is an interpretation of this, which is based on the doctrine of negative responsibility. According to the doctrine, one has no responsibility for any event in a causal chain with which he has nothing to do. But I do not believe that the interpretation is right. In the first place, it is not clear whether the happening or non-happening of an action whose immediate causal precedent the agent claims to have no responsibility for will necessarily be irrelevant to the agent. In the second place, from that doctrine it does not seem to follow that an agent should not promote the good.

③ Roughly put, according to Nagel, a thing has agent-neutral value if it provides everyone with a reason at least to want it to happen, and possibly to take steps to bring it about; and it has agent-relative value if the reason it generates applies only to those connected to the thing in some special way. See Thomas Nagel (1986), *The View from Nowhere* (New York: Oxford University Press), pp. 164 – 188.

can selectively evaluate things does not mean that those evaluated things do not have a universal value if they are at all valuable. The conflict between respecting the right of someone and violating it in order to promote the good is then conflict between two universal and neutral values. If we feel hard to make choice in cases of this kind, it is because such predicaments represent genuine moral dilemmas. In fact, even if Jim as a non-consequentialist judged that he was not obliged to produce by his own agency a state of affairs that might be much better from a consequentialist standpoint, it is also true that he could not decide, in a straightforward way, that he must not shoot under any circumstances. But if someone else A can choose, as it is actually possible, whether to violate the rights of B or not, it at least shows that there is still a reason to promote the good. The distinction between agent-neutral and agent-relative values then does not have a sound rationale. Nor are the reasons the deontologist give against promoting the good when it involves violating the rights of at least someone else decisive.

Then, the seemingly most plausible way to account for why, in some special circumstances, an agent may have reason not to do what seem best from a consequentialist perspective, as I see it, is by introducing the notion of the cost to the agent. From the evaluator's point of view, it may be that an action will not bring about the best consequences if the costs to agents are greater than what is gained by the action, for example, in the case where two persons will perhaps be sacrificed to save one from a firing building. The appeal to cost is of a moral importance because, as above mentioned, autonomy is closely related to one's well-being. From a Kantian standpoint, to treat a person as an end is to respect his right to use his own reason to determine whether and how he will contribute to what happens in the world. While not all kinds of sacrifice involve loss of autonomy, it is conceivable that some sacrifices may negatively influence one's autonomy. For example, if some sacrifice results in serious harm to one's bodily integrity and/or one's capacity for rational deliberation, the cost to the agent will be large. In this case, the agent should be permitted to choose between making the sacrifice and not making it. The horribleness of killing the innocent does not, as Nagel hold, lie in the claim that deontological constraints operate specifically through the relationship of agent and victim. Instead it consists in the fact that in that case, the right of the victim to autonomy is violated without his consent. A would-be victim might be willing to give consent to the agent, for example, in Williams' example about Jim, on the ground that he would in any case be to die, if not by being killed by Jim for a greater good, then by being killed by the captain for no good. But the agent may not even get a chance to acquire such consent. This is the place where deontological constraints become intelligible. But they acquire their full intelligibility actually from a consequentialist perspective. One leading advantage of consequentialist moral thinking lies in the fact that for the consequentialist, what we should hold ourselves responsible for and how we are to be responsible are determined not merely by what we alone do but also by (to the extent this is in our power) the way the world actually goes. The moral rightness of an action is still ascertained by its relations to neutral values. And whether we should choose to promote a neutral value will of course significantly turn on the state of the world and the situation we are in. ①

Scanlon's rejection of a teleological notion of value, then, strikes me as gratuitous. For taking an action to have intrinsic value is not inherently incompatible with seeing value as essentially teleological. ② The only reason Scanlon gives us why a purely teleological conception of value is insufficient, is that there are some values that are to be respected rather than promoted. Autonomy and friendship are two values of this kind. But even if it is right to say that no reasonable tradeoff can be made between such values and some other good that is to be promoted in an ordinary sense of this term, it does not follow that those values are not teleological. When we say that we should *respect* a person's autonomy or *value* a friendship, we are saying that we should do whatever contributes to an autonomy or a friendship in a *constitutive* way. A person can hardly be said to respect (the value of) friendship if he would rather stay at home to watch TV than go to hospital to see his friend, or he simply forgot his promise to accompany his friend to participate in a test without having good reasons for the negligence. In fact, Scanlon's denial of the teleological character of value seems at odds with his understanding of the nature of value. ③ To behave in certain ways on reasons provided by some properties

---

① I shall give a little more account of this in the final section.

② Scanlon actually acknowledges that a teleological notion of value need not be impartial and additive. Nor does he deny that such a notion can actually assign intrinsic value to actions as well as consequences. See Scanlon (1998), passim, p. 81.

③ On his view, "to call something valuable is to say that it has other properties that provide reasons for behaving in certain ways with regard to it" (p. 96). In fact, if what I had said in the above about moral rightness are correct, then Scanlon's understanding of the nature of value is also inconsistent with his notion of moral rightness. Recall that Scanlon sees moral rightness as laying in distributive justifiability, while I believe that we must take the responsiveness to value as grounding the justifiability of an action. Yet Scanlon actually holds that the property of being valuable is a supervenient one. One thing is valuable in virtue of the fact that it has certain other properties. Scanlon himself acknowledges that the account of value, which he calls a 'buck-passing' one, is compatible with a teleological notion of value (see pp. 95 – 100). But if the moral rightness of an action consists in its responsiveness to some value, then Scanlon's notion of moral rightness is at odds with the "buck-passing" theory of value.

which something allegedly valuable has is to promote it in a wide sense. ①

Moreover, it should be noted that the existence of conflicting values is logically irrelevant to the question of whether value is essentially teleological or non-teleological. ② The idea that value is to be promoted is intrinsic to the concept of value. For to say that something is valuable is simply to say that it is desirable under appropriate conditions, and to say that something is desirable is just to say that it should be promoted. But then how a value should be promoted is irrelevant to its metaphysical nature (though closely relevant to its normative status). We do not have to give up a teleological notion of value simply *because* we also recognize a pluralistic notion of value.

3. FAIRNESS AND AGGREGATION

So far I had illustrated two points. First, reasonable rejection of a principle involves morally thick reasons if it is to meet the requirement of distributive justifiability. This, though, is not to deny that principles chosen from the Scanlon's procedure of reasonable rejection can actually have specific moral content. Second, it is not in general true that consequentialism fails to accommodate certain agent-relative features. For the moral legitimacy of agent-relative goals or plans is itself dependent on their relations to neutral values. But when contractualists think of contractualism as providing an alternative to consequentialism, they especially have in mind the idea that the consequentialist treatment of moral rightness will make consequentialist decisions inevitably aggregative. It follows that consequentialism does not take fairness seriously. We are still to see whether the charge is sound, given

---

① For Scanlon, saying that there are non-teleological values is the same as saying that some values should be honored rather than promoted. But the claim of honoring values can be accommodated within a rule-consequentialist framework by saying what makes certain more specific options right is the fact that they instantiate the principles or values in question. Here the intuitive meaning of honoring is captured by the idea of instantiation. See Brad Hooker (1990), "Rule-Consequentialism", *Mind* 99: 67 – 77. But it may be more important to see that the very possibility of honoring a value rests on the fact that people behave in a fully compliant way with regard to moral demands.

② It is also worth noticing that the distinction between teleological moral theories and deontological ones has nothing to do with the understanding of the nature of value. Instead it is related to the question of which, the right or the good, should be ascribed a priority in moral deliberation.

that consequentialism does in fact have a notion of fairness, which we may call *fairness as impartiality*. The notion of fairness is especially concerned with the distribution of benefits and burdens. According to it, if it is right for an individual to be required to promote a neutral value in some circumstance, then it is also right, and thereby fair, for any similarly positioned individual to be required to do that in any similar circumstance. The consequentialist does not deny that from an impersonal point of view, we have agent-neutral reason to promote agent-relative values (if there are such values) as long as doing so counts as a general good. What he intends to deny is that we should promote some agent-relative goal or plan of A without promoting the same kind of goal or plan of B, or vice versa, when there is no morally significant difference between A and B. The consequentialist conception of fairness is then essentially derived from its understanding of moral rightness.

Therefore, if there is any objection to the notion of fairness in question, it can appear at two levels. First of all, it can question the consequentialist notion of rightness itself. For example, it can ask whether a morally right action must be an action that promotes some neutral value. The way to address question looks plausible because non-consequentialists are disposed to think that an action can have intrinsic value. Yet the line of argument is in fact in bleak hope of success. For having an agent-relative reason not to act in a certain way, as I had shown, is no threat to the consequentialist notion of rightness. When to kill or not to kill the innocent is of special significance for some agents, killing the innocent is itself an agent-neutral disvalue, though a disvalue that may be balanced or outweighed by some agent-neutral value. We must appeal to neutral value to determine the rightness of an action because it is intuitively plausible to suppose that the rightness of an action is something that can provide justifying ground for anyone who may question the normative status of the action. But the objection can arise at another level. It can say, for example, that in some circumstances, what is fair to do may be different from what is right to do. Some non-consequentialists have argued that it is inherently unfair to torture Nancy's grandson to force her to surrender the key of her car so that some injured people can be sent to the hospital in time. The unfairness probably consists in the fact (or claim) that Nancy has no obligation to lend her car to anyone for whatever purpose. Yet the interpretation makes an implicit appeal to a libertarian notion of morality. This shows that the notion of fairness does not actually have an independent status. The charge of consequentialism we just mentioned then reflects a conflict between different conceptions of moral rightness. It actually contains two objections. First, consequentialism requires the agent to do what is intuitively wrong (for example, killing the innocent). Second, it demands us too much. I shall deal with the latter objection in the next section. But now let me examine whether consequentialism can actually accommodate some intuitions we have about fairness.

For the sake of argument, let me assume that the issue of fairness mainly appears in the context in which some substantive good (divisible or indivisible) is to be distributed between two different groups of individuals who are supposed to have claim to the good. ①From the consequentialist perspective, if there is no further reason to differentiate between them, we should treat every individual as having an equal claim to the given good. Further, if the good is indivisible,② then consequentialism will require that it be given to the group with a greater number. The decision is made on the basis of the idea of balancing opposite equals and substituting equivalents. This must not be taken to mean that for the consequentialist, only number counts. For, in this circumstance, number counts ultimately because each individual has been regarded as having equal claim, which means that the claim that number counts is itself morally loaded. On the other hand, if giving the good to the group with a less number will somehow promote the good, then for the consequentialist giving it to the group with a less number will be what is right to do. For example, if a general and other three soldiers are both wounded, and the drugs can save either the general who is injured more seriously than the three soldiers or the three soldiers, then giving the drugs to the general will be what is right to do on the ground that the role of the general is irreplaceable in commanding the army to defeat Hitler's attack. Consequentialist decisions are in general made in terms of the moral seriousness of alternative consequences rather than number as such.

It is evident that some consequentialist decisions, for example, the one just mentioned in the above example, are aggregative. This raises the question whether consequentialism takes fairness seriously in the case where there is some factor that influences the agent's consideration of two groups every individual of which has been treated as having equal claim. Contractualists like Scanlon can espe-

---

① I say 'mainly' because it can also be the problem concerning the 'appropriateness' of expressing some negative attitude (for example, blame) to others. But I will ignore the case here. In either case, it is the problem of not being to be wronged.

② Indivisibility can be understood in two senses. First, the good in question, for example, a job position, cannot be further divided. Second, for some reason, there is only one way to distribute the good even if it is a divisible good, for example, food or drug.

cially raise such questions for consequentialism in that they believe that such aggregative considerations are inherently illegitimate from a contractualist standpoint. On their view, we would not be treating the three soldiers as equals if we simply gave the drugs to the general. This is because they should have equal chance to be saved if they had been treated as having equal claim. The notion of fairness as equal chance does seem to look plausible in some cases. For example, suppose between two individuals A and B, we can only save one of them, and there are no further considerations that make it plausible to prefer A to B (or alternatively, B to A). Then fairness is determined by randomly choosing between them, for example, by tossing a coin. Even when saving B would also, given some connection between B and C, make C's finger not to be cut off, it does not look fair to choose to save B. For it would otherwise deprive A of a half of chance to be saved. But that A should get the chance to be saved is morally important than C's finger not to be cut off since the complaint A would have as the result of being deprived of the 50/100 chance is obviously greater than the complaint C would have when B were not given the whole chance. It is thus unfair to A to simply deprive A of the half of chance to survive solely because giving B the *whole* chance will make C's finger not to be cut off. But the consequentialist can accommodate the intuition by saying that, given that C's finger not to be cut off is a comparatively minor utility, we should maintain the fairness of equal chance because it is actually a general good. However, what about the case that B is the only person who could save other five persons from dying if he wanted to do so? From the consequentialist point of view, it is beyond doubt that B should be saved. If the non-consequentialist claims that it may be better to give a weighted chance to B when still not to deprive A of the chance,[①] he is actually assuming that number counts in the case of equal claim, which is of course a view congenial to consequentialism.

Therefore, it seems that in the case of equal claim consequentialist aggregation is not so much divergent from our intuitions about fairness. The consequentialist decision in the example about the general strikes some non-consequentialists as unacceptable not because of fairness as such but because of the divergence between the conceptions of rightness they respectively hold. If we simply understand fairness in the minimal sense that to be fair is to gave every person equal chance to access to some given good no matter what difference the obtaining of the good will make to the individuals involved as

---

① For example, by giving A three times chance to toss a coin to determine his fate, when giving B eight times chance to do so to determine his fate.

well as others, then there may be a tension between fairness and the good, or between fairness and rightness where rightness is seen as a function of the good. Suppose the good that is to be distributed is a junior faculty position. Conceivably there are some requirements of a successful candidate, for example, with regard to teaching experience and publication record. And these requirements are laid down in terms of some idea of promoting the good regarding the school system. Some candidates who have failed to meet the standards of selection might complain that they would perhaps have been better off had the selection been randomly made. However, even if they can be said to have a claim to the position in question, it cannot be that fairness should be determined, in this case, by randomly selecting among them. ① Random selection is fair only on two premises. First, people's claims are equal. Second, there is a separation between fairness and the general good. ② If fairness is to be seen as a function of the general good, it cannot be specified in terms of the principle of random selection even when the first premise is already satisfied.

Then, should we reject the understanding of fairness in favor of the random selection notion of fairness? Any adequate answer to the question will depend on what we want a notion of fairness for. I will not deal with the question here because it involves a substantive understanding of justice and entitlement. But the question will perhaps automatically resolve if fairness is directly identified with rightness. This seems to be what Scanlon wants to do by appealing to the notion of distributive justifiability. There is a good sense in which an option or action that is justifiable to every other individual is a fair one. But if rightness is, as Scanlon thinks, a matter of distributive justifiability, it follows that the rightness of an action or option is also its fairness. This is one reason why Scanlon contends that his contractualism is advantageous to consequentialism at least in the issue of fairness. However, is the identification plausible? Is the fairness of an action or option necessarily determined by its distributive justifiability?

To answer the question, let us first call our attention to interest-based contractualism. One difficulty Hobbesians commonly face is that of explaining when and how far self-interested bargainers

---

① Indeed, we may not deny that the complaint some candidates who failed the standards of selection may be legitimate in some sense. For example, they might complain that the society had failed to provide them with enough positions so that they could not even live a minimally decent life. But in this case, such complaint must be accommodated in other ways. The Rawlsian principle of giving some priority to the worse off may represent such a way.

② Cf. John Broome (1984), "Selecting People Randomly," *Ethics* 95 (1): 38 – 55.

would be prepared to compromise. It is conceivable that they must compromise if an agreement, no matter what kind it is, is to be reached. But the problem is that it is unclear whether a compromise so reached does represent the terms of fair cooperation. If some people simply have nothing to influence the other parties or to hold out for better terms in the bargaining table, they may accept a compromise that does not actually do justice to them. Laissez-faire capitalism is such that it simply disallows that everyone would stand to gain, no matter what their desires and interests, no matter what their capacities and circumstances. In fact, the superrich are disposed to hold that they would fare better in a system without any principle of impartial beneficence insofar as it would inevitably leave them much freedom to devote their inordinate wealth to advancing their own ends. This means that it is irrational for them to introduce even a defeasible principle of impartial benevolence into the terms of social cooperation. They may not even accept the Rawlsian principle of difference if the society does not yet have an egalitarian ethos built in. ① Then they would complain that they were being treated unfairly when required to pay taxes in accordance with that principle or some relevant principle. Thus, the question "In what sense does contractualism take fairness seriously?" still exists.

On the other hand, if justice requires that the superrich make some sacrifice for those who are being worse off through no fault of their own, then they accept the sacrifice only if they also commit themselves to the difference principle. In this case, either rightness does not require fairness, or the superrich think that they are not being treated unfairly to the extent that they have been morally committed. Either way, if contractualists attempt to associate fairness to the claim of separateness, it seems that they will have to moralize sacrifice. But if sacrifice must be moralized so that fairness is somehow kept in line with rightness, then consequentialism does not necessarily fail the test of separateness. Scanlon's contractualism, in fact, must adopt a similar approach to sacrifice if he wants to maintain his claim that fairness consists in distributive justifiability. For the ideal of distributive justifiability will be unlikely to be achieved if no moral considerations have been imported into the procedure of reasonable rejection. This should have been clear from my previous discussions. But it is especially so when Scanlon proceeds to deal with the issue of fairness. Let me explain.

---

① Cf. G. A. Cohen (1992), "Incentives, Inequality and Community", reprinted in Stephen Darwall (ed.), *Equal Freedom* (Ann Arbor: University of Michigan Press, 1995), and (1997), "Where the Action Is: On the Site of Distributive Justice", *Philosophy & Public Affairs* 26: 3 – 30.

Scanlon has made it explicit that the reasonable grounds for rejection are not limited only to considerations of well-being. We had interpreted this to mean that, for Scanlon, some other considerations may also figure in reasonable rejection, which may contain what Nagel has called "reasons of autonomy". It is this that leads Scanlon to conclude that his model of reasonable rejection is different from what Parfit calls 'the complaint model' in that the latter only takes considerations of well-being into account. However, the question is this: if reasons for rejection are, according to Scanlon, essentially agent-relative, how is distributive justifiability achieved? It is quite intelligible that if we do not use the notion of well-being to set up some benchmark so that it becomes in principle possible to compare people's claims, then we must do it in terms of something else which can serve to measure the legitimacy or acceptability of our agent-relative reasons when we enter into the Scanlon's procedure of reasonable rejection. Moral considerations may be the most important factors we must take into account in doing so. But even if we introduce moral considerations to assess the acceptability of each individual's claims, whether an intuitively right principle can pass the test of distributive justifiability is still a problem unless all the individuals unanimously accept those considerations as imposing restrictions on the legitimacy of their claims. Where it is not possible, the agreement reached may still be a compromise of some kind, and its moral implications may be highly problematic.

In any event, let us turn back to the question of how distributive justification proceeds. Nagel has suggested that we may employ the method of pairwise comparisons to avoid utilitarian aggregation that combines the point of views of different individuals by adding together benefits and harms that belong to different lives. ① On this method, we compare the situation of each individual with the situation of every other individual against each possible alternative until we find the individual with the strongest claim to be helped. Once such comparisons have been made, the best result will be the one that is least unacceptable to whom it is most unacceptable. We then get the minimax complaint model. We may formulate the model in Scanlon's terminology by saying that an individual can reasonably reject a proposed principle just in case general acceptance of the principle will generate a complaint in the individual that is significantly greater than that which anyone else will have under some alternative principle. Intuitively speaking, the minimax complaint model means that best outcome is the one that

---

① See Thomas Nagel, "Equality", in *Mortal Questions* (Cambridge: Cambridge University Press), pp. 106 – 127. See also Thomas Nagel (1991), *Equality and Partiality* (New York: Oxford University Press), pp. 67 – 8.

makes the strongest complaint as weak as possible. The model then satisfies the Scanlon's requirement of distributive justifiability, and thus has an anti-aggregative implication. ①

The method of pairwise comparison is supposed to achieve the outcome of unanimous acceptability with regard to some proposed principle, decision, or policy. But it is not clear how it is practically feasible. If the separateness of persons means that the claim of each person must be given a separate and distinct consideration, then even the thesis of giving priority to the worse off cannot meet so strong a requirement. ② The maximin principle dictates choosing the individually least unacceptable outcome only in the sense that it chooses the outcome whose worse off individual is better off than the worse off individual in any other outcome. Such a principle then may choose an outcome which everyone else than the person who is worse off finds unacceptable. Therefore, the interest in seeking an individually least unacceptable outcome does not straightforwardly turn itself into the interest in unanimity. In fat, it is not particularly clear that why a principle assigns certain benefits to everyone directly makes the principle or its results acceptable to everyone. To make such a transformation possible, Nagel must explain how providing a person with a minimum level of welfare should be interpreted as making the outcome acceptable to that person. But he seems to deny this because he thinks that it is not even true that the worse off cannot reject the guaranteed minimum in favor of more equality. ③ It is thus doubtful that the moral claim of giving priority to the worse off must command unanimity. In fact, the claim does not have its rationale in the consideration of unanimity. But if the claim is morally sound, it follows that aggregation is not absolutely impermissible. For the maximin model does not have any anti-aggregative implication as the minimax model has.

---

① It should be immediately noted that there could be quite different interpretations of who is the person to whom an outcome is most unacceptable. For example, if we interpret it as meaning the worse off, then the formula will generate the principle of maximin which says that the best outcome is the one in which the worse off person is best off. On the principle of maximin, those who are worse off are to be given an absolute priority: we should benefit them even though we can benefit them less than we could benefit others. However, so construed, even the principle of priority, or the maximin complaint model, does not satisfy the requirement of distributive justifiability. It is still an aggregative principle. For a detail discussion of this and other related models, see Derek Parfit (1989), *On Giving Priority to the Worse off* (unpublished manuscript).

② As some writers have argued, there may be no positive connection between egalitarianism and the separateness thesis. See, for example, D. McKerlie (1988), "Egalitarianism and the Separateness of Persons", *Canadian Journal of Philosophy* 18 (2): 205 – 226.

③ Cf. Nagel (1991), passim, pp. 80 – 81.

In coming to the principle of priority and other similar principles, Scanlon has frankly acknowledged that such principles are not "a general structural feature of contractualism that holds in every case." But rather they are simply facts "about the generic reasons for rejecting certain kind of principle" (p. 223). This of course means that such principles are to be taken into account in judging whether or not some more specific principle should be rejected. That is to say, they appear as grounding reasons for reasonable rejection with respect to a more specific principle. But this implies that our commitment to those grounding principles is subject to no contractualist analysis. If it is right to accept those principles and act on them, then the rightness in question is not grounded in contractualism either. However, if the claims of the worse off sometimes must take priority in contractualist argument, then how is it possible that those who are supposed to make some sacrifice for the good of the worse off can reasonably reject the principle permitting the sacrifice? They may have no reason to reject it only if they have been committed to some form of egalitarianism. In this circumstance, the reasons for non-rejectability are grounded in substantive moral considerations. But if they are radical libertarians, for example, if they insist that the right to private property be in no case violated, then there is no hope that a principle requiring some sacrifice on their part can be justifiable to them. They can claim that they do not owe an obligation to improve the living conditions of the worse off. But if the better off do have a duty to help the worse off, it follows that we have no reason to believe that all our obligations or duties are contractually instituted, explicitly or tacitly. If fairness is identified with distributive justifiability, the Scanlon's contractualism can realize the ideal of distributive justifiability only if justification is made on morally thick reasons. Such reasons involve our understanding and consideration of what is substantively right to do.

Yet it may be possible that contractualism can draw on some intuitive notion of fairness to arrive at distributive justifiability without appealing to morally thick reasons. In this regard, Scanlon specifically claims that contractualism can accommodate our intuitions about the moral relevance of numbers if, as Nagel concedes, "no plausible theory can avoid the relevance of numbers completely."① Scanlon's analysis of how we are permitted or even required to save the greater number in the cases of equal harms is no different from what I earlier said about the same topic, namely, by making use of the idea of balancing and substitution of equivalents. An extra moral claim in the group with a greater

① Nagel, "Equality", passim, p. 125.

number will break the tie that is produced between the two groups by balanced claims, and makes it reasonable to prefer the greater number. This is even the idea utilitarianism has accepted and used. For utilitarian aggregation arises ultimately because utilitarianism treats each individual as having equal claim even if it has mistakenly conceived the notion of utility. However, if any individual in the group with a smaller number accepts the principle that the other group should be saved, then he accepts it largely because he has come to take up the agent's point of view, which is impartial. Without acknowledging the authority of the impartial standpoint the individual would not view the treatment of him as fair. For he might complain that if the agent made the decision regarding which group was to be saved by tossing a coin, he would perhaps have been better off. ① But if he acknowledged that it was fair to save the greater number, then he had maintained a moralized understanding of fairness. For, in an important sense, it amounts to saying that every individual has a reason to promote the good, even when doing so will require some sacrifice on her part. ②

On the other hand, if contractualism does not want to 'moralize' fairness, the only adequate notion of fairness that may be suitable for contractualism will be, as John Broome holds, a natural extension of the fairness of lotteries. For such a notion gives a good sense of what is equality. ③ However, such a notion may be inconsistent with our intuitive understanding of what is right to do in some circumstances. To illustrate the point, consider the following example. Suppose a group is to be sent to accomplish the task of detecting and removing a mine in some field. John is the only member in the group who can use a sophisticated instrument to detect the mine and succeed in removing it without being injured. Other members can find out the mine by using some ordinary means, for example, by simply using a metal pole to touch it. But then there is no guarantee that they will succeed in removing

---

① For an interesting discussion of why number should not count, see John M. Taurek (1977), "Should the Numbers Count?" *Philosophy and Public Affairs* 6 (4): 293 – 316. Since my aim here is to illustrate that contractualism does not fare better than consequentialism in this regard, I shall not deal with the question of whether number should count in any detail.

② In fact, Scanlon acknowledges that once the importance of every individual' s life had been fully taken into account, morally right actions are those that yield the greater benefits (See Scanlon (1998), passim, pp. 231ff). It is thus unclear that the would-be victim would have no complaint if he were not at all sympathetic with the impartial standpoint.

③ See John Broome (1991), "Fairness", *Proceedings of the Aristotelian Society* 91: 87 – 102, and (1991), *Weighing Goods* (Oxford: Blackwell), pp. 192 – 201.

it. However, John was unfortunately being infected with some disease. If he alone were to be sent to accomplish the task, his disease would somehow become deteriorated, and the harm he would then suffer, let us suppose, is H. On the other hand, if others were sent, the chance each of them could succeed in removing the mine is 20/100, which means that each of them has 80/100 chance to be injured. For the sake of argument, let us suppose that the harm each of them would suffer is 50 times as great as John would. The group has one hundred members in addition to John. They would work by keep a certain distance from each other so that if one of them encounters the mine, he alone will be injured when he does not succeed in removing it. According to the present interpretation of fairness, it would be most fair if the harm they would suffer were calculated in terms of expected probability. So calculated, the expected harm each other individual than John would suffer is 1/100? 80/100? 50H, that is, 0.4H. In comparison with the expected harm John would suffer, which is H, it seems that no one can reasonably reject the principle that John should not be sent.

The principle reached under the interpretation of fairness apparently satisfies the requirement of distributive justifiability. But unfortunately it is counterintuitive. For there must be some individual who were to be seriously injured with a high probability, whereas the harm John would suffer is comparatively trivial were he sent. Such an individual, or his representative once he had been injured or dead, can complain about the principle in question. However, even the way to calculate harm in term of the probability in which each individual is actually injured is aggregative. It follows that a distributive strategy does not necessarily produce what we intuitively regard as right. This is not surprising since there can be a tension between fairness and rightness if a notion of fairness has not been adequately 'moralized'. On the other hand, if distributive justifiability is reachable only on substantive moral reasons, it is thus unclear to me how contractualism "provides a clear alternative to utilitarianism and other forms of consequentialism" (p. 229). This is not merely because aggregation can be actually permitted if it is morally justifiable, for example, in the case of giving priority to the worse off. More importantly, it is also because we must rest on something else to decide whether and how an action is justifiable to others. The fact that some people may not accept the principle of giving priority to the worse off may not mean that giving priority to the worse is itself morally wrong. When contractualism does provide us with a democratic procedure through which we can deliberate about a specific principle or settle a controversial principle, we do that in terms of the reasons, moral or non-moral, which we have shared.

4. MORAL DEMANDS IN A NONIDEAL WORLD

If what I have said so far is sound, then contractualism has not yet provided or constituted "a clear alternative" to consequentialism. But I will not claim either that contractualism must then be replaced by consequentialism. For it seems to me that the way to look at the relations between different moral points of view is utterly wrong, even if I am convinced that consequentialism may best capture our understanding of moral rightness as well as moral aim. Contractualism and consequentialism cannot be seen as mutually exclusive to each other since they have quite different moral concerns. Consequentialism is especially concerned with what we should do in a non-ideal or actual world. By contrast, contractualism, perhaps together with some other moral theories like deontology, has not only given an unduly narrow understanding of morality but also paid insufficient attention to the non-ideal aspects of the human condition.

To be charitable, we may suppose that Scanlon's contractualism is aimed to express and sustain the ideal of mutual respect. But respect involves many aspects. If we are Kantians, we may assume that the object of respect is the rational nature of persons as persons. But insofar as the rational nature of a person is itself an accomplishment, respecting rational nature in one person may conflict with respecting rational nature in another person when resources necessary for the achievement of rational nature are not enough, for example. Morality is that which is aimed to reconcile the conflicts between rational agents and harmonize their pursuits of their goals and ideals. It does this in both negative and positive way, that is, by avoiding harm to others and by promoting others' well-being. Like most liberal moralities, contractualism conceives of morality mainly in the negative way. For the advocates and defenders of contractualism, the aim of morality is not to promote whatever we regard as valuable (well-being, rights, autonomy, equality, and the like). Instead, its central concern is how persons are to relate to one another. Once moral deliberation is ultimately concerned with the question of whether our actions express an attitude of mutual respect for each other as persons, it is said that contractualism realizes the ideal of a moderate morality. ① But this is an illusion. Let me explain.

In this regard, contractualism can be thought to make two assumptions. First, it holds that no matter how the world is or what are happening in the world, to be moral is only to make our actions and attitudes fully meet the legitimate expectations to each other. Second, it maintains that the moral agent deliberates about questions of permissions and constraints from her own point of view, and such a point of view is by hypothesis already structured by the agent's commitments, relationships and goals. ② Given these, it is unclear how one's legitimate expectations can be reconciled with those of another. As I had argued, the ideal of distributive justifiability is reached on morally thick reasons if it is ever reachable at all. A morality is moderate probably because the demands it makes on moral agents do not extend beyond their legitimate expectations. But how one's expectations are legitimate is a question that can be settled only within some moral framework. For otherwise a principle that is worked out on the basis of the legitimate expectations of each individual is less likely to meet the Scanlonian ideal of distributive justifiability. In fact, if the legitimacy of expectations is not morally bounded, there is no reason why they should produce morally acceptable principles. It cannot be right that I, the Judge, should declare you, an already affirmed murderer, to be innocent simply because every morning I am always served well when I buy your coffee. Indeed, you might have some expectation on me in regard to the verdict, given the relationship between you and me. But the legitimacy of the expectation cannot outweigh the law. Moreover, some people can conduct themselves civilly in their ordinary intercourse with others and thus they probably meet the legitimate expectations of the latter. But they may conceivably be morally indifferent to those whom they have no legitimate expectations of. ③ A morality is naturally moderate if it addresses no demands that go beyond one's self-claimed legitimate expectations. But then we can put the status of the morality in question into serious doubt.

In fact, it is almost absurd to claim that a morality is moderate or otherwise demanding by virtue

① Rahul Kumar aims to explain how this is possible (see the above note 2). The following discussions of how contractualism is supposed to achieve a moderate morality are mainly based on Kumar's interpretation of (Scanlon's) contractualism.

② This is fairly explicit for Scanlon since the veil of ignorance is dropped down in his contractualism.

③ I have been aware that the defender of contractualism might refute that I am using a notion of morality which, given the contractualist characterization of morality, he could not accept. But if a contractualist can use his notion of morality to criticize consequentialism, why is not plausible it to comment on contractualism on the basis of some intuitions we have about what we are required to do or not to do?

of its ' structural ' features. For, given a moral principle, to say that morality imposes a demand on an agent is to say that the agent's compliance with that principle will lead to a loss in or to him. But to make sense of the notion of a loss, we must establish a baseline on which we can talk about a loss and possibly make comparison across individuals. Unless such a baseline is settled the notion of moral demands does not make sensible sense. Roughly speaking, there are two ways to specify such a baseline. First, the losses that would be sustained can be measured against a baseline of the factual *status quo*. This way counts all the losses agents would be expected to incur as a result of complying with a moral principle in prevailing circumstances. Anyone would be seen as having a loss if she was required to ' give ' something that was originally under her control, no matter how her life would go after the ' loss ' . It has been quite explicit that Scanlon's contractualism does not to think about moral demands in the sense. Second, losses can be measured against some normative baseline. On this idea, for example, a person would not be thought to lose something if that thing was not originally entitled to him. However, it is not particularly clear that Scanlon would understand moral demands in the second way. For when he regards his contractualism as specifically concerned with morality (or moral rightness) rather than, like Rawls, with justice, he does not explicitly tell us whether or not such factors as entitlement and desert can figure in reasonable rejection. Scanlon does not, like Nozick, attempt to decide reasonable rejection by setting up a ' minimal ' morality in a more or less *a priori* manner. On the other hand, if Scanlon rests on some kind of considered judgments to ascertain a baseline, as it is most likely in his case, then it is not *a priori* true that contractualism must yield a moderate morality.

To explain this point, let us consider an example. Recently a Greek ferryboat run up on rocks and then sunk in a night because of the crew's dereliction of duty, which had result in the death of more than seventy people. Suppose that in a nearby harbor five fishing boats anchored and that more than one hundred and fifty life jackets were collected. These boats were required to rush to the spot of the accident to save the people. The first work they must do was to distribute life jackets: every boat was required to distribute at least thirty life jackets. And then they also must help the people drowned in sea to come back to the life boats when it was possible. It seems that no one could reasonably reject the principle specifying the requirement. However, it was already deep night, and those who were called for help had been very tired. It is thus possible that some of them did not act on the principle: either they did not at all rush to the spot of the accident, or they did not distribute life jackets as required even when they were present. As a result, even if those complying agents had done their best, more people died than had been expected. According to some view of fairness, it is unfair to require that these complying agents did more than what they were required to do under the conditions of full compliance. They could then complain about the unfairness of their predicament as the result of the non-compliance of some others. But those passengers who should have been saved were the requirement fully complied with had at least as great complaint as theirs. While both the complying agents and those who should have been saved were likewise treated unfairly, the objection of the former to the fairness of their predicament is certainly to be outweighed by the complaint of the latter. This means that even when full compliance is predictably impossible, the principle saying that these lifeboats should be sent cannot be reasonably rejected. But this means that in that case, contractualism imposes at least as demanding requirements on the complying agents as does consequentialism.

This raises problem for the supposed line of demarcation between contractualism and consequentialism. It is often said that consequentialism is concerned with what we *do*, but only because what we do affects what *happens*. This is correct, but correct only partly. For it is also true for a consequentialist that what we should do is not determined independently of consideration of the effects of our actions on the state of the world. If how the world goes or will go is fundamentally irrelevant to how we are or will be, it does not seem necessary to determine how to act (or whether or not to act) by considering the possible effects of our actions on the world. We could then simply act in accordance with some rules however our actions would affect the world. However, even when we suppose that morality should concern, not only the consequences an action is supposed to bring about, but also the relation of the doer to the objects of his action, how the agent is to properly deal with his relations to others is not independent of considerations of consequences. We can scarcely agree to accept simple procedural rules no matter how dreadful and totally unacceptable consequences might be for the lives of the people involved, seen from the standpoint of an impartial spectator. ①

The debate between contractualism and consequentialism, then, is not merely concerned with what we should see as the object of moral evaluation. Instead it also involves a substantive understand-

---

① It is pertinent here to mention an earlier critique Herbert Hart made of Rawls' views on the absolute priority of personal liberties. Of course, Rawls has afterwards revised his views in question to accommodate the critique. See Hart (1973), "Rawls on Liberty and its Priority", reprinted in Norman Daniels (ed.), *Reading Rawls* (Stanford: Stanford University Press, 1989), pp. 230 – 252, and John Rawls (1993), *Political Liberalism*, Lecture VIII.

ing of the nature and aim of morality. Even if Scanlon's contractualism seems to go beyond a libertarian morality by viewing morality as concerned with what we owe to each other, the characterization of morality is still narrow and, in fact, ambiguous. When it does give some account of *how* we should deal with each other, it is typically unclear or even deliberately vague about *what* we *owe* to each other. Like any liberal morality, it sees morality as centrally concerned with the "minimal" conditions for social cooperation and justice. But if some people become hopelessly worse off through no fault of their own, then it cannot be *only* because of the need for social stability that some priority is to be accorded to them. Do we, according to the contractualism, owe an obligation or duty to help them? What kind of a duty it is if we do have such a duty? When we are said to have a duty to relieve the third world famine, we do not even have a legitimate expectation on them in the sense Scanlon specifies for his contractualism.

Contractualism is of course acutely aware of the conflict between promoting the good and sustaining one's agency freedom. But it has been an unfortunate mistake in moral philosophy to conclude that promoting the good is not a duty simply because the negative duty not to do harm to others may take priority in conflicting cases. I have initially shown that consequentialism has reason to give a place to autonomy, and that the appeal to cost is an attempt to accommodate autonomy within a consequentialist moral framework. When consequentialism is committed to the impartial point of view, from that standpoint, it is actually approximately optimal to promote the good without significantly sacrificing the agent's capacity for self-responsibility. ① Of course, promoting the good does often involve some sacrifices on some agents' part since some evils, for example, the violation of the rights of some people, have existed in the world. But evils can have other sources. Gigantic famines, as Sen tells us, can even result without anyone's libertarian rights being violated. ②If we can contribute to relieving such famines in such a way that we do not significantly lose our capacities for responsibility for ourselves, it is our duty to do so.

That the duty to give help is a duty is clear even in Kant, whose ethics has been recognized as

---

① This is a point that is substantively similar to the one Frank Jackson has made in response to a prevailing challenge to consequentialism. See Frank Jackson (1991), "Decision-Theoretic Consequentialism and the Nearest and Dearest Objection", *Ethics* 101: 461 – 482.

② Amartya Sen (1981), *Poverty and Famines: An Essay on Entitlement and Deprivation* (New York: Oxford University Press).

having a natural affinity with a liberal morality. For Kant, that the duty of beneficence is imperfect by no means implies that it is optional. The distinction between perfect and imperfect duties is not the one between what is obliged to do and what is good to do but strictly optional. For, according to Kant, we ought to do whatever will promote the harmonization of the kingdom of ends. ① Beneficence is a duty because it is a means to help others to fulfill and perfect their rational nature, and thus it embodies the moral ideal of respect for persons. But respect is a duty that is to be "put under obligations to duties" (MM, 402). Furthermore, Kant also associates the claim that beneficence is a duty with his positions on justice. For Kant, beneficence is necessary because it is a necessary means for correcting the consequences brought about by unjust social institutions. ② It is made necessary at least partly because the unjust arrangement of social institutions make some people disadvantaged through no fault of their own. In the sense, beneficence is not even something whose performance universally deserves to be seen as embodying some meritorious kind of act. Instead, it is simply a duty whose fundamental aim is to respect and promote the rational nature of each person, especially those who are in need.

Then, for Kant, the distinction between perfect and imperfect duties is to be made in terms of the contrast between the duties to act directly in accordance with a certain specified rule and the duties to adopt a maxim or embrace an end (MM 452). That is to say, imperfect duties have some indeterminacy in their performance: they allow a 'play room' . As being duties, they dictate us to act in a certain way. But what we are required to do in the case of imperfect duties cannot be exactly spelled out in general terms. Imperfect duties then allow some latitude that is not allowed to perfect duties. They permit latitude not only in the sense that they set very broad parameters for satisfying a maxim, but also in the sense that the agent has a freedom to determine how to perform an imperfect duty in accordance with the actual situations he is in. It is thus possible that a principle of beneficence

① "To be beneficent, that is, to promote according to one's means the happiness of others in need, without hoping for someone in return, is everyone's duty. " Kant, *Metaphysics of Morals* (MM) (translated by Mary Gregor, Cambridge: Cambridge University Press, 1991), 453.

② We can find out something in Kant's ethics that is especially close to the Rawlsian reasons for according priority to the worse off. For example, we can read: "Having the resources to practice such beneficence as depends on the goods of fortune is, for the most part, a result of certain human beings being favored through the injustice of the government, which introduces an inequality of wealth that makes other need their beneficence. Under such circumstances, does a rich man's help to the needy, on which he so readily prides himself as something meritorious, really deserve to be called beneficence at all?" (MM 454).

would permit an agent to omit altogether to act beneficently in certain circumstances, provided that he acts beneficently in other circumstances, and that he had really adopted a maxim of beneficence. Having been allowed some latitude, one should do beneficence as far as possible, except not expending one's resources "to the extent that he himself would finally come to need the beneficence of others" (MM 454). Kant then makes use of the idea of the cost to the agent in his own analysis of the limits of beneficence.

As earlier indicated, the idea in question is indeed what consequentialism has reason to invoke. Once costs are taken into account, consequentialism may not be so demanding as his critics have thought. In fact, even if a consequentialist does claim that in a given situation of choice the right option is that which best promotes relevant values, this is not the only possible interpretation of consequentialism. First, when consequentialism does attach rightness to the promotion of neutral values, it does not matter that what the relevant value is. Mutual respect, for example, can be a value that is to be promoted once it is recognized that doing so is best in some given situation of choice. Second, consequentialism does not have to suppose that there are always values available by reference to which the rightness of a certain option or subset of options is determined in a given choice. This means that there may be some situations of choice where no option is right. In the end, if consequentialism recognizes the existence of incommensurable values, then it can define rightness in terms of the principle of maximization rather than optimization. ① But once rightness can be defined in this way, value pluralism is no obstacle to consequentialism. ②

But the idea that rightness can be determined in terms of the principle of maximization rather than optimization can be likewise applied to cases where values involved are commensurable and par-

---

① Roughly put, maximization does not require that all alternatives be comparable, or even that a best alternative be identifiable. It only requires that we do not choose an alternative that is worse than another that can be chosen instead. Maximization is realized when an alternative to which there is none better is selected. By contrast, optimization requires that there be a best alternative to be chosen (not necessarily a uniquely best alternative, but a best alternative relative to some given set of alternatives). For a detailed account of the distinction, see Amartya Sen (1997), "Maximization and the Act of Choice", *Econometrica* LXV (4): 745 – 779.

② In fact, if incommensurability poses a problem for consequentialism, it also challenges Scanlon's contractualism since the latter draws on generic reasons to determine the reasonable rejectability of a principle. Consequentialism will not seek to maximize where no shared ranking principles can be formed on the basis of generic reasons. But that also means that the ideal of distributive justifiability is not reachable in that kind of cases.

tial compliance is taken into account. As should be intuitively plausible, in the example above discussed, if only one boat complied with the given requirement, then the complying agents in that boat would have done things all right had they already done only what they are supposed to do under the conditions of full compliance. The option is still right, though not the best, when compared with the option of non-compliance. Consequentialism can accommodate the understanding of rightness because it is intrinsic to the consequentialist moral thinking that what we must hold responsible and how we are to be responsible is also determined by the way the world goes, not merely by what we alone do. When an option may not be the best from a strictly impartial perspective, it can nevertheless be right if other people who are in the same situation as the agent are, for similar reasons, also disposed to choose the option the agent made. Therefore, if the conditions and costs of compliance are taken into account, it seems that consequentialism is not an over-demanding moral doctrine. But for the consequentialist it is in any case true that to promote the good is still what is right to do and is required of us.

契约主义、后果主义与道德要求

徐向东
北京大学

摘　要：如何理解道德要求的本质和限度一直是当代规范伦理学的一个核心问题。功利主义或后果主义的道德理论被认为对我们提出了过分严厉的道德要求，并因此而受到了猛烈的批评和攻击。相比较，契约论的道德理论的倡导者则论证说，这种理论构成了对功利主义或者后果主义的真正取舍，因为：首先，这种理论对公正性提出了一个可能是最好的说明，功利主义或后果主义则因为其结构上的特点而必然否认公正性；第二，与功利主义或后果主义所提出的那种过分严厉的要求相比，这种理论实现了一个有节制的道德的理想。在本文中，我将提出两个主要的理由来表明这两个主张都是错误的：首先，这种主张乃是立足于对道德正确性概念的某种错误理解；其次，契约论的道德理论家对后果主义提出的批评并不具有充分合理的根据。更一般地说，我将表明契约论的道德理论不仅没有独立的资源处理道德正确性问题，相反，它对正确行为的分析关键性地取决于一种后果主义的道德正确性概念。

关键词：契约主义；后果主义；道德正确性；公正性；合理拒斥；非理想世界

后果主义、全球贫困与真实世界的道德理想*

◎张　曦

北京大学　密歇根大学

摘　要：在面对全球贫困的现状时，后果主义明确认为“我们亏欠全球穷人一种道德责任”，比起与之竞争的其他道德理论的观点，后果主义确实提出了有吸引力的理论主张。不过，为了保持后果主义这个主张的合理性，也需要处理“过分要求”异议和“不公平分配道德责任”的指责。然而，一方面，“过分要求”异议是误导性的、回应那个异议并非必要，另一方面，一个更为可信的后果主义策略，应当朝向“集体性”方向努力，而且，也正是在这个意义上，后果主义所引发的问题，才不仅是一个个体的道德义务问题，而且也是一个正义问题。

关键词：后果主义；全球贫困；过分要求；道德责任

虽然哲学工作通常以其抽象和思辨著称，但是哲学家们却无时无刻不生活在真实世界之中。作为当代哲学反思的一个重要主题，全球正义（global justice）问题受到了哲学家们的广泛关注。② “反对全球贫困”是全球正义问题的基本议题之一。如果我们确实认为全世界每时每刻都有数以百千万计的人正遭受着各种各样的因贫困而导致的苦难是一件坏（bad）的事情，那么，消除那些苦难看起来就是好（good）的事情。在这样一个基本预设的基础上，对于道德哲学家来说，寻找一个恰当的道德基础来回答“我们究竟亏欠了全球穷人什么”这样一个问题，不仅有助于我们更好地理解“什么样的世界是好的”，而且也有助于我们去将我们现在所处的这样一个并不完美的世界引向那个更加美好的状态。

---

* 本文的写作受到国家留学基金“国家建设高水平大学公派研究生项目”和教育部“博士研究生学术新人奖”的支持。

② 目前已经有一些文集有主题地汇集了“全球正义”领域一些重要的论文，例如 *Global Justice*: *Seminal Essays*: *Global Responsibilities*, Paragon House Publishers, 2008 以及 *Current Debates in Global Justice* (Studies in Global Justice), Springer, 2005；中文学术界已经有一个有关 Thomas Pogge 的相关工作的文集，见《康德、罗尔斯与全球正义》，徐向东编选，刘莘、徐向东等译，上海译文出版社，2010；此外，中文世界也出版了一个相关主题的文集，见《全球正义》，徐向东主编，张曦、刘莘翻译，浙江大学出版社，2011 年 2 月出版。

一、我们亏欠全球穷人什么？

就援助贫困而言，按照某种日常的理解，如果一个人生活在极端贫困之中，那么，进一步地：(1) 如果他的遭受贫困是我的某种行为直接导致的，那么我就需要对他所遭受的苦难负有道德上的责任；(2) 如果他所遭受的苦难虽然不是我要在道德上负责的（也就是说，我的行动并不是他遭受苦难的直接原因），不过，假如那个正在经受苦难的人恰好与我有切近的特殊关系（special ties），比方说，他恰好是我的外甥，那么，作为一个已经过着体面生活的人，因为这种切近关系的存在，我大概也在某种程度上负有一个要去向他提供援助的责任。① 但是，日常道德观点并不要求我对某个远在加勒比海、素不相识、但遭受了严重地震而导致肢体残缺、并且终日处于极端饥饿之中的海地人，承担一个一般意义上的道德责任，虽然日常道德的观点确实允许我出于“高贵的同情心”而向国际红十字会捐款。因此，对于行动者的行动不对遭难者的苦难负有因果上的责任、遭难者与行动者又不存在切近的特殊关系的那些情况，日常道德虽然确实允许行动者去做某些道德上看来不失为正确的事情，但是，它无法要求行动者去承担一个“责任”意义上的负担，也就是说，日常道德在事实上并不能说明行动者是不是在“被要求”（required）的意义上需要去承担某种道德责任，因此，对于“我们亏欠全球穷人什么”这样一个问题来说，日常道德就只能回答说，我们最多亏欠全球穷人一些必要的同情心。②

道义论的道德理论要求行动者的行动理由体现出“行动者相对”的特点。③ 因此，道义论

---

① 我们看到，由于特殊关系的存在，道德责任的指派就表现出了一种不对称性。具体到全球正义领域，主要有基于同意的理论和基于自然责任的理论两种进路来说明这种不对称性。参见 Jeremy Waldron，“Special Ties and Natural Duties”，*Philosophy and Public Affairs*，Vol. 22，No. 1.（Winter，1993），pp. 3 – 30

② 也有一种理论认为，如果一个人参与维护一个不公正的社会秩序，而这个社会秩序实际上剥夺了其成员的某些基本的人类需要（比如生存权和发展权），那么，那个人就有一个间接的责任去改革他所参与维护的社会秩序、或者对因这种秩序的缘由而遭受贫困的人加以补偿（如果他从这种秩序中已经获益的话）。这条论证进路实际上缓解了长期以来横亘在全球正义问题辩论中的政治权利（如自由权）与经济权利（如基本人类需要的满足）的人为对立。这项迄今越来越具影响力的理论的提出者是 Thomas Pogge，参见他的 *World Poverty and Human Rights*，Polity Press，2 edition，2008.

③ 如果一个理由是“行动者中立”的，那么就意味着这个理由是独立于行动者的能动性而提出的，行动者的能动力的是否例示以及如何例示对于“行动者中立”的行动理由来说是不成其为问题的。相反，行动理由如果具有“行动者相对”的特点，那么就意味着它是与行动者能动性的具体例示相关的。关于“行动者中立”和“行动者相对”特点，可进一步参见徐向东：《自我、他人与道德》，北京大学出版社，2007 年第一版，特别是第 13 章

的道德理论就在“做出伤害别人的事”和“允许伤害发生”之间作出了严格区分。“做出”和“允许”之间区分的关键，就在于“做出”的行动中体现着行动者的主观动机，在这个意义上，行动者的能动性构成了行动历程的一部分。因此，就全球贫困而言，如果那些人遭受的苦难不是行动者所直接意愿的行动所导致的，那么，行动者实际上就没有“做出”什么事、而只是“允许”那件事发生。根据这种观点，我们即便疏于采取行动挽救海地地震中幸存的苦难的人们，也只是在“允许那些人死亡”（letting die），因为地震的发生在根本上独立于我们人类行动者的主观动机。当然，道义论者也可以像日常道德理论那样允许行动者出于“仁慈”（beneficence）的理由来采取行动挽救那些人，不过，同样地，道义论者不能一般地诉诸于“道德责任”的观念来回答“我们对全球贫困担负了什么”这样一个问题。①

如果对“我们亏欠全球穷人什么”这样一个问题的回答只能到此为止。那么，对于一个普通人来说，他对全球贫困和全球穷人所要担负的东西，要么只是一个同情心、要么只是一个“仁慈”的好意，因为对于他来说，他既不是全球贫困的首要责任者、也不是某些穷人所正在遭受的苦难的主要制造者。根据同样的逻辑，有人就可以论证说，一个靠继承祖辈积蓄而家财万贯、却拔一毛以利天下而不为的纨绔子弟来说，在他乘着游艇四处奢华度日时，他所亏欠全球穷人的，也只是一个同情心或者仁慈的好意。然而，道德理论在严重的全球贫困面前如果只能作出这样的回应，那么这大概是道德理论家自身的不幸。

在这样一个充满了不幸和苦难的世界中，如果存在一种诉诸于后果的道德理论，一旦它宣称自己所追求的是“最大多数人的最大幸福”，那么，毫无疑问，我们立即就会被它的这一主张吸引。因为它实际上也是在要求一个行动者积极地去“促进”某些事情的实现，而不是像上述道德理论那样，只是在一个消极的意义上谈论行动者面对全球贫困时的某种回应。② 后果主义显然具有这方面的吸引力。

---

① 为了表明我们探讨“亏欠全球穷人什么”这一问题时真正的理论涵义，我们就需要在“道德上可允许”和“道德上被要求”之间作出一个区分。日常道德和经典形式的道义论的观点出于“普遍的同情心”或者“仁慈的高贵义务”的理由，或许可以在“道德上可允许”的意义上承认“我们应当给予全球穷人以某种方式的对待”。但是，根本上来说，承认这一点实际上并不是在回答“我们亏欠全球穷人什么”的问题，因为，当我们说到“亏欠”（owe to）这个词的时候，我们乃是在试图在“道德上被要求”的意义上去探讨一种道德责任。

② “促进某种价值的实现”和“维护或者尊重某种价值”之间存在着显然的区分，当我们谈论说我们具有某种“促进一个价值在事态中的实现”的责任时，我们实际上是在“积极”意义上谈论那个责任，而当我们谈论说我们具有一个“维护或者尊重某种价值”的责任时，我们实际上是在“消极”的意义上谈论那个责任。我之所以在这里说日常道德和经典道义论的观点是在“消极”回应全球贫困问题，是因为它们都没有明确地承诺上述“积极责任”。

按照标准后果主义所推荐的行动正确性标准，一项特定的行动在道德的意义上成为一项正确的行动，当且仅当它最大程度地促进了事态的总体净善好（overall net goodness）。这就是标准后果主义所主张的"最大化合理性"要求。就我们所生存的这个星球的现状而言，就相对于我们而言或远或近的地方存在的那些因为自然因素或人为原因而严重遭受饥饿和营养不良的全球穷人而言，"最大化合理性"无疑面向每一个道德上体面的行动者（moral decent agents）[①] 提出了一项富有吸引力的要求：这种道德理论要求每一个道德行动者都去最大程度地贡献乃至牺牲自己、以缓解那些不幸者的苦难。

标准后果主义的这项要求是面向所有的道德行动者不偏不倚地加以提出的，采取标准后果主义的道德理论，对于道德行动者来说，就意味着要去满足那个不偏不倚的"最大化合理性"要求。所以，我们就看到，在面对"我们亏欠全球穷人什么"这个问题时，标准后果主义的回答就是：如果全球贫困是一件坏的事情的话，那么，每一个行动者就拥有一个道德上的责任（而不仅仅是出于同情心或者仁慈的好意）去缓解那些苦难的人所遭受的贫困。一旦标准后果主义向我们揭示说，援助那些正在遭受贫困折磨的全球穷人是行动者所应当担负的道德责任，那么，它就正确地吻合了我们的一项重要的道德直觉：做这样的行动，不仅是道德所允许行动者去做的事情，而且，也是道德所要求行动者去做的事情。

标准后果主义的这一观点在彼特·辛格那篇著名的作品中表达得格外清楚。按照辛格的意见，面对与我们同处一个地球的那些苦难的人们，一个道德上体面的行动者所被要求去承担的道德责任的限度是这样的：如果他们再牺牲一点，那么就会导致他自己也陷入巨大的苦难之中。[②] 我们要注意的是，在辛格的观点中，道德要求没有上限和下限之分，道德性（morality）只是要求行动者不停地牺牲，这种牺牲只存在一个上限。而且，如果行动者的行动超出了那个限度，由于行动者通过自己的行动实际上给世界带来了更多的苦难（因为他的行动导致他自己也陷入巨大困难之中），因此，那个行动者的行动在道德上实际上是一种错误的行动。不过，辛格的观点所导致的这个结论显得格外荒唐。我们也许都记得，有一位身体残疾只能靠乞讨谋生的乞丐，在汶川遭受大地震时将别人施舍给自己的一百块钱全部捐献给了地震的灾民。但是，

---

① "道德上体面的行动者"的概念是指那些愿意服从道德要求的人。这个概念对于讨论道德责任的"过分要求"来说是格外重要的，因为，对于一项道德理论来说，我们有理由要求它不能对那些愿意服从它的人施加过高的负担，换句话说，我们有理由要求那些愿意服从某项道德责任的人不因为他的"体面的"行动而承受过多的个人牺牲。

② Peter Singer, *Famine*, *Affluence*, *and Morality*, *Philosophy and Public Affairs*, Vol. 1, No. 3 (Spring, 1972), pp. 229 – 243

一方面，他所捐献的那一百多块钱人民币在缓解地震灾民的苦难方面的实际上的边际效应实际上十分微弱、以至于不存在；另一方面，那位乞丐自己的生活却因此陷入更大的麻烦之中：也许当天或者之后的许多天他的食物来源都会成为问题，这种情况不可避免地会把他自己引向某种生存危机。这样，那位乞丐实际上通过自己的捐款行为将他自己带入了一个巨大的苦难之中。而且，从一个不偏不倚的观点来看，由于他在或然性上很大程度地把自己引向了巨大的生存危机，这位乞丐的捐献行动事实上给世界带来的是更大的苦难。因此，按照辛格的观点，他实际上做了一件道德上错误的事情。不过，我们对此结论稍作反思就可以发现，辛格的观点一定存在严重的问题，因为如果一种道德理论苛刻到要将打动无数人心灵的事情视为是不道德的，那么有问题的必然是那种道德理论本身。

按照一些理论家的意见，标准后果主义的观点之所以存在这种荒诞性，主要地在于它僵硬地将内在价值唯一地指派给事态（states of affairs），并且要求行动者在道德思维中首先占据一个不偏不倚的观点、然后根据这个观点推荐出的行动理由来不断促进并最大化那个事态可能实现的善好。[①] 因此，在两个可供取舍的行动中，行动者只能占据一个不偏不倚的观点，去采取其中那个更有助于最大化总体善好的行动。当然，这并不意味着标准后果主义必然无法在义务的（obligatory）行动和超义务的（supererogation）行动之间作出区分。因为如果后果主义确实承诺了一种不偏不倚的观点，那么对这个观点的采纳也意味着行动者可以考虑他即将采取的行动对自己所造成的影响（因为他自己的价值也是总体事态价值的一部分），在这个意义上，行动者好像可以将义务的行动和超义务的行动区分开来。然而，进一步的问题在于，一旦标准后果主义采取这个区分，那么它也就导致了自身理论的不连贯，因为，由于那项行动已经具有超义务的特点（这意味着一旦采取那个行动，行动者本人就得付出超额的成本），因此也就对**总体事态**构成了一种价值上的削弱（disvalue），而按照标准后果主义的要求，任何偏离“最大化合理性”要求的行动都将在道德上被视为是不正确的。所以，标准后果主义实际上要么不能承诺义务与超义务的界限，要么就会导致自身的不融贯。[②]

既然如此，我们就可以说，标准后果主义实际上也就混淆了义务和超义务的界限。道德要求实际上规定了道德行动者的义务。我们看到，对于标准后果主义来说，就它所承诺的那个根本性的行动正确性标准来说，一旦它面向道德行动者提出了某种要求，它实际上就已经不仅是

---

① Bernard Williams, 1971, *Consequentialism and integrity*, *In Utilitarianism: For and Against*, by J. J. C. Smart & Bernard Williams, Cambridge University Press.

② 我的导师徐向东教授提醒我注意到这个问题。

在提出一项出于义务的要求，而且也提出了一项超义务的要求。标准后果主义的这个弊病，被理论家们称作“过分要求”（over-demanding）或者“过度要求”。[①]

二、“过分要求”与个人性行动理由

道德理论面向行动者提出“过分要求”，从根本上来说，首先是因为那项道德理论与行动者的关系首先被视为是“内外有别”的，进一步地，道德又从外部向行动者施加了要求，并且这种要求被始终当作是压倒性的（overwhelming），因此，道德行动者自己的各种各样的行动理由据说就遭到了道德理论所提出的那些要求的决定性挤压，这就是道德要求相对于行动者来说“有些过分”的真正涵义。

沿着这个方向的理解，伯纳德·威廉斯给出了一个经典的批评，认为标准后果主义的道德要求破坏了个人完整性：由于标准后果主义要求行动者将不偏不倚的观点所推荐出的行动理由视为是道德思维中应当始终占据压倒性地位的理由，标准后果主义就对行动者的个人生活企划造成了“分离性”。[②] 从这个方向出发，在考虑“我们究竟亏欠全球穷人什么”这个问题时，有人就可以论证说，标准后果主义看起来要求行动者站在不偏不倚的观点上对全球的贫困者的处境给予关切，就这一点而言，这个要求即便是实践上可能的、也是心理上不可能的。持有这种异议的人会进一步论证说，为了使得援助的道德在心理上具有可能性，相对来说更为可信的观点就应当是：我们最多只是在道德上被要求去缓解我们熟识和了解的、特别是那些其处境对于我们来说具有重要意义的人们所因贫困而遭受的痛苦。

就像我们已经看到的，日常道德确实持有这样一种观点，但是，这个观点对应着十分低、甚至都称不上是一种“要求”的道德水准。如果我们承认后果主义正确地回答了“我们亏欠全球穷人一个援助他们的道德责任”，那么，我们最多只需要处理威廉斯等人针对“个人分离性”问题的担忧，而并不需要在根本上放弃后果主义说出了正确意见的那些地盘。塞缪尔·谢夫勒

---

① 这里我们需要区分道德要求和“过分要求”这两个概念。一般而论地说，既然道德理论具有“行动引导”的特征，那它当然也就会面向行动者提出一些要求（requirement）。但是如果道德理论面向行动者提出的要求会导致行动者为尊重那项道德要求而必须付出格外高的代价或者个人牺牲，那么，对于这样的道德理论来说，就存在所谓的“过分要求”（over-demanding）问题。

② Bernard Williams, 1971, *Consequentialism and integrity*, *In Utilitarianism*: *For and Against*, by J. J. C. Smart & Bernard Williams, Cambridge University Press.

为此发展出了一种试图兼容下“个人观点的天然独立性”的“混合理论”。① 按照谢夫勒的观点，行动者的个人企划由于具有“天然的独立性”，因此，在行动理由的慎思中他有一个“特权”（prerogative）赋予自己的“个人观点”所推荐的理由以一个特定程度的优先，也就是说，在实践慎思中，行动者有一个“特权”来放大自己的“个人观点”的行动理由，并将其与不偏不倚的观点所推荐出的行动理由做比较和算计。谢夫勒的“行动者中心特权”（ACP）相对于标准后果主义来说，不同之处就在于它有两方面的承诺：一方面，它允许行动者“个人观点”的行动理由在实践理由的慎思中获得一个特定比例的放大；另一方面，它允许行动者将这个放大后的理由同行动者一旦占据不偏不倚的观点就会获得的行动理由加以比较。而标准后果主义既不允许这种放大、也不允许这种比较。

现在，让我们假设，除了基本生活费外，约翰额外地获得了一百美元，他可以用这些钱来买一个朝思暮想了很久的电动玩具，也可以立即填写此刻就在他面前躺着的一张支票，这张支票将用于捐助海地的一个儿童、使他能够免于饥荒并幸存下来。如果约翰的道德思维完全被不偏不倚的观点占据，那么他立即就可以算计出，一个儿童的生命比起一个朝思暮想的电动玩具来说要重要得多，因此，标准后果主义当然要求约翰去填那张支票。不过，按照谢夫勒的设想，约翰也当然地拥有一个特权使得“购买那个电动玩具因为它是我朝思暮想的”（理由 R1）这样一个行动理由获得一个特定比例的（比如说 M 倍）放大。现在，假设对于约翰来说，买那个电动玩具的欲望无比强烈，以至于占据了他的几乎全部心思，如果接受谢夫勒的观点立即就会使我们说，放大了 M 倍的理由 R1 可以压倒“挽救那个孩子的生命，因为如果我占据一个不偏不倚的观点的话我就会这么做”（理由 R2），那么我们看起来就得到了一个令所有体面的道德行动者感到羞愧的结论：满足对一台电动玩具的欲望比挽救一个孩子的生命，对于强烈欲望着那台电动玩具的人来说，更有价值。这个结论是令人羞愧的，因为一个孩子的生命正在遭受严重饥饿的威胁，而约翰说不定刚在 ebay 上确认订单就立即会失去对那个电动玩具的兴趣。谢夫勒当然可以回应说，这个理解是误导性的。因为他可以说，人的生命具有无限大的价值，如果约翰知道他的一百美元可以挽救那个孩子，那么他的理由 R1 无论怎么放大也不会压倒理由 R2。

---

① 见 Samuel Scheffler，1994，*The Rejection of Consequentialism*：*A Philosophical Investigation of the Considerations Underlying Rival Moral Conceptions*，Oxford University Press. 我在本文中对谢夫勒观点的批评与我在《最大化合理性、个人观点与道德理由》中所提出的批评完全不同，在本文中，我主要讨论谢夫勒的观点适用到全球正义领域时所可能出现的问题，参见我的《最大化合理性、个人观点与道德理由》，《哲学分析》，第1卷，第1期，2010年6月。

那么，让我们变换一个例子。假设约翰是一位罹患不治之症终将死去、但是获得这一百美元就将多活几天因此能够圆了自己“看马上就要举行的那届奥运会的开幕式”的心愿的老人，这个心愿对于约翰的生命意义来说非常重要，因为他的女儿将有望在这届奥运会的开幕式上代表所有的运动员致辞，另一方面，约翰也可以填写那张支票，用以挽救一个生命正受到饥饿威胁的海地儿童。

在后一个例子中，M 倍的赋值变得格外艰难，因为看起来，约翰如果捐出那一百美元，那么他的心愿再也不可能有机会实现，而且，那个心愿对于约翰来说，可以用“永恒的”一词来形容，因为他很快就会离世。另一方面，约翰看不看那场开幕式都将在几天内死去，但是那一百美金会挽救一个孩子的生命，而那个孩子一旦幸存，预期上来说会活得更久。因此，从一个不偏不倚的观点出发，标准后果主义要求约翰捐出那一百块钱，虽然这显得有点苛刻。但是比起标准后果主义的苛刻但不失为坚决的要求来说，谢夫勒的“混合理由”看起来有点手足无措，因为他的“赋值”方案在这个例子中遭遇了极大的困难。除非谢夫勒能够避免这种赋值上的模糊性，否则，由于道德理论的一个根本作用就在于它的“行动引导”功能，谢夫勒对此的模棱两可会使他的修正方案最终丧失吸引力。

为了避免这种模棱两可，谢夫勒就需要为捍卫他的理论的精确性而提供进一步的说明。谢夫勒必须承认，行动者在确认自己的道德责任时，需要预先确认自己所处的环境的道德形势（moral situation）。而要确认和判断自己所处的环境的道德形势的分量，它就还需要更加预先地具有一个完备的价值度量标准。一旦妥协到这一步，谢夫勒就面临了一个尴尬的问题：他要么得承诺说，这个完备的价值度量标准是客观主义意义上的，要么就得承诺说，这个完备标准是主观主义意义上的。也就是说，他必须要么承诺一个客观主义的价值理论、要么承诺一个主观主义的价值理论。然而，如果谢夫勒承诺一个主观主义的价值理论，人们就可以立即回应说，既然在根本上我对 M 值的判断依赖于我对事态价值的判断、而后者是我的主观预期所设定的，那么，如果我在根本上不知道全球穷人的处境（比如说，因为我生活在一个富裕国家的富裕家庭，每天只看卡通节目），我是否可以正当地对“我们亏欠全球穷人什么”这个问题给予一个“没有”的回答？如果谢夫勒诉求于客观主义的价值理论，那么，尴尬之处就在于，谢夫勒为了避免它的理论的模糊性，他大概就需要具体地对各种道德形势中的 M 值有一个设想，而这个策略实际上为道德行动者施加了另一种“过度要求”，即要求行动者具有过分的“道德敏感性”（moral sensitivity），因为它要求行动者必须熟练地理解和掌握相对于具体情境的那些赋值。并且，如果那些赋值最终来源于客观主义基础上的价值理论，那么谢夫勒同样必须说明为什么行动者采纳那个赋值方式所对应的客观主义的价值理论就不会导致标准后果主义据说会带来的

“个人分离性”问题。[①] 所以，谢夫勒的策略在处理“我们亏欠全球穷人什么”时，并不能在根本上避免“过分要求”问题。

而且，谢夫勒的策略本质上来说是试图保存标准后果主义所采纳的“最大化合理性”主张，又打算容纳进反理论的思想家和道德论者对标准后果主义所持的不满。根本上来说，他的论证仍然是在个体性道德理论（individual moral theory）的框架内开展的，[②] 换句话说，对于谢夫勒来说，他所主张的那种“混合型”的道德理论在根本上仍然只是着眼于个体行动者所采取的行动。因此谢夫勒的策略实际上只能就“我亏欠全球穷人什么”给出一个模糊不清的回答，而根本无法回答“我们亏欠全球穷人什么”的问题。

或许有人会说，即便承认说标准后果主义和谢夫勒的混合理论在根本上是个体性的、只是针对“我”的，但是，由于相对于道德理论的最终关切而言，个别行动者的道德行动最终具有一个积聚（aggregative）效应，因此仍然能够回答一个有关“我们”的问题。根据这种设想，虽然这种个体性道德理论确实只面向具体的行动者提出了道德要求，但是，一旦那些行动者都履行了道德所要求的义务，那么，这些履行道德要求的行动堆积起来所形成的积聚效应看起来仍然可以被视为是在回答“我们亏欠全球穷人什么”的问题。

但是，这个反驳是似是而非的。即便我们退一步说，积聚效应确实能够通过回答“我亏欠全球穷人什么的”的问题最终间接地对“我们亏欠全球穷人什么的”给出说明，然而，这种积聚效应对于谢夫勒的“混合理论”来说是不能出现的、而只有在标准后果主义框架内才有希望产生。让我来对此作一个详细说明。谢夫勒的混合理论在根本上缺乏标准后果主义所隐含的那种自我与他人的对称性。[③] 按照标准后果主义的主张，道德要求是面向每一个行动者提出的，这项要求如此简单，以至于并不在自我与他人之间作出区分：标准后果主义对行动者自己所提出的要求，也同样地面向所有的他人提出，换句话说，对于标准后果主义来说，道德可允许性（moral permissibility）的思想在内容上相对于每一个行动者来说都是一致的，在这个意义上，道德要求施加给行动者自己的也同等地施加给每一个他人。然而，当谢夫勒诉诸于“个人观点的

---

① 如果一项道德理论表面上看起来允许“个人观点”在实践慎思中占据一个分量，但最终却要求行动者对某种形式的客观主义价值理论所推荐的道德善好（moral goodness）保持高度的道德敏感性（moral sensitivity），那么，我认为，它在根本上仍然是“过分要求”的。

② “个体性后果主义”的概念出自 Mulgan，见 Tim Mulgan，2001，*The Demands of Consequentialism*，Oxford University Press.

③ 关于自我与他人的对称性观点，麦克·斯洛特的探讨见于他的 Michael A. Slote，1985，Common-Sense Morality and Consequentialism，Routledge & Kegan Paul Books Ltd. 中文世界的讨论，见徐向东，2007，《自我、他人与道德》，北京大学出版社，特别是第 11 章。

天然独立性”时，他实际上就已经放弃了标准后果主义所预设的这种对称性，因为按照混合策略，行动者具有一个特权去赋予个人观点所推荐的行动理由以 M 倍值的放大，但是行动者生活企划的多样性和对生活意义的各种各样理解，使得这个 M 倍值的放大高度依赖语境和形势，因此，不管促使他们赋出那样一个数值的价值理论基础是客观主义的还是主观主义的，行动者 A 和行动者 B 所赋予的 M 倍值都可能是不一样的。这样，道德要求行动者 A 去做的事情，相对于行动者 B 来说，就可能不再构成一项道德义务、至少不构成同样强度的道德义务。于是，我们就看到，在谢夫勒的策略下，道德对行动者 A 和行动者 B 提出的要求并不必然具有一致性，正是在这个意义上，自我与他人之间的对称性不复存在。但是，道德归根到底不能依赖于一种主观的判断来支撑它的正当性。道德要求与道德主张（moral claim）之间存在着根本区别，一个人完全可以从道德的观点上向他人提出一项主张，但是，这项主张并不直接就能成为一种道德上所要求的事情。① 当然，如果一个道德共同体中存在着一种类似于“客观化”的机制来约束道德主张的正当性，那么，道德主张也就获得了转化为道德要求的可能性。但是，如果没有类似机制的约束、如果道德面向不同行动者所提出的要求具有不一致性、而且这种不一致性在根本上是据说由于行动者的“个人观点”的“天然独立性”，那么，它实际上就蜕化为一种类似于高度依赖主观判断的东西，因而不仅格外地随意，而且也完全有可能被忽略。所以，要想通过行动的“积聚”来合理地解释道德责任在“我”与“我们”之间的过渡，自我与他人的对称性是一个必须预设的前提。因为，比方说，如果约翰是一个道德品质极其高贵的人，在他的实践慎思结构中，个人观点所推荐的行动理由与不偏不倚的观点所推荐的行动理由高度重叠，因此，对于他来说，道德允许他、也要求他同样地回答“我亏欠全球穷人什么”这样一个问题：我亏欠全球穷人如此之多，以至于我必须捐出尽可能多的财产，直到再继续多捐一点我就会对自己造成严重牺牲。然而，在“混合理论”的框架下，约翰对“我亏欠全球穷人什么”采取的这个回答，除非被补充进“每一个其他行动者在道德品质和动机上都一致于约翰自己”这样一个决定性的条件，否则丝毫不可能“积聚”成为对“我们亏欠全球穷人”什么的回答，而那个决定性的条件，恰好是一个预设了自我与他人的对称性的道德理论所隐含要求的。

---

① 道德主张在什么样的意义上具有道德要求的涵义，或者道德主张依靠什么样的机制而成为一种道德要求，是一个格外复杂的问题，出于篇幅的考虑，在这里我无法作出更为精致的说明，这个任务有待稍后完成。

三、责任的公平分配

我们已经看到，个体性的后果主义道德理论面向每一个行动者提出了道德要求，但是这些道德要求就好比是一个“理想的道德世界向我提出的律令”。面对这样一个律令，个体性后果主义只为行动者在逻辑上预留了一个接受或者不接受它的空间，而且，如果行动者不接受那个律令，那么，他实际上就违背了道德的要求，从而做了一件道德上错的事情。但是，在我们真实身处的世界之中，当我们考虑“我们亏欠全球穷人什么”这样一个问题时，如果我们采纳了个体性后果主义的“最大化合理性”的要求，那就意味着我们需要在缓解全球贫困方面始终要个体性地去采取个别最优化行动。不过，由于我们所身处的这个真实世界中，许多富人和富有优势的国家实际上很少按照这样一个要求来行动、甚至令人羞愧地长期对全球贫困保持冷漠，因此，真实世界中的“反对全球贫困”的负担就不合理地落到了那些恰恰愿意承担后果主义道德要求的那些行动者身上。并且，尴尬之处看起来恰恰就在于，如果你是一个愿意承担这份道德责任的“体面的道德行动者”，那么，道德要求你承担的负担实际上是那些不愿意承担这份责任的人所遗留下来的。按照个体性后果主义的逻辑，如果你疏于承担本该由不愿意承担这份责任的人担负的那些责任，那么，从后果主义的观点看，你就做了一件道德上值得责备的事情。对于这样一个观点，我们立即就会感到它是不公平的。这样，我们看到，一个可信的后果主义道德理论需要去考虑责任分配的公平性问题。

有人可能会反驳我说，既然标准后果主义的道德可允许性思想在自我与他人之间预设了一个对称性，那么，它实际上不也就在自我与他人的责任分担问题上预设了一个公平的要求吗?然而，我们在这里要对理想世界中的道德要求和真实世界中的道德要求作出严格区分。标准后果主义确实可以合理地要求在自我与他人的责任分担问题上预设一个公平的要求，不过，标准后果主义的这个预设实际上是站在一个理想世界中提出的，在那样一个理想世界中，每一个道德行动者可以被视为是完全地服从了标准后果主义所推荐的道德理由和它所指派的道德责任。但是，一旦进入到真实世界中，标准后果主义在理想世界中所预设的那样一个“完全服从”就不复存在了，同时，由于标准后果主义的个体性特征，它本身也根本没有资源要求行动者在真实世界中服从道德要求时对他人是否服从的问题给予一个关注。所以，不公平的问题对于标准后果主义来说，是它进入到真实世界后必然面临、无法消解的。当然，如果采取更强的说法，我们实际上也可以说，标准后果主义归根到底是不关注真实世界中的不完全服从问题的，一旦它在根本上采纳了一种个体性的立场，它也就同时主动放弃了在“关切他人行动”的道德必要性问题上为自己提出可信说明的机会。

可能有人立即会问，谢夫勒的混合理论能不能处理得了这个“不公平”问题呢？因为，谢夫勒的混合理论既然也是一种个体性道德理论、并且总体上是一种修正形式的后果主义策略，那么，如果谢夫勒能够回应这个批评，他就不仅处理了“不公平”问题本身、也从根本上挽救了个体性后果主义理论据说注定要导致这个结局的命运。

为了回答这个问题，我们就需要进一步澄清“不公平”问题的本质：一旦后果主义预设了自我与他人的对称性并且对不偏不倚性有一个承诺①，那么，不管是在理想世界还是在真实世界中，后果主义都对每一个行动者提出了同等的道德要求（moral requirement），但是，这种同等的道德要求在理想世界和真实世界中给行动者带来的负担是不一样的。在理想世界中，由于每一个行动者都“完全服从”那些道德要求，因此，这些道德要求施加给每一个行动者的负担是一样的，在这个意义上，道德要求施加给了每一个行动者“公平”份额的负担。但是，在真实世界中，由于并不是每一个行动者都完全服从那些道德要求，然而，后果主义在理想世界中鉴定出来的那些道德要求，一旦进入真实世界之中，又仍然要求行动者促进后果事态的“最大化”或者说“最优化”。于是，在真实世界中，恰好是那些更愿意服从道德要求的行动者需要去承担额外的负担，正是在这个意义上，道德要求施加给了那些更愿意服从的行动者以“不公平”的负担。

谢夫勒的策略在根本上并没有考虑理想世界与非理想世界的区分。对于谢夫勒来说，他只是要在标准后果主义的结构中嵌入一个“个人观点的天然独立性”，以便使得个人观点所推荐的行动理由在实践理由的慎思中拥有一个恰当的分量。谢夫勒之所以这么做，实际上是因为他注意到在自我利益（self-interest）的理由与道德（morality）的理由之间存在着一个内在的紧张。他在试图给予自我利益的理由或者说个人观点所推荐的行动理由以一个受到“解放”的地位时（在这个意义上，谢夫勒称自己的工作为“解放策略”），也不打算从根本上破坏标准后果主义所承诺的不偏不倚性。因此，谢夫勒实际上就继承了困扰西季维克的所谓的实践理由的二元性问题。② 如何处理自我利益与道德的紧张、如何说明自我利益的道德地位，对于谢夫勒

---

① 预设自我与他人的对称性与承诺不偏不倚性是两个不同的事情。自我与他人的对称性问题是相对于道德可允许性思想而言的，不偏不倚性是相对于形成道德理由所占据的观点而言的。因此，许多道义论者当然可以允诺一个不偏不倚性的要求，但是由于道义论的观点在相对于自我而言的可允许行动和相对于他人而言的可允许行动之间持一个不对称的观点，因此，它不预设那个不对称性。

② 西季维克所说的实践理由的二元性是指，就实践慎思中构想一个可能行动来说，我们既可以有占据自我利益的观点所形成的实践理由，又可以有占据不偏不倚的观点所形成的实践理由，这两种理由之间既有可能是冲突的，然而我们又没有根本性的或者说决定性的理由指出哪种实践理由应当具有压倒性的地位。见 Henry Sidgwick，1981，*the Method of Ethics*，Indianapolis：Hacket. 特别是 Preface xii.

来说，是始于他的策略的起点的问题，它们在谢夫勒的整个策略中既占据着一个辩护的地位，也占据着一个解释的地位。同时，就像我们前面所说的，谢夫勒的策略具有语境上或者说道德形势上的高度敏感性，因此，他的理论很难像标准后果主义那样鉴定出一个一般而论、同时又面向每一个行动者的行动正确性标准，因为如果非要这么做的话，那么谢夫勒就得首先预设一个非常强的意义上的客观主义价值理论。当然，如果谢夫勒确实打算诉诸于这条路线来避免他的混合策略可能具有的随意性，那么，他大概就需要诉诸于理想世界和真实世界的区分。不过，在讨论标准后果主义时诉诸于这个区分是为了鉴定出一般而论的道德要求，而谢夫勒如果诉诸于这个区分，最直接的办法是要鉴别出一个客观主义的价值清单，然后在这个清单的基础上解决他的"混合策略"的模糊性问题。可是，这样一来，谢夫勒的混合策略又面临了我们已经讨论过的"过分要求"问题。① 所以，为了排除"过分要求"问题，谢夫勒就必须放弃这条论证路线，也正是在这个意义上，谢夫勒的理论就排斥了在理想世界中鉴定道德要求的做法。但是，这个问题对于标准后果主义来说是不存在的，因为标准后果主义在理论上排除了个人观点所推荐的行动理由在道德上的分量。因此，就算谢夫勒可以在他的策略中勉强地降低"过分要求"的程度（我们已经在前面一节指出了这是不成功的），然而，标准后果主义在理论起点上就必须加以处理的道德责任分配的公平问题，对于谢夫勒来说完全不存在。

就像我已经指出的那样，"不公平"的问题实际上是真实世界的道德行动者不完全服从理想世界中所鉴定出来的道德要求的问题。标准后果主义告诉我们，我们亏欠全球穷人一个道德责任，但是这并不意味着这种道德责任是没有限度的，否则，后果主义在它看起来最有吸引力的地方恰好丢掉了他的理论上的可信性和实践上的可能性。然而，个体性后果主义归根到底是聚焦于行动的（act-focused），它对个别行动者的关注最终依赖于它对那个行动者的特定行动的关注。② 不管如何修正，只要个体性后果主义不摆脱掉它的这个"行动聚焦"的根本特点，它在回应"不公平"问题时就是无能为力的，因为，它始终无法在以行动为中心的道德评价视角中强加上一个公平分配责任的要素。

---

① 在上一节中我已经对此作出说明。

② 说个体性后果主义是"行动聚焦"的，既是说它是聚焦于个体行动者的行动的，也是说它是聚焦于行动者的个别行动的。从这个意义上来说，我所讨论的个体性后果主义本质上也是一种行为后果主义。不过，为了避免谈论行为后果主义时必须在作为行动正确性标准的行为后果主义与作为决策程序的行为后果主义作出区分所带来的复杂性，我在这里不使用"行为后果主义"的术语。

四、朝向一种集体性后果主义原则

我们已经看到，在回答“我们亏欠全球穷人什么”这个问题时，要想保存后果主义说得正确的方面，就得恰当地回应“过分要求”和“不公平地分配责任”的指责。在这一节中，我将论证指出，“过分要求”的批评在根本上是误导性的，而“不公平”指责则正确地将辩护后果主义引向了一种集体性道德理论的方向。

后果主义的道德理论遭遇了来自“破坏个人完整性”方向的异议，正是为了避免这个方面的异议，谢夫勒才诉诸于所谓的“混合理论”策略，企图将“个人观点推荐的理由”与后果主义的“最大化合理性”要求调和到一起。但是，如我已经指出的，谢夫勒采取这种策略并不成功，而且，更为严重的是，在我看来，当谢夫勒试图正面地去提出调和方案时，他实际上就已经落入了“过分要求”指责所预设的某种理论前提和方法论当中。让我进一步澄清我的这个观点。来自“个人完整性”异议的“过分要求”指责在根本上承诺了一种实践理由的二元论，这个观点认为，相对于一个特定行动者而言，实践理由中存在两个互竞且不可通约的成分：不偏不倚的观点所推荐的理由和个人观点所推荐的理由，因此，对于一个行动者来说，行动的合理性有两个不可通约的成分，即不偏不倚的合理性和自我利益的合理性。由于标准后果主义的一个根本特征乃是从事态出发，通过对事态所可能实现的价值加以排序，要求行动者采取一个行动来促进那个事态的最大可能价值的实现，并以此判断行动的正确性，因此，看起来它就难以兼容下“个人观点推荐的理由”。特别是，如果我们承认个体性后果主义具有一个“行动聚焦”的特征，那么，我们就很容易发现，个体性后果主义的这个特征，归根到底来自于它所采纳的那个“事态聚焦”的视角。对于事态之外的东西，标准后果主义并不必然打算赋予它们以一个恰当的关注，而且，后果主义所说的“事态”，并不必然地兼容包括行动者的能动性在内的各种各样的其他因素。这样，批评者通过这个论证路线，就向我们表明，标准后果主义或者一般来说的那种个体性后果主义策略，在根本上依赖于一个独立于行动者的真实生活意义的道德标准、因而诉诸于一种由外向内的“立法”模式的实践理由结构。因此，那些批评者所持的“过分要求”指责如果成立的话，在根本上来说，后果主义就很难捍卫它的最原始的“事态聚焦”的承诺，后果主义所承诺的在我看来也是其吸引力所在的那个具有客观主义地位的道德标准才真正成了“无源之见”，也正因此，如果不加反思地去试图缓和“过分要求”指责，那么，后果主义的辩护者们就会落入反对者所设下的理论圈套。

实际上，那种硬要在不偏不倚的合理性与自我利益的合理性之间划出一个截然的界限的做法，是有方法论根源的。① 按照被阿兰·伍德称之为“西季维克式科学方法论”的思路，道德原则是从一些基础性原则中演绎出来的，当这些被演绎出来的原则遭遇到“日常反思”和“直觉”的挑战时，理论家们的“科学”工作就是通过调和道德原则与“日常道德直觉”之间的张力来完善道德理论的基本内容。我们很容易就发现，谢夫勒显然是采纳了这个方法论策略。但是，这个方法论策略在根本上预设了一个重要的观点，那就是说，那些从基础性原则中演绎出来的道德原则本质上必然会与“日常道德直觉”发生某个方面的冲突。所以，如果沿着这条方法论路线走下去，道德理论家们的工作就好比是非要在灰白色的泥浆中把黑色和白色区分开来、再重新调和到一起形成一种“更恰当”的灰白色一样，这种工作即便不是徒劳无益的，至少也不是道德哲学根本上试图致力的事业。

与这个方法论不同的是，我们毋宁对道德和人类生活的关系采取一种更加完整的理解。按照这种新的理解，道德理论的方法论就在于，我们首先通过反思将日常道德直觉鉴定为“好”的东西识别出来，然后，我们将那些多元主义式的“好”理论化（theorizing）为道德规则。按照这种“反思平衡”式的策略，道德规则并不必然地与人类生活的日常直觉发生冲突。

就像这个世界的任何一个角落的人或许通过最简单的反思都能发觉的那样，在人类技术如此进步的今天，仍然有如此众多的人面临饥荒、战争和恐怖主义威胁，这无论如何是应该被加以避免的事情。正是这些事态的“坏性”（wrongness）或者说“邪恶”性，使得“采取行动来避免它们”成为一种具有道德重要性的事情。比起其他竞争的道德理论来说，后果主义直接地表明，面对这样一个世界状态，“采取行动来避免它们”不仅是一件道德上相关的事情，而且还是一项直接的道德要求，这是后果主义策略面对这个问题时的最大吸引力所在。那么，既然后果主义具有这个吸引力，只要我们放弃那种“西季维克式科学方法论”的思考路径、跳出不偏不倚的合理性与自我利益的合理性的对峙，转而去思考后果主义在这个问题上究竟说出了什么更为要害的思想，我们就有希望在面对“过分要求”异议时，通过指出这个异议是误导性的，来最终捍卫后果主义的理想。

我们看到，后果主义在坚持“个体性”策略时好像面对行动者提出了不切实际高的道德要求，而且这种道德要求好像在分配时并不公平，在前面的论证中，我都将其暂时地处理为后果

---

① 最近，阿兰·伍德在批评德里克·帕菲特新近的一项工作时，也讨论了这个问题。不过，我的批评独立于伍德的工作。伍德的观点，参见伍德对帕菲特新著 *On what Matters* 的批评，该书的第一卷将于 2011 年由 Oxford University Press 出版，目前学术界所使用的是帕菲特的手稿，该手稿的电子版全本可见于 http://fas-philosophy.rutgers.edu/chang/Papers/OnWhatMatters1.pdf，伍德的批评见于这个手稿的 pp. 393 – 409；与此处相关的讨论见于 pp. 394 – 397

主义的失策。现在，我要明确地说，正是后果主义看起来失策的这些地方，恰好构成了后果主义的理想。

就像我们已经在理想世界和非理想世界中作出区分那样，后果主义的"个体性"策略，只有在进入非理想世界时，才会出现那些看起来失策的问题。在一个人人完全服从"最优化"要求的理想世界中，道德世界面向每个人所提出的负担，恰好被降低到了极低的水平，因此，"个体性"策略在那个全面服从的理想世界中，不仅不会带来高负担，而且，由于人人完全服从，就道德负担相对于具体行动中的福祉的边际效用的水平来说，责任也是被公平分配的。因此，后果主义的理想，在后果主义的理想世界中，没有任何问题。

但是，真实世界的部分服从或者说不全面服从的实际道德形势，使得后果主义的理想出现了根本性的问题。不过，这个时候我们就需要去问，在这样一个真实世界中，到底是后果主义的理想出了问题，还是真实世界的人类道德状况出了问题？道德生活当然不是人类生活的全部，但是人类道德确实是人类特殊性的一个重要方面。面对一个不完全服从的道德世界，我们当然可以放弃后果主义的理想，以适应人类道德的现实状况。但是，人类在道德生活上始终致力于实现的那种卓越和人性完善的目标，立即使我们对这一可能的思路感到惭愧。因此，我们就需要在坚持后果主义的理想的同时，去面对后果主义的现实。

就像利亚姆·墨菲所设想的，在这样一个真实世界中，后果主义的吸引力再大，它也不能将那些不服从的人所遗留下来的道德负担强加给（也许是在心理上）那些恰好是愿意服从、而且是愿意完全服从的体面的道德行动者。① 在面对后果主义的现实时，"个体性"策略就不能彻底凑效，相反，为了使得道德不仅只是作为一种具有感召力的理想，而且也为了人类道德共同体本身的稳定和持久，道德需要具有制裁性（sanctien）的特点。② 因此，后果主义在真实世界

---

① 墨菲对这个问题有一个精致的讨论，在他看来，个体性后果主义实际上可以采取一个预备性的步骤鉴定出道德责任的总量，然后将它公平分配。这个步骤是这样的：假设我们所生活的世界是一个理想世界，也就是说，在这个世界中，每一个人都完全服从 OPB 的要求，于是，由于每一个人都在最大化地实现道德的要求，道德要求施加给每一个人的负担就是公平的。在这一理想世界中鉴定出来的那份负担，就是每一个人在真实世界中所要承担的道德负担，也就是"所有的行动者中立的道德理论要求行动者公平地予以采纳它的服从条件"。墨菲也将这个原则称为"集体性的行善原则"，参见 Liam B. Murphy，Moral Demands in Nonideal Theory，New York：Oxford University Press，2003

② 这也就是道德正确性的标准为什么不同于道德义务的原因所在。我们在讨论一个行动时道德上的不正确时，并不必然需要对那个行动者以制裁，但是，如果一个行动时疏于道德义务的要求时，那么，道德确实就有一个制裁那个行动者的要求。对这个观点的论证，可见 Richard Arneson，2004，"Moral Limits on the Demands of Beneficence?" In *The Ethics of Assistance*：*Morality and the Distant Needy*，Edited by Deen K. Chatterjee，Cambridge University Press，pp. 33 – 58，此处 pp. 51 – 56

中就必须去诉诸于“集体性”策略，通过合理地考虑如何分配道德负担，切实将每个行动者所需要担负的责任的下限标示清楚，对于那些疏于承担这个下限的行动者，道德要向他们发出警示、直至制裁。①

不过，后果主义在真实世界中诉诸于“集体性”策略，就意味着它同时也需要放弃采取“个体性”策略时所隐含的某种“世界主义”理想，也就是说，它必须充分地在作为道德负担承担者的个别行动者与作为道德负担承担者的制度或者各种各样的制度性安排之间做出区分，责任不仅需要在每一个个别行动者之间划分，也需要在行动者和他们所生活于其中的制度之间划分。相比较“过分要求”的指责而言，这一点，才应当是后果主义的道德要求所引发的真问题所在。所以，全球贫困的问题在根本上并不仅仅是个体行动者的道德义务问题，而且也是一个正义问题。②

---

① 我认为，这个思路兼容于某种共和主义的政治承诺。菲利普·佩蒂特在讨论他所设想的共和主义式国家时，确实采纳了一种“集体性后果主义策略”的思路。参见 Philip Pettit, Republicanism: A Theory of Freedom and Government, Oxford University Press, 2002，特别是第二部分，即第 5，6，7 和 8 章。当然，如何论证这种兼容性是一个很严肃的工作，需要留待别的场合来尝试。

② 在学术界最早指出援助全球正义不只是一种“慈善”、而是一个正义问题的是 Brain Barry，见 Brian Barry, 1982, “Humanity and Justice in Global Perspective” *Nomos XXIV*: *Ethics*, *Economics*, *and the Law*, ed. J. Roland Pennock and John W. Chapman, New York: New York University Press, pp. 219 – 52.

Consequentialism, Global Poverty and Moral Requirements in the Real World

Xi Zhang

Peking University

Abstract: It is attractive when consequentialists said that we definitely owe some moral duties to global poor people. But this idea is not so plausible if we encounter the objections of the over-demandingness and the distributing-moral-duties-unequally-ness. I will argue in this essay that the first objection is misleading in its first place on the one hand, and a more plausible strategy to argue about the consequential ideal in the issue of global justice should be from collective perspective some sort of on the other. More importantly, it is just in this consideration issues of global justice would not only be subjects about individual moral burdens, but also be subjects of justice.

Keywords: Consequentialism; Global Poverty; Over-demandingness; Moral Duty

自我欺骗与实践理性

——戴维森论合理性内部烦乱及其解决

◎ 陈常燊

复旦大学　上海社会科学院

摘　要：在实践理性领域，自我欺骗是合理性内部烦乱的重要情形。戴维森基于论文集《合理性问题》中提出的一套合理性理论，对自我欺骗与“根据的薄弱”、“一厢情愿”等非理性情形进行了细致的辨析，并进而提出，通过引入行动的因果解释和借鉴弗洛伊德“心灵分隔”理论，为对自我欺骗之根源的合理性说明给出了一条有价值的进路。

关键词：自我欺骗；实践理性；非理性；因果理论；心灵分隔

自我欺骗问题有着久远的历史渊源。在柏拉图的中期对话录《克拉底鲁篇》里，就有这样的名言：“没有任何东西比自欺更糟糕——欺骗者总在你家里，与你形影不离。”① 19 世纪以来，随着人们对非理性问题的关注，以及心灵哲学在英美等国的方兴未艾，自我欺骗问题得到了来自不同流派的哲学家们的重视。

在论文集《合理性问题》中，戴维森的三篇论文《非理性悖论》（1982）、《欺骗与区分》（1986）和《谁被愚弄了?》（1997），尽管前后相差十余年，但都是从非理性悖论的角度探讨自我欺骗问题的。不难明白他为何要如此重视自我欺骗问题：因为它与意志薄弱一道，构成了非理性的两个主要情形，而若要对人类的非理性行动进行合理化说明，自然就无法回避自我欺骗问题。他这些文章被看作当代哲学在自欺问题上的经典文献，与皮尔斯（Pears，D.）的著作《促动的非理性》一道，构成了当代至少英美哲学界对自欺问题的主要思想源泉，产生了相当大的影响。②

---

① Plato，*Cratylus*，428d.

② 法国学者杜庇（Jean-Pierre Dupuy）编辑的《自我欺骗与合理性的悖论》文集所收的文章基本上都是围绕戴维森在自我欺骗问题上的立场来展开，其中首篇文章是戴维森的《谁被愚弄了?》。参见 J. P. Dupuy (ed.)，1988，*Self-Deception and Paradoxes of Rationality*，Stanford：CSLI Publications. 此外，《在世哲学家文库·戴维森哲学》一书中，也有相当部分论文批评和讨论戴维森在自我欺骗问题上的立场。

在实践理性领域，自我欺骗是合理性内部烦乱的重要情形。戴维森基于自己提出的一套合理性理论，对自我欺骗与“根据薄弱”、“一厢情愿”等非理性情形进行了细致的辨析，并进而提出，通过引入行动的因果说明和借鉴弗洛伊德“心灵的分隔”理论，为对自我欺骗之根源的合理性说明给出了一个有价值的进路。

一、自我欺骗与“根据薄弱”

欺骗有两种形式：欺人与自欺。在欺骗他人时，欺骗者知道真相并对被欺骗者掩盖真相。但如果欺骗者和被欺骗者是同一个人，那么欺骗是如何可能呢？一个自欺者必定已经知道真相，因此他知道自己正在受骗，但这样一来似乎又由于强调他作为自己欺骗行为的牺牲品而忽略了他同时也作为欺骗者。《西方哲学英汉对照辞典》对“自欺”的解释是：“由于某种动机对于假的东西，或者相信某人知道或相信为假的东西故意装作不知。”① 该词条援引皮尔士的话说，自欺悖论以下列方式形成：“自欺者如何能相信某件事不是如此，然而却劝说自己，事情就是如此。”这个非理性悖论的实质是，一名成功的自欺者应当既相信 p，又相信非 p，但这似乎是不可能的。

（一）自我欺骗的构成要件

在此不妨借用戴维森对自欺情形的经典分析。假设卡罗斯有理由相信他没能过驾驶考试，因为他已经有两次没有通过这个考试了，他的教练对他说了一些令人丧气的话，再假设他在学习期间总是心不在焉，从未顺利完成过一次驾驶练习。考虑到在驾驶考试中，仅凭运气通过考试几乎不可能，因此我们有证据表明，他无法通过这次驾驭考试。但是，另一方面，他出于通过考试的强烈愿望，在心里为自己寻找到他似乎有可能侥幸通过考试的理由，比如他与考官关系很不错，相信考官会对他网开一面——尽管从朋友那里得知，这位考官素来以不徇私情著称。总之，理智地看，考虑到全部证据，他几乎不可能通过这次考试。想到这一点，卡罗斯特别沮丧。他为了努力摆脱对失败的担心，完全有动机去相信他不会再次失败了。无论实际情况如何，他总是希望自己能顺利通过考试（或者担心自己再次失利），然而正是这种希望或担心造成了他这一信念：他相信自己能通过考试。他之所以会有这种希望和担心，并进而为之寻求证据支持，直接由于他有一个强烈的理智态度：他不能通过这次考试。甚至这种理智态度越强烈，他

① ［英］尼克·布宁、余纪元编著，《西方哲学英汉对照辞典》，第 909 页。

这种希望和担心也越强烈。

卡罗斯希望自己能通过驾驶考试，或担心自己再次失利，这本是人的正常动机。之所以被称作自我欺骗，就在于这种希望和担心，是反其正当理由而行之的：按照考虑周全（ATC）原则，他本不该再去相信自己能通过驾驶考试，尽管他可以一如既往地希望或担心。戴维森对自我欺骗的界定是："行动者 A 在下述条件下就命题 p 而论是自我欺骗的：A 有证据表明，他相信 p 比它的否定更易为真；认为 p 或认为他应当理性地相信 p，促使 A 的行动造成了使他自己相信 p 的否定。这个行动可能只是一种背离支持 p 之证据的意向倾向；或这可能涉及寻求反对 p 的证据。"① 据此，我们可以列出自我欺骗的两个构成要件：

（1）A 有理由或证据相信 p 为真；

（2）A 采取了基于相信非 p 的某个行动，该行动要么出于一种意向（希望或担心），要么出于寻求证据。

由此可见，A 显然是非理性的，因为他同时相信了 p 和非 p；并且，这也是一个悖论，因为依据矛盾律，两个相互冲突的信念不可能同时为真。自欺的悖论之所以是非理性的，在于行动者同时"相信"了两个相互冲突的信念。在意志薄弱的情形中，做一件事的理由不能说明行动者最终未能做这件事情；在自我欺骗的情形中，持一个由全部证据支持的信念不能解释自欺者最终未能支持这个信念。

（二）自我欺骗与不自制

为了加深我们对自欺的理解，戴维森还将它与意志薄弱或不自制进行比较。在他看来，二者关系非常密切，但又有所区别："自我欺骗和意志薄弱有时相互强化，但它们不是一回事。……意志薄弱的结果是意向或意向行动，而自我欺骗的结果则是信念。前者是由不完美地达到的评价态度构成的，或主要涉及这种评价态度，而后者是由不完美地达到的认知态度构成的。"②

从直觉上看，自我欺骗与不自制的区别在于，自我欺骗是行动者在**信念上**未能采取较佳或

---

① Davidson, 1986, "Deception and Division", *PR*, p. 208. 亦参见江怡译，《欺骗与区分》，载牟博选编：《戴维森哲学文选》，第 527 页。

② Davidson, 1986, "Deception and Division", *PR*, p. 201.

最佳信念（即与其否定信念相比，能够得到更好或最好的理由支持的信念），而不自制是行动者在**行动上**（意向或意向行动）未能选择较佳或最佳的判断。鉴于（1）信念的内在融贯性与（2）行动的逻辑一致性是合理性的两个基本准则，因此违反准则（1）的自我欺骗与违反准则（2）的不自制一道，构成了非理性情形的两种主要情形。

然而不能简单认为，自我欺骗与不自制的主要区别在于前者指向信念，后者指向行动。根据前文分析，自我欺骗的关键之点就在于行动者采取了**行动**相信一个与其否定相比较少或没有证据支持的信念，这种行动既可以是一种诸如希望、担心的意向，也可以是寻求证据这种行动——尽管这两种行动都是某种命题态度或实践推理，而不是某种外在的行动。也许可以这么说，对于自我欺骗而言，行动是内在的，它通过理性生物的命题态度能力和语言、思维能力来完成；而对于意志薄弱或不自制而言，行动必须既是内在的，因为它必须基于内在的命题态度和实践推理，又是外在的，因为它必须付诸行动者的外在可见的实施。

（三）“根据薄弱”（weakness of the warrant）与自我欺骗

戴维森指出，在各自不同的方面，意志薄弱和自我欺骗都类似于某种认知错误，他称之为“根据薄弱”。他认为，这种认知错误只出现在某人拥有既赞同又反对一个假设之证据的情况中：他既有支持 p 的证据，也有支持非 p 的证据。对于不同人或不同时刻的同一人而言，有人或有时持有证据支持 p，有人或有时持有证据支持非 p，这是很正常的。但是，对同一个人在同一时刻而言，合理的情形应当是，若他支持 p 的证据越充分，则支持非 p 的证据就越薄弱。然而，在根据薄弱情形中，行动者心中有一种很强的信念意向，使得他总是同时支持 p 和非 p，显然这也是一种非理性情形。按照戴维森，这种做法违背了一个规范原则，它是由亨普尔和卡尔纳普提出的所谓“归纳推理全部证据的要求”（the requirement of total evidence for inductive reasoning）：当我们在确定系列互为排斥的假设时，该要求使我们相信由一切可行的相关证据高度证明的假设。

进一步我们得知，根据薄弱与自我欺骗的关系是：

（1）根据薄弱与意志薄弱的关联之处在于：“根据薄弱显然具有与意志薄弱相同的（或更好的、非逻辑的）结构；前者涉及面对冲突证据的非理性信念，后者则是面对冲突价值的非理性意向（也许还有行动）。”[①] 自我欺骗包括了根据薄弱的因素，因为在自我欺骗情形中，自欺者接受了他有全部证据证明的命题的否定，使得它有理由同时支持两个互不一致的命题。

---

① Davidson, 1986, “Deception and Division”, *PR*, pp. 202 - 3.

(2) 根据薄弱与自我欺骗的区别之一：自我欺骗超越了根据薄弱，因为在自我欺骗情形中，自欺者总是有理由支持他的根据薄弱，而根据薄弱本身是无需理由的；并且，自我欺骗并不总是像根据薄弱那样，需要一个外在原因。戴维森说："正是在这一点上，自我欺骗超出了根据薄弱，因为自欺者一定是有**理由**支持他的根据薄弱，他一定在形成这种薄弱中起到了作用。根据薄弱总是有**原因**的，但在自我欺骗情形中，根据薄弱则是自己造成的。促使离开行动者标准的不是分析了根据薄弱或意志薄弱（虽然无疑自己如此），而是分析了自我欺骗。"①

(3) 根据薄弱与自我欺骗的区别之二：在根据薄弱情形中，行动者并不意在欺骗自己，他似乎是站在公正立场为两个相反的信念提供支持，并没有支持其中哪一个信念从而获得自己所需要的东西那种动机。自我欺骗的关键在于，仅仅做某事而未使自己受到欺骗，并不构成自我欺骗。正如戴维森所言，自欺者一定意在"欺骗"。

二、一厢情愿、自我说谎与自我欺骗

当我们在关注非理性情形时发现，诸如一厢情愿（wishful thinking）、自我说谎与自我欺骗密切相关，以至于粗略看上去，我们容易把这三者混为一谈，在戴维森之前，似乎极少有人对这三种非理性情形作过精细的辨析。为了深入考察非理性情形的真实面目，戴维森首先对诸如一厢情愿、对自我说谎作了详细而精准的分析，其次从是否造成真正的非理性情形的角度对一厢情愿、自我说谎与自我欺骗作出了重要的区分。

（一）一厢情愿

在《合理性悖论》一文中，戴维森从一个例子切入对一厢情愿的探讨。假定有一个年轻人，他非常希望自己拥有一头姿态优美的小牛，然而，仅仅是这样一个美好的希望，使他最终相信他有了一头这样的小牛。他当然有正常的理由想要持有这个信念，比如这样能使他倍感欣慰和满足。但如果对他持有这个信念的**所有**解释就是说他想要相信这一点，那么他持有这个信念就是非理性的了。原因在于，行动者仅仅是希望持有某个信念并没有证明这个信念是真的，也没有以任何方式给出一个合理的证明，使他希望持有这个信念成为理性的东西是：他相信他有一头姿态优美的小牛这个命题应当是真的。仅仅是这样一个美好愿望并没有使他这个信念——我有一头姿态优美的小牛——得以合理化。据此，戴维森进而认为，这是一厢情愿的典型

---

① Davidson, 1986, "Deception and Division", *PR*, p. 205.

情形，是最简单的一种非理性。

在上面的例子中，使他相信有一头小牛的愿望是理性的，当且仅当他对自己拥有小牛的信念为真。行动者有愿望 P，导致他相信 P，但有相信的愿望不是信念为真的证据，也无其方式作为信念为真的证据。在《欺骗与区分》中，戴维森为一厢情愿给出了一个简短的表述："对一厢情愿最简单的描述是：（行动者）相信某件事情，只是因为希望它是真的。"①

这里的两个关键词是"希望"和"相信"。根据亨普尔（Hempel，K.）和卡尔纳普的全部证据要求，合理地相信一件事情需要充分理由，而这些理由必须外在于行动者对这件事情的心理动机——比如希望它为真。而"希望 p 为真"，显然不同于"相信 p 为真"，希望是行动者的个人动机，他当然有理由表明他为何要希望 p 为真而不希望 p 为假，但这里的理由与"相信 p 为真"的理由完全不同。对于"希望 p 为真"来说，任何一个心理动机都可以充当理由。比如行动者满可以合理地宣称：我希望 p 为真，只是因为持有 p 信念可以为给我带来快乐或满足，或者为我避免失落或痛苦。实际上，能给我带来快乐或避免痛苦的与其说是我的对命题 p 为真的信念，毋宁说是我对信念 p 的希望。因此，我们必须明确区分有理由希望持有某个信念与有证据合理地认为某个命题是真的。

现在我们知道，诸如"查尔斯有理由相信 p"这样的句子之所以模棱两可，就在于它未能很清楚地告诉我们，它指的是（1）"查尔斯有理由或证据相信 p 为真"还是（2）"查尔斯有理由或证据表明他希望 p 为真"。显然，对于处理一厢情愿这种非理性情形而言，明确区分这两种理由是十分重要的。根据戴维森，解释（1）是认知性的，因为它构成了使某人相信命题为真的证据；解释（2）是评价性的，因为它为我们提供了促使持有某种信念而行动的心理动机。显然，在一厢情愿情形中，行动者相信 p 就能引起相信 p 的愿望，他为了使自己希望 p 是真的而采取了行动，这种行动的动机是评价性的：行动者之所以支持 p 真，是由于它对自己有价值，是"好"的，尽管未必是"对"（指有充分证据证明 p 真而言）的。

简而言之，在一厢情愿情形中，仅仅是由于行动者的希望产生了信念而未能提供支持这个信念的证据，一个信念之所以是真的，是出于当事人希望它是真的，而不是出于他提供了支持其为真的证据。那么我们在此不禁要问，一个人把自己的想法引向自己想要的结果，这是什么行为？比如，作为一名妻子，当事人看见老公领子上类似口红的东西，由于她希望老公没有外遇，于是她认为这不是口红。再如，作为一名家长，行动者对小孩的学习成绩估计过高，很可能是出于鼓励而不是妨碍了小孩进步的愿望。在戴维森看来，这些现象可被看作

① Davidson，1986，"Deception and Division"，*PR*，p. 205.

是由一厢情愿所补充的宽容的自我欺骗。这种欺骗是善意的（benign），也就是合理的（reasonable）——就持有理由为之辩护而言，然而它却是非理性的（irrational）。

（二）一厢情愿与自欺的关系

依据戴维森的分析，从上文看来，一厢情愿与自欺有以下关系：

（1）一厢情愿与自欺皆属于非理性情形，因为它们的共同之处是相信 p 的动机构成了相信 P 的理由。

（2）并非所有的一厢情愿都是自我欺骗，因为自我欺骗要求行动者介入，需要行动者为改变自己的观点而行事，而一厢情愿无需如此。这表明，一厢情愿可能比自我欺骗更简单，而且前者总是后者的一部分；

（3）在一厢情愿情形中，信念起着积极而不是消极的作用；行动者希望得到的（有原因的）信念总是受到他本人欢迎的。但在自我欺骗中，情况有所不同，因为它所引起的思想可能是痛苦的。原因在于，自欺有时出于相信了一件对自己不利的事实，结果行动者虚构越美好就越痛苦。而一厢情愿出于不了解相关的真实情况，完全相信自己的想法，结果行动者本人得到了快乐。但问题是，妒忌他人为什么是相信了对自己不利的事，虚构越好越痛苦呢？他虚构了什么？他在自欺时根本不顾自己的感受，是对自己的折磨。既然自欺都是不顾事实把事情往自己认为好的方面想，为什么有些自欺会以一种“理性的”方式折磨自己？

（4）两者在有效的成分内容如何与它们所产生的信念相联系这个问题上，也存在差别。对一厢情愿来说，他最终相信的东西一定是他希望得到的东西。但自我欺骗的动机可能是由于希望相信他所希望的东西就是如此，还有其他可能性。

一厢情愿还有一点与自我欺骗有很大区别，就是一厢情愿并不必然造成非理性悖论。综上看来，一厢情愿是在并不知道真相时，出于愿望把事情往好的方面想，由于行动者未能相信他本不相信的信念，此处尽管存在非理性情形，但行动者并不同时相信一个相互矛盾的信念（比如同时相信 $p \wedge \sim p$）。卡维尔在为戴维森《合理性问题》文集所做的《引言》中指出：“单纯的一厢情愿就不是陷入悖论的情形，因为一个人也许由衷地相信他想要相信的东西。”① 基于未必确实的理由去相信自己更愿相信之事，相信的理由是未必存在的，或者他不在乎这种理由是否确实。在一厢情愿中，相信的动机是相信的理由之一（可能还有事实上的理由）。把希望 p 为真的愿望或动机本身看作相信 p 的理由。相信 p 的原因是行动者拥有

---

① Marcia Cavell，“Introduction”，*PR*，p. xix.

相信 p 的愿望或动机，而这种原因不同于相信 p 的理由。从行动者本人方面看来，一厢情愿往往是积极的。在一厢情愿情形中，行动者并没有同时持有两个相互矛盾的信念。行动者在一厢情愿过程中“悬置”了考虑周全的（All Things Considered，简称 ATC 原则）理由，他甚至并不想去知道这些理由是什么。这时，“证据不是被否定，而是被忽视”。①

因此，一厢情愿的构成要件是：

（1）证据未被考虑到，因此未形成恰当的信念；

（2）行动者有某种愿望有待满足；

（3）这种愿望导致了一个对行动者来说更易接受的信念的形成。

由于行动者自始至终并不关注考虑周全的证据或理由，从而未能形成恰当的信念，因而并不存在与他后来基于自身愿望形成的信念之间的不一致性问题，因而如果说此处存在明显的非理性情形，那么不是因为存在两个不一致的信念，而是因为存在被当看作信念形成之理由或证据的原因，这种原因就是愿望这些动机。但戴维森并不认为把原因当作理由属于非理性，与此相反，他认为只有把原因当作理由，才能对包括一厢情愿、意志薄弱、自我欺骗等“非理性”情形在内的所有行动进行合理化说明。

自欺相当于在行动者理智上相信 p 而不是非 p，但出于避免痛苦和担心失败的动机，转而相信非 p，并进而为非 p 寻找证据，但实际上他有更好的理由相信 p。在知道真相时，出于害怕真相带来的巨大压力，从而把事情往让自己容易接受的方面想。由于行动者相信了他本不相信的信念，此处有非理性情形。基于不确实的理由去相信自己更愿意相信之事，由于这个理由实际上不成立，所以他相信的真正动力只是他意图相信它。在自欺情况中，把相信的动机看当相信的唯一理由。从行动者本人方面看来，自我欺骗往往是消极的。在自我欺骗中，行动者一方面相信 p，一方面相信非 p。行动者在自我欺骗的过程中拒绝了考虑周全的理由，尽管他很清楚这些理由是什么。

因此，自我欺骗的构成要件是：

（1）证据被考虑到；

（2）适当的信念得到形成；

---

① Jon Elster, “Davidson on Weakness of Will and Self-deception”, in *Donald Davidson*, p. 440.

(3) 这个适当的信念被压制或否定，因为它与行动者的愿望不一致；

(4) 这种愿望导致了一个对行动者来说更易接受的信念的形成，显然这个新的信念与起初的合适的信念并不一致。

(三)“坏信念”、自我说谎与自我欺骗

在《存在与虚无》中，萨特（Sartre，J.）把自欺解说为“坏信念”（法文 *mauvaise foi*，英文 bad faith），这与他的存在主义主张密切相关，即我们力图通过接纳事物的特征而极力逃避我们的自由。他基于欺骗他人的模式而把自欺分析为自我说谎，但这产生了所谓自欺的悖论。*mauvaise foi* 是一种介于真诚（法文 *bonne foi*，直译为“好信念”）和欺骗之间的状态。自欺是“真诚”的，事情的真相并不明白展现，而是处在一种“半透明”的含混之中。自欺是建立在“理性”而又脆弱的基础上的信念。自欺者在自欺的瞬间认为其合理，虽然他后来有可能觉察到自己的错误。自欺不是一种状态，自欺是一种现象。状态是一段时间的绵延，自欺是即时的，瞬间完成的。比如一只气球爆炸了，我们不能说气球爆炸是一个状态，它仅仅是一个现象，因为爆炸过程是瞬间完成的。自欺承认的是并不存在的东西，因而是超越的。萨特认为，人是自由的，所以不可能不选择。人应该勇敢地选择自己的价值，并为他的选择承担责任，而不应该逃避责任，陷入自欺。因而，自欺本质上是一种消极的逃避行为。

与萨特对“坏信念”的存在哲学进路相比，戴维森对自我欺骗分析的哲学心理学进路显然旨趣迥异，不可同日而语。但是，萨特对自欺的思辨仍然能帮助我们把握到某些自欺现象的踪迹。在《意志薄弱如何可能?》（1969）一文中，戴维森将“坏信念”与自欺、伪善、无意识的愿望、动机和意向等一道，当作在某个方面与不自制行动相似的情形。① 在《非理性悖论》（1982）一文中，他并不回避萨特在非理性问题上的观点。② 国外学者对自欺问题的探讨也经常会在同一篇文章中引述萨特和戴维森。③ 事实上，人们常把“坏信念”理解成自我说谎或自我欺骗。行动者对他人说谎，相当于试图让他人相信一个他自己不相信的东西，而自欺是行动者对自己的说谎，他试图让自己相信一个他自己原本不相信的东西，即他

---

① Davidson，1969，“How is Weakness of Will Possible?”，*EAE*，p. 28.

② Davidson，1982，“Paradoxes of Irrationality”，*PR*，p. 171.

③ 如安斯帕赫（Mark Rogin Anspach）的“Madness and the Divided Self：Esquirol，Sartre，Bateson”，以及贝耶尔（Lawrence Beyer）的“Keeping Self-Deception in Perspective”，二文皆载 J. P. Dupuy，ed.，1998，*Self-Deception and Paradoxes of Rationality*，Stanford：CSLI Publications，pp. 59 – 85.

一方面又没有任何证据表明自己有某个信念，但另一方面就试图说服自己相信这一点。

一个人对他人说谎，相当于就某些命题的真值对他人进行有意地误导，他不仅要对被骗者隐瞒真相，还要隐瞒他的说谎意图。然而，当说谎者和受骗者是同一个人时，说谎如何可能呢？这也是戴维森要询问的问题：

> 一个人可能自我说谎吗？为了回答这个问题，我们必须首先询问，对任何一个人而言，说谎涉及到什么。显而易见的是，撒一个谎需要说谎者带着欺骗他人的意向而完成的一件言语行动，也就是，就某些命题的真值而对他人进行误导。……我们倾向于认为如果我们自我说谎，我们必须尚未意识到这就是我们做的事情。①

在戴维森看来，仅当说谎者本身并未意识到自己的说谎意图时，自我说谎才得以可能。

戴维森提醒我们，我们有时会无意中对自己撒谎。不唯如此，我们甚至还会在无意中对他人说谎。至少粗看起来，这与说谎的意向性特征是相矛盾的：说谎行为的构成要件就是有意向地或故意地向他人传输虚假信念，怎么会出现行动者对他人（或他自己）说谎而不自知的情况呢？我们是否要被迫承认存在两种意义上的说谎，即说谎者自觉的说谎（或称之为说谎Ⅰ）与说谎者不自觉的说谎（或称之为说谎Ⅱ）？不自觉的说谎可能是这种情形：行动者原本持有信念 p，但他在并非出于口误、记忆性失误等意外原因的情况下向他人（或他自己）传输了信念 ~p。这种说谎可能是习惯性的、下意识的。生活中不乏这样的人：对他来说，说谎成了一种习惯。也许正因为如此，对他人说谎都可以成为一种非理性行为。

然而，如果实际情况与戴维森所说的相反，存在某种带着行动者明显意图的自我说谎，那么自我说谎似乎并不需要不自知这个限制条件，因为任何情况下的自我说谎都是非理性的。

戴维森认为自欺与自我说谎有重要区别。说谎者意图使他的听者相信他听说的内容，这种意向对说谎者本身并不重要；说谎者相信他的听者故意与之作对，所以他就可能说出使其相信的反话。说谎者可能并不想让他的听者相信他所说的内容。我们认为，说谎者必须有的意向是：(1) 他一定想表明他相信他并不相信的东西（尤其是要断定他并不相信的东西）；(2) 他一定想对听者隐藏他的意图（虽然并不一定是他实际相信的东西）。因此，在某个方面，自我欺骗就很难解释为某人可能在说谎，因为自我说谎就包含了有违自己初衷的意向；而在自我欺骗中，行动者的意向和愿望与其信念相对立，或者其信念与其他信念相对立。

---

① Davidson, 1997, "Who is Fooled?", *PR*, p. 214.

三、自我欺骗的根源：行动的因果说明和“心灵的分隔”

回到前文的例子，假设卡罗斯成功地使自己相信他会通过考试。于是，他的过失造成“根据薄弱”，因为虽然他错误信念的证据，但他知道或认为，他有更好的理由相信他会失败。这是一种非理性的状态。他出于希望自己通过考试或担心自己再次失利的功机这种心理原因，导致了他相信自己能顺利通过考试这一结果，但这种心理原因不能充当其造成结果（即他相信自己能通过考试）这一理由，因为几乎全部证据都表明，他没有理由相信自己能通过考试。那么，在导致自我欺骗状态的过程中，在哪一点上存在这样一种心理原因，而它又不是造成这种心理状态的理由？这是戴维森关注的问题所在。

我们知道，合理性是理解的必要条件之一，合理性原则有三方面的要求：（1）行动者是理性的或明智的。根据戴维森，当我们认为某人是理性的或明智的，我们便最好地理解了他。（2）行动者支持一种信念，完成一个行动，需要依据全部证据充当信念或行动的理由。正如戴维森所说：“理由是心理事物的整体特征。”①（3）理由是通过信念的融贯性和行动的逻辑一致性而得以体现的，各种信念和愿望的命题内容不仅相互具有恰当的逻辑关系（推出或蕴含），而且与它们要去解释的信念、态度或意向的内容也有恰当的逻辑关系；信念和愿望的实际状态，引起了被解释的状态或事件。“不一致性就造就了不可理解性（unintelligibility）。”② 在非理性情形中，仍然有因果关系，但逻辑关系却失去或歪曲了。在非理性情形中，存在着一种并非由其造成结果之理由的原因。所以，在一厢情愿的情形中，一个愿望带来了一个信念。但是判断一个事态是或者将是可期望的，不是相信它存在的一个理由。自欺就是并非其结果之理由的心理原因所导致，就是自己造成的根据薄弱。根据戴维森，盲目的力量属于无理性的范畴，而不属于非理性范畴。要说明一个心理的结果，我们需要一个心理的原因，这也是解释这个结果的理由；一旦我们有了这个理由，这个结果就无法成为非理性的了。

据此看来，凡是行动者不需要充分理由而出于心理动机方面的原因而相信一件自己更愿意相信的事情，似是而非的非理性悖论源于在通常所说的非理性情形中存在至少一件并非其所造成的结果之理由的心理原因。（1）存在一个心理原因；（2）存在一个此原因所赞成的结果的理由；（3）原因不是理由。戴维森的行动与心理事件的因果说明取代理由说明，帮助消解了这个

---

① Davidson，1982，“Paradoxes of Irrationality”，*PR*，p. 183.

② Ibid，p. 184.

悖论。自欺的悖论之所以是非理性的，在于行动者同时“相信”了两个不一致的信念。在意志薄弱的情形中，做一件事的理由不能说明行动者最终未能做这件事情。在自我欺骗的情形中，持一个由全部证据支持的信念不能解释自欺者最终未能支持这个信念。

无人怀疑自我欺骗情形的实际存在，但有人怀疑自我欺骗是否算得上一种真正的非理性情形。如果我理解无误，那么这种怀疑的精致形式来自戴维森在《欺骗与区分》一文中列举的两位哲学家戴维·皮尔斯和肯特·巴赫。这两人分别代表两种来自相反方向的怀疑态度。根据前者，在自我欺骗情形中，自欺者一定“忘记”或向自己隐瞒了他如何最终相信他的作为。对此，戴维森认为，如果自欺者最终彻底“忘记”和完全证明了他更愿意看到的信念，这通过自欺成了一个过程而不是一种状态。但这种心灵的一致可能是不稳定的，因为现实存在的相反信念足够强大（这是自我欺骗产生的必要条件），当现实（或记忆）继续威胁被自欺者自己造成的信念时，连续的动机就必然会产生恰当的想法，使得这种原本一致的信念系统发生断裂，从新回到了信念不融贯的非理性状态。这表明，通过“忘记”、向自己隐瞒或“完全证明”的方式消除信念的不一致，并不能保证自欺者免于陷入非理性状态之中。然而这种“忘记”或向自己隐瞒可能将有一时之效，因此戴维森并不清楚的是，自欺者是否在任何时刻都处于一种非理性的状态。

根据后者，自欺者实际上无法相信相反证据的分量，亦即一旦理性的行动者得到了一个由全部证据支持的信念后，他就无法再去支持一个与此相反的信念。也许他能够从心理动机出发找出一堆理由，但他深知，这些相反信念在证据上不足以与原有信念相抗衡，因而缺乏足以达到并维持这种信念不一致的非理性状态的证据份量。如果皮尔斯的前述观点表明自欺者一旦通过采取“忘记”、向自己隐瞒等手段取得了足够强大的力量克服原有信念，那么原有信念将不足以与相反信念相抗衡，从而避免了信念的不一致状态的话，那么肯特·巴赫的这个观点则试图表明，如果自欺者一旦依据全部证据得到一个信念，那么依据心理动机等理由得到的相反信念将不足以与原有信念相抗衡，从而避免了信念的不一致状态。戴维森力图证明，人们是如何可能同时相信两个不一致命题，并且达到并维持了一种相互抗衡、互相隔裂的状态，从而间接地反对了他们的观点。他对心灵的分隔的分析，是处理非理性问题的核心内容。

戴维森接着指出，自我欺骗乃至非理性情形的根本原因，是“心灵的分隔”。他本人对此的表述是：“我们必须接受这样一个看法，即在心灵的各部分之间可以存在界限；我假设这个界限是在（明显）冲突的信念之间。这种界限不是由内省发现的；它们对融贯地描述真正的非理性提供了概念上的帮助。”① 其基本思路是，如果某人有不一致的信念或态度，正如我们所说的（客观的）非理性所需要的，那么他必须不时地信念命题 p 并且也相信它的否定。我们要在这些情况下划出一个界线：有人可以相信 p，并且在同时相信非 p；他不能相信（p 并且非 p）。在可能的情况中，同时地，并且在某种意义上积极地相信一个矛盾的命题，思想者无法把这两个与两个（或一个与一个）放到一块，即使这种失败就是他自己（也是我们的）的标准而来的。这个思路明显受到了弗洛伊德处理人类非理性问题的启发：

1. 心灵包括了大量半独立的结构，这些结构是由诸如思想、愿望和记忆等心理属性描画的；

2. 心灵的各部分在重要方面极其相似，不仅在具有信念、愿望和其他心理特征（或由它们所构成），还在于这些因素可以在意向行动中结合起来，以引起心灵之外的其他事件；

3. 某些描画了亚结构（sub-structure）的倾向、态度和事件，一定是根据物理倾向和力量的模式加以对待的，它们影响了心灵中其他亚结构或受到这些亚结构的影响。

承认这种心灵的分隔，在戴维森看来，对说明那些并非解释它们所造成的心理状态之理由的心理原因是必要的。只有通过区分心灵，才可能解释一个思想或冲动如何造成与其没有任何理性关系的其他思想或冲动。

四、简短的评论

专攻行动哲学和非理性问题的米勒（Mele，A. R.）认为，由自我欺骗所导致的非理性悖论实际上有两种形式，其一是集中于某一时间的一个自我欺骗者的心灵状态，其二是集中于自我欺骗的动态。前者是一种静态悖论，而后者是一种动态悖论。他把后者称作策略悖论：

> 一般地，当 A 的意图和计划被 B 所知晓时，A 不能成功地针对 B 运用一个欺骗策略。当 A 和 B 是同一个人时，情况也似乎如此。一个潜在的自欺者对其意图和策略的知识，能相当有力的使这些策略无效。另一方面，自欺者相当有力地成功执行了他们的自我欺骗策略，而无需知道他们正在做什么，这似乎是荒谬的；因为一个行动者的对其计划的有效执行，似乎一般都取决于他对这些计划及其目标的认识。因此，一般来说，一个行动者是如

---

① Davidson，1986，“Deception and Division”，*PR*，p. 211.

何通过运用一个自欺策略而欺骗他自己的呢?①

按照米勒所描述的分类，包括戴维森在内，大多数哲学家所关注的自欺悖论，实际上都属于静态悖论。戴维森所关注的，不是一名行动者如何才能做到自我欺骗，而是如果他是一名自欺者，那么他的心理状态是如何的。

自从1982年发表《非理性悖论》一文之后，戴维森试图在一个统一的框架内解释非理性现象。他认为，仅当心灵在某种意义上内在地分隔时，非理性现象才会发生。与弗洛伊德（同时也代表传统观点）不同的是，他认为这种心灵的内在分隔不需要与意识和无意识的区分相对应。"不自制的标准情形是行动者知道自己的所作所为，也知道他为何如此行事，也知道他的行为并不是最好的选择，他知道为何会如此。他承认他自己的非理性。"② 当戴维森拒斥意识－无意的分隔作为导致非理性的条件时，他并没有给出其他的导致非理性的条件。他没有给出说明心灵各个部分的独立的方式，或者各个分隔部分发生的机制。（1）非理性是一个事实。（2）非理性涉及到了心灵实体（愿望、信念和行动的冲动）作为原因，而同时没有为它们所导致的心灵实体提供理由。（3）仅当心灵出现分隔时，非理性情形才能出现，因而被作用的心灵实体与起作用的实体隶属于不同的心灵子集。在戴维森看来，询问这种分隔部分是如何发现的或者这些不同的子集是由何物构成的，并不是一个必要的问题。

但需要注意的是，这种心灵的分隔只是概念上的要求，并且，正如弗洛伊德的精神分析学有待更多的科学检验一样，戴维森为自我欺骗悖论所提出的解决方案是否让人满意，也有待哲学上的检验。正如有论者所说："各种关于心的结构、意志的范围、知识和信念的本性及其逻辑的方案都提出来以避免这个悖论，但每一种所提出的解决方案都仍有争论。"③

参考文献

[1] *PR* Davidson, 2004, "Paradoxes of Irrationality", in Davidson, *Problems of Rationality*, with introduction by Marcia Cavell and interview with Ernest Lepore, Oxford: Clarendon Press.

[2] Aristotle, 1999, *Nicomachean Ethics*, tran. wth introduction, notes and glossary by Terence Irwin, 2th ed. , Hackett Publishing Company, INc. , Indianapolis/Cambridge.

① Alfred R. Mele, "Two Paradoxes of Self-Deception", in *Self-Deception and Paradoxes of Rationality*, p. 38.

② Davidson, 1982, "Paradoxes of Irrationality", *PR*, p. 186.

③ ［英］尼克・布宁、余纪元编著，《西方哲学英汉对照辞典》，第909页。

[3] Davidson，2001，“How is Weakness of the Will Possible?” in Davidson，*Essays on Actions and Events*，Oxford：Clarendon Press，2nd edn.

[4] Davidson，2004，“Deception and Division”，in *Problems of Rationality*，with introduction by Marcia Cavell and interview with Ernest LePore，Oxford：Clarendon Press.

[5] Alfred R. Mele，1988，“Two Paradoxes of Self-Deception”，in Jean-Pierre（ed.），*Self-Deception and Paradoxes of Rationality*，California：CSLI Publications.

[6] 唐纳德·戴维森，2008，《真理、意义与方法——戴维森哲学文选》，牟博选编，商务印书馆。

Self-deception and Practical Reason

Changshen Chen
Shanghai Academy of Social Sciences and Fudan University

Abstract: In the field of practical reason, self-deception is the main disturb of rationality. Based on his theory of rationality issued in *problems of rationality*, Davidson analyzed the relationship between self-deception and other irrational cases such as "weakness of the warrant", "wishful thinking", and then produced the cause-theory of action and the Freudian theory of "compartmentalization of mind", gave a valuable approach on the rational explanation of the root of self-deception.

Keywords: Self-deception; Practical Reason; Irrationality; Cause-theory; Compartmentalization of Mind

学术争鸣

当休谟遇到了康德

——评陈晓平的新著《贝叶斯方法与科学合理性——对休谟问题的思考》

◎江　怡
北京师范大学

摘　要：休谟问题的实质并非是对科学合理性或“归纳合理性”提出了质疑，而是对根据必然性要求即演绎推理的方式规定归纳推理可靠性的质疑。休谟问题并非“归纳合理性问题”，而是归纳推理的可靠性问题。康德的先验范畴思想并没有“朝向解决休谟问题迈出了关键的一步”，而是彻底瓦解了休谟问题，或者说，康德是用先验范畴体系把休谟问题引向了另一条道路。应当按照康德的先验范畴体系和贝叶斯主义的自身逻辑，寻找它们各自理论中存在的问题，并由此推进对它们的解决方法的完善或放弃。

关键词：休谟问题；科学合理性；康德的先验范畴；贝叶斯主义；经验论与先验论

“休谟问题”被看作是近代西方哲学的一个重要问题，即关于因果关系的归纳推理是否具有普遍有效性的问题。在康德看来，这是对人类理性的一个严峻挑战，是人类知性无法解决的问题，他试图以人类的先验认识能力加以解决；现代哲学家则更多地采用了概率的方法对这个问题进行辩护，由此改变了近代哲学的基本思路，并改变了哲学思考世界的根本方式。长期以来，我对这个问题也深感困惑。虽然哲学家们提供了各种解决方案，但任何一个方案似乎都没有令人满意地回答了这个问题。近日读到陈晓平教授的新著《贝叶斯方法与科学合理性——对休谟问题的思考》（人民出版社，2010），我对这个问题突然有了一种融会贯通的理解，特别是对贝叶斯纲领的解决方案有了更为深入的认识。

说到“融会贯通”，是因为该书对休谟问题的提出以及历史上对这个问题的各种解决方案作出了在我看来最为详尽的阐述，特别是作者从贝叶斯方法论的独特视角分析了围绕科学合理性的许多疑难问题，读后令我耳目一新，其中的许多论述和分析既解除了我的一些困惑，也是我多年来始终力图表达的一些思想。譬如，作者对密尔因果理论的分析，在国内相关论题的研究中实为全面，他由此引申的观点也为我所赞同："科学归纳法的合理性是局部的，而不是彻底的或健全的……我们所要做的只是，把局部合理性的范围尽可能地扩大，但不奢望使之成为全部。"（第43页）作者对波普尔的反归纳主义批评以及对由此引出的贝叶斯进路所做的分析，我认为也是具有很强的逻辑说服力的。同时，作者对康德因果性范畴的分析也正是我心仪许久的，这些恰好应和了我自己的一个基本观点，即对任何一个哲学家思想观念的研究必须在一个历史发展的连续中才是有价值的。

然而，在这里，我不是要表达自己对该书的赞誉之辞，而是要指出该书中存在的一些问题。我认为，这些问题是作者在写作该书时或许还没有意识到的，当然，没有该书的问世，我可能也无法发现这些问题。在这种意义上，这些问题的提出不是作者的错误，而是我对作者所阐述的问题的进一步思考。简单地说，这些问题包括了：休谟问题的实质究竟是什么？康德真的解决了休谟问题吗？能否用康德的方案弥补贝叶斯方法的困难？以及，先验论与经验论之间能够调和吗？

一、休谟问题的实质

陈晓平教授在"休谟问题"概要中把这个问题归结为"归纳合理性问题"，并认为"休谟对简单枚举法的合理性的质疑相当于对整个经验科学的合理性的质疑，休谟论点不仅否定了简单枚举法的合理性，而且否认了整个科学事业的合理性"（第2页）。在这里，作者反复使用了"合理性"一词，试图表明休谟问题关涉的是合理性问题。然而，如果我们仔细考量"合理性"概念本身，我们就会发现，作者在这里使用这个词却是在不同于通常理解的意义上。

随意翻开一本西方哲学词典，我们就会看到，"合理性"（Rationality）概念通常是指人类对理性的运用，表现为人类用于分析通过系统观察而得到的数据的一种方法。因此，也有人把该词解读为"理性能力"，即"人类在演绎、归纳、计算和其他较少形式要求的智力活动中显示出的能力"。[①] 然而，正是由于"合理性"是指人类理性的运用，因而它又主要被用在经济学、社会学、心理学和政治学等领域，当然也被用于人工智能等科学研究中。我们知道，在这些领域中，"合理性"意谓着行动者为自己设定的目标作出了合理的选择，这种合理性是与我们对理性人的理解密切相关的。无论如何，在这些不同领域中，合理性是对人类理性行为的价值判断，也被看作是排除了人类一切非理性的情感等因素后的彻底的理性选择。但我们在陈晓

① N. Bunnin and J. Yu，2004，*The Blackwell Dictionary of Western Philosophy*，Blackwell，p. 588.

平教授的论述中看到的却不是如此理解。虽然作者在书中并没有对这个概念给出明确的定义或专门的解释，但从他大量使用这个概念的频率中可以感到，他对这个概念作了一种常识性的处理，即把这个概念简单地理解为“合理的要求”或“能够给出合理的解释”。然而，如上所说，这样的理解显然并非“合理性”概念在西方哲学家们那里的涵义。

那么，在休谟那里，“合理性”概念有作者理解的这个涵义吗？通篇翻阅《人性论》和《人类理智研究》，我们都无法找到休谟对“合理性”一词的专门用法，而对“合理的”这个形容词的使用也不过是寥寥几处，并无特别之意。应当说，休谟在著作中主要讨论的是“理性”（reason），而他对“观念关系”和“事实”的区分，正是对人类理性对象的区分。我想，区分开“理性”与“合理性”对当代哲学家来说并非难事。但在休谟那里，他的确讨论的是人类理性能力问题，因为这与人类理智或知性（human understanding）有关，“因为我们在这里发现，知性或想象无须反省过去的经验，就能从它得出推断，更无须形成有关这种经验的任何原则，或根据那个原则去进行推理了。”① 从这个意义上，我们似乎可以把这样的理性能力解释为“合理性”概念的涵义，但显然这样的解释是不成立的。

首先，休谟心目中的理性主要是与推理密切相关的，凡是他在谈到“理性”这个概念的时候都是讨论推理的有效性问题。这在他的著作中已经表达得非常清楚了。显然，“推理”与“合理性”并非一个概念。其次，关于“知性”或“理智”，休谟认为，它和想象一道构成了人类认识活动的内容，知性是建立在想象上或我们观念的活泼性上的，因为“知性当它单依照它的最概括的原则活动时，就完全推翻它自己”。② 可见，知性本身并非能够担当起理性的作用。再次，从休谟的论述中，我们也很难看到“合理性”概念存在的地位。休谟所谓的“理性”概念是对归纳推理基本原则的要求，而不是对人类理性能力的运用。因此，休谟并未讨论归纳推理的合理性问题。

从陈晓平教授的论述中，我发现，他之所以把休谟问题归结为“归纳推理的合理性”，主要原因是他将之对比了他对“科学合理性”的理解。他说，“归纳法的合理性同科学合理性是密切相关的，休谟对归纳法合理性的质疑就是对科学合理性的质疑。”（第 4 页）我想，这里应当存在两个关键问题：第一个是，何谓“科学合理性”概念？第二个是，为什么说休谟的质疑就是对科学合理性的质疑？

众所周知，对科学合理性的讨论是当代科学哲学的重要内容。“在早期分析哲学中，尤其

① 休谟，1983，《人性论》上册，关文运译，商务印书馆，第 124 页，。
② 同上书，第 298 页。

在维也纳学派那里，认识论关注的是对信念提供辩护或证成的问题，即给出相信的合理性根据。由于维也纳学派中的许多成员，如卡尔纳普、赖欣巴赫，他们出于其自然科学的知识背景，顺理成章地把合理性问题与对科学和认识论的思考联系在一起。在他们看来，科学合理性问题实质上就是科学知识的辩护（justification，或译作“证成”）问题，因而是认识论研究的一个重要方面。在这里，合理性相当于证实（verification）或确证（confirmation），或者有保证的可断定性。”① 在波普尔那里，科学合理性是科学革命的合理性。他说：“科学的合理性就在于新理论的理性选择之中，而不在于理论的演绎发展之中。”② 在当代科学哲学中，科学合理性问题一般包含两层含义：其一、具有语言能力和行动能力的主体如何获得和运用科学知识；其二、所获得的科学知识是否是可靠的，即一种陈述是否合理地表达了它所体现的知识的可靠性。总而言之，科学合理性问题就是科学知识的“发现”以及对科学知识的“辩护”问题。可见，这里所说的“科学合理性”并非休谟意义上的理性概念，更不是对归纳推理的合理性辩护，而是对整个科学知识体系的辩护。

既然休谟对理性概念的理解并非现代哲学中的科学合理性概念，那么，把休谟对归纳推理的普遍性的质疑看作是对科学合理性的质疑，这也更加使人质疑了。正如作者所表明的，休谟的质疑是针对归纳法本身是否具有与演绎推理同等的必然性（第 3 页）。这就是说，休谟关心的是归纳推理的普遍有效性问题。如果说演绎推理即证明的推理是关于观念之间关系的推理，具有必然性而与事实无关，那么，归纳推理即关于事实与实际存在的推理则是一种经验上的推理。但是，休谟说，“一切关于实际存在的论证都是建立在因果关系上面，我们关于这种关系的知识是完全从经验中得来的；我们的一切经验结论都是从‘未来将符合过去’这一假设出发的。因此，如果力图把一些或然的论证或关于实际存在的论证用来证明上述那个假设，那显然是在兜圈子，而且是把正在争论的焦点看作当然而然的东西。”③ 休谟的结论是，类似归纳推理这样的论证，即依据过去的经验而推论未来的可靠性，是不存在的。显然，休谟所质疑的并非科学的合理性（无论如何理解这里的“合理性”），而是由经验归纳能够得到必然真理的可靠性。更准确地说，休谟质疑的是，我们的常识论证是否必须具有类似演绎推理那样的必然性才能成为知识的可靠来源。他的回答当然是否定的，因为常识论证依靠的不是观念间关系的推理，而是人类心灵中最伟大的向导，即“习惯”。而且，正是由于使常识论证摆脱了对必然性的要

---

① 陈常燊，2010，《戴维森合理性理论研究》，中国社会科学院研究生院 2010 年博士论文，未刊稿。

② 波普尔，1987，《科学知识进化论》，纪树立编译，三联书店，第 183 页。

③ 休谟，1999，《人类理智研究》，吕大吉译，商务印书馆，第 29 页。

求，康德才把休谟看作是他的思想导师。

关于休谟问题的讨论，陈晓平的论证中还存在一个逻辑上的循环论证错误。他认为，“现代科学哲学的核心问题是科学合理性问题，而使科学合理性发生危机的根源就是归纳合理性问题即休谟问题。”（第 4 页）这里暂且不说第一句话表达的观点是否成立（这需要另一篇文章专门讨论），仅就第二句话而言，这里是用现代科学哲学中的科学合理性问题的提出，反推出休谟也提出了这样的问题，这就犯了把要论证的结论作为论证的前提的错误。但我们知道，科学合理性问题的提出并非来自于休谟，而是来自维也纳学派和波普尔，尽管休谟的思想可以看作是这个问题提出的思想根源。而且，虽然休谟对归纳推理的可靠性提出了质疑，但他并没有把这看作是对整个科学知识可靠性的质疑。因此，认为现代哲学中存在科学合理性的危机，就认为在休谟那里也存在这样的危机，这样的论证显然是循环论证。

根据以上分析，我认为，休谟问题的实质并非是对科学合理性或“归纳合理性”提出了质疑，而是对根据必然性要求即演绎推理的方式规定归纳推理可靠性的质疑。在休谟看来，关于经验事实的或然性推理并不需要以演绎推理的方式作为其可靠性的根据，因为“我们关于事实的一切推理，都是建基于一种类比之上，正是类比引导我们从一种原因而期待所观察到的由相似原因产生的相同的事件。只要这些原因是完全相似的，这种类比就是完善的，由此而作出的推论也被看成是确定的、断然无疑的。”① 可见，休谟问题并非“归纳合理性问题”，而是归纳推理的可靠性问题。

二、康德对休谟问题的解决

弄清了休谟问题的实质，我们接下来就要看一看，按照陈晓平的论述，康德是否真的解决了休谟问题。

我们先来看一下陈晓平在书中如何论述康德的解决方案的。他说：“对于休谟问题的解决，康德的基本思路是：仅从现象来看，休谟的分析是对的，前后相继的两类事件之间没有必然联系，但休谟忽视了一样东西，即人的先验的认识能力或认识形式，其中包括先验的因果范畴。因果关系之间的必然性不是前后相继的现象之间本来就有的，而是人通过先验范畴加进去的，这就是‘人为自然立法’。如果看到这一点，那么因果推理的合理性便不成问题了。”（第 217—218 页）

① 休谟，《人类理智研究》，第 95 页。

我认为，这段话至少存在两个问题：其一，这似乎在表明，康德的解决不过是对休谟思想的一个补充和发展，即休谟仅仅是忽略了人的先验认识能力或认识形式。但这显然并非康德的本意，也非作者的想法，因为作者在后面明确表示，康德使人类理智和经验之间在休谟那里的次序完全颠倒，由此带来了哲学上的“哥白尼式的革命”（第219页）。其二，“人为自然立法”这个说法在这里似乎表明，先验范畴是人类理性加到前后相继的现象之间的，这在时间上似乎有了一个先后顺序：先有现象之间的前后相继，然后人类理性用先验范畴去把握这些现象之间的联系。当然，这也并非康德的思想。因为康德就明确地说：“问题不在于因果概念是否正确、有用，以及对整个自然知识说来是否必不可少（因为在这方面休谟从来没有怀疑过），而是在于这个概念是否能先天地被理性所思维，是否具有一种独立于一切经验的内在真理，从而是否具有一种更为广泛的、不为经验的对象所局限的使用价值：这才是休谟所期待要解决的问题。”① 对于休谟提出的怀疑论，康德则明确表示完全无法接受。他说：“他之所以达成那样的结论，纯粹由于他没有从问题的全面着眼，而仅仅采取了问题的一个片面，假如看不到全面，这个片面是不能说明任何东西的。”② 康德这里所说的“问题的全面”是指整个形而上学都是由理智先天地思维事物连接的概念构成的，这就意味着一切出自纯粹理智和纯粹理性的知识都只能是先天的知识。它们不能是经验的：既不是来自经验的，也必须是在经验之外的。这样，“人为自然立法”就不是指理智从自然界中得到普遍的自然法则，而是指理智为自然界规定了这样的法则。更明确地说，自然界中有什么法则完全是由理智规定的，自然界的普遍法则只能是不依靠任何经验而先天地被认识的，这才是“人为自然立法”的本意。

当然，陈晓平在书中明确表达了自己对康德解决方案的不满，认为康德的解决“确实太粗糙了”，但同时他也表示，“尽管康德远未解决休谟问题，但他朝向解决休谟问题迈出了关键的一步，那就是指出先验范畴的必要性。”（第222页）对此，我有两个疑问：其一，为什么说康德的解决“太粗糙了”呢？是因为作者需要对这个解决补充“随机性”和“统计性”，由此表明康德的先验范畴体系需要得到修正吗？其二，康德的解决方案真的是为“朝向解决休谟问题迈出了关键的一步”吗？指出先验范畴的必要性是否是解决休谟问题的关键一步？

我们知道，随机性和统计性概念的引入是现代逻辑发展的结果，主要来自于概率逻辑和模态逻辑的提出。虽然这些概念的形成最初是出于对因果概念的讨论，但由它们所引出的思想却不仅仅是关于因果概念的，而且涉及命题之间的逻辑关系以及世界存在的实在性等重要问题。

---

① 康德，1982，《未来形而上学导论》，庞景仁译，商务印书馆，第8页。

② 同上书，第9页。

然而，我认为，这些概念的形成以及由此引出的思想与康德的先验范畴体系，无论是在旨趣上还是在方法上，都有着天壤之别。

首先，概率问题的提出出自对归纳问题的思考。莱辛巴赫曾指出："在把概率演算应用到物理现实、从而用到所有经验科学时，非分析假定均可归结为一个假定，即归纳推理假定。而我们能够对于这种推理给予一种解释，这问题从休谟以来就被认为是认识论的中心问题。得到这个解释，是通过把归纳推理纳入概率逻辑的框架中并证明它代表一种渐进方法，这种方法在作出预言时具有必要条件的特点。"① 陈晓平在书中谈到"概率的逻辑解释"时也明确指出："归纳逻辑属于方法论和元科学，是以全体经验科学为其研究对象的。因此，可望成为归纳逻辑的概率只能是逻辑概率。"（第136页）可见，概率问题的提出和概率逻辑的形成一定是与经验科学有关，或者说，概率逻辑处理的就是经验知识问题。然而，康德的先验范畴体系则完全是超越经验的，但又对经验产生统摄作用。因此，这个体系与概率逻辑中的随机性和统计性等概念完全属于不同层次的范畴，不能把它们混同起来讨论，更不能说康德的先验范畴体系补充了归纳逻辑。

由此，我无法同意作者的这个说法："因果性概念和随机性概念正是康德意义上的先验范畴，康德对先验范畴所做的辩护对这两个问题的解决是有借鉴意义的。"（第216页）在这里，因果性概念和随机性概念也分属于不同的范畴：因果性概念只能是先验的，因为"关于感官世界的所有事件按照不可变更的自然规律无一例外地相互连续的原理，其正确性已经作为一个先验分析论的原理得以确立，不容许有任何伤害。……在这种情况下，自然就是那个事件的完备的、就自身而言充足的规定原因，事件的条件就在任何时候都仅仅包含在连同其结果都必然服从自然规律的显像序列之中"②。然而，随机性概念却不是先验的，因为任何事物的偶然状态或发生的概率都是取决于事物发生的具体自然条件，这种经验性质规定了事物发生的原因。"没有一个根据这种性质来规定人的条件不包含在自然结果的序列之中，并且服从自然结果的规律，按照这一规律，在时间中发生的东西根本没有任何经验上无条件的因果性。"③ 显然，用康德的先验范畴论证无法说明随机性概念的先验性质，相反，随机性概念本身倒是说明了，并非一切经验概念都可以用先验的方式加以解释，因为我们只需要采用概率统计的方法就可以说明随机性概念的性质。

---

① 莱辛巴赫，1982，《概率概念的逻辑基础》，载洪谦主编：《逻辑经验主义》上册，商务印书馆，第410页。

② 康德，2004，《纯粹理性批判》，B564，李秋零译，中国人民大学出版社，第433页。

③ 同上书，第442页。

其次，随机性和统计性概念与康德先验范畴之间的根本区别，还表现在它们的阐述方式的不同。正如陈晓平在书中所表述的一样，随机性概念是以概率统计的方式加以阐述的，这是两个事件之间的非决定性关系通过相互作用的出现频率而实现的：在概率论中，这个关系被简单表述为：P(A/B)=p，即“事件A相对于事件B的概率”。而统计性概念则是对事件出现频率的说明，即对概率的说明。我们的统计性概念是建立在对经验事实的观察之上的。我们不是先有一个统计性概念，然后根据这个概念去观察经验事实；相反，我们正是通过反复观察经验事实，逐渐形成了统计的思路，然后根据我们的概率计算，得到对经验事实的普遍认识。在这个意义上，随机性和统计性概念不过是归纳推理过程中使用的极限方式，正如莱辛巴赫所说：“频率解释是通过一个定义引进来的，根据这个定义，我们把概率理解为频率的极限。”① 而石里克则更加明确地指出，“统计规律正是由于包含偶然的因素而与因果规律相区别。找出这一因素的唯一途径，就在于对科学语言的表述方式进行分析。”②

然而，康德用于阐述先验范畴的方式却是概念推演式的，是以纯粹理性为主线论证了先验范畴对知性形成的先导作用。陈晓平以这样的先导作用为摹本，提出了一个“范导原则”：“即：对于每一随机事件而言，存在一个与它具有恒定概率的随机性关系的事件，这个事件就是独立重复试验。”他由此把这个范导原则称作“普遍随机性原则”，并试图以普通的因果性原则为此作出辩护（第226）。但这里所谓的“范导原则”，其实不过是因果决定关系的翻版；而用因果的普遍性解释随机的普遍性，不过是用休谟式的心理解释去说明经验事实的普遍性。这些做法都没有真正解释康德意义上的先验范畴论证。康德曾明确指出，分析命题与我们通常意义上的分析方法完全不同：分析方法是指“我们追求一个东西，把这个东西当成是既定的，由此上升为使这个东西得以成为可能的唯一条件”③。而分析命题则是先天的，完全根据矛盾律而得以成立的。可见，“范导原则”可以被看作是以分析方法形成的原则，但绝不是先天确定的分析命题，更不是先验的命题。因为在康德那里，“先验的”一词“从来不是指我们的认识对物的关系说的，而仅仅是指我们的认识对认识能力的关系说的”④。

从以上分析中可以清楚地看出，康德的先验范畴思想与现代哲学和科学中提出的随机性概念和统计性概念等有着天壤之别，后者不仅无法用于“补充”前者，而且前者也完全无需后者加以“修正”。

---

① 莱辛巴赫，《概率概念的逻辑基础》，载洪谦主编：《逻辑经验主义》上册，第392页。

② 石里克，《规律和概率》，载洪谦主编：《逻辑经验主义》上册，第413页。

③ 康德，《未来形而上学导论》，第33页脚注。

④ 同上书，第57页。

如果是这样，那么，我们进一步的问题就是：康德的解决方案真的是为“朝向解决休谟问题迈出了关键的一步”吗？或者说，指出先验范畴的必要性是否是解决休谟问题的关键一步？

还是让我们再仔细阅读一下休谟的著作吧。在《人性论》第一卷第三章中，休谟明确地把因果关系看作是七种哲学关系之一，而且是不属于由观念决定的关系。他认为，按照通常自然的理解，因果关系的观念是从对象之间的接近关系得来的，而且还是在时间上因先于果的接续关系。但这样的理解却带来了两个问题：“第一，我们有什么理由说，每一个有开始的存在的东西也都有一个原因这件事是**必然的**呢？第二，我们为什么断言，那样一些的特定原因**必然**要有那样一些的特定结果呢？我们的因果互推的那些推论的本性如何，我们对这种推论所怀的**信念**的本性又是如何？”① 显然，休谟问题的关键是质疑因果概念的必然性，质疑的是我们对因果关系所做的推论的可靠性。在他看来，由于我们无法用演绎推理的方法证明因果概念的必然性，也无法用科学的方法证明因果推论的可靠性，所以，我们就只能把这样的概念和推论归结为人类内心的某种心理特征，这就是习惯。

康德在解释休谟问题时认为，“问题不在于因果概念是否正确、有用，以及对整个自然知识说来是否必不可少（因为在这方面休谟从来没有怀疑过），而是在于这个概念是否能先天地理性思维，是否具有一种独立于一切经验的内在真理，从而是否具有一种更为广泛的、不为经验的对象所局限的使用价值：这才是休谟所期待要解决的问题。”② 这个解释显然并非休谟的原意，因为休谟本人并不同意用某种先天的理性去判断因果概念的有效性，他给出的推论也并非诉诸于某种理性真理的标准，而仅仅是突出了感觉印象造成因果概念的结果。而在不单是由观念决定的三种关系中，唯有因果关系是能够推溯到我们的感官之外，并把我们看不到的存在和对象报告给我们。但是，这样的关系却不是由知识或任何科学推理得来的，所以，休谟认为，我们只能承认，这个关系一定是由观察和经验得来的。由此，休谟得出的结论是：“我们关于因果的全部推理由两种因素所组成，一个是记忆印象或感官印象，一个是产生印象的对象的、或被这个对象所产生的、那个存在的观念。”③ 由此可见，休谟问题并非能够由康德的先验范畴所“补充”，相反，它们应当属于截然不同的哲学立场。或者说，康德的做法是试图用先验范畴说明我们对感官对象的表象，因为一切现象认识都是以先验范畴为前提的。正是在这种意义上，康德说：“因此，我把因果性概念理解为必然属于经验的单纯形式的概念，而把它的可能

① 休谟，《人性论》上册，第 94 页。
② 康德，《未来形而上学导论》，第 8 页。
③ 休谟，《人性论》上册，第 101 页。

性理解为知觉在一般意识中的一种综合的结合。"①

以上的文本分析就清楚地表明，康德的先验范畴思想并没有"朝向解决休谟问题迈出了关键的一步"，而是彻底瓦解了休谟问题，或者说，康德是用先验范畴体系把休谟问题引向了另一条道路。

三、康德的方案与贝叶斯方法

如果康德的先验范畴思想并没有解决休谟的问题，那么，贝叶斯方法是否可以解决这个问题呢？或者说，康德的方案是否可以通过弥补贝叶斯方法而解决休谟问题呢？这正是陈晓平教授该书的一个主要论点，他认为，康德的方案和贝叶斯方法从表面上看出发点大相径庭，"但实际上是殊途同归的，他们各自在解决休谟问题上的成功和失误恰好可以相互补充、扬长避短"，作者试图"在贝叶斯理论的框架内，采纳和改进康德的先验范畴体系，进而给出休谟问题的一种解决"。(第360—361页）我认为，这的确是一个大胆的尝试，总体方向在我看来是值得肯定的。我不是逻辑学家，也没有对贝叶斯纲领作过详细研究，但从哲学方法论的角度看，我发现，其中存在的问题仍然是很明显的，这就是如何整合康德的先验论证与贝叶斯方法的逻辑论证。

根据陈晓平教授的论述，贝叶斯方法是一种认证逻辑，这是命题概率逻辑中的一个重要定理。命题概率逻辑是一种基于经验主义的逻辑，是对归纳推理的一种形式化解决方式。这种概率解释"对基本概率的确定是以人们的经验为依据的，此经验就是人们对某一事件出现的观察频率"（第129页）。虽然这种经验主义逻辑受到了各种质疑和批判，但贝叶斯方法所要解决的问题依然存在，即根据古典的无差别原则，我们是否可以确定一个事件在不同序列中出现的概率是相等的。显然，贝叶斯的方法是从经验中学习，根据证据来修正和确定假设的概率，从而从"验前概率"（prior probability）得到"验后概率"（posterior probability)。陈晓平教授区别了无差别原则的两种用法，即假设性用法和结论性用法，认为贝叶斯方法只是在假设的意义上应用了古典无差别原则。这样，他就把贝叶斯方法完全看作是一种经验学习的方法，而他对此提出的问题则是：试验机制无差别的结论性用法如何可能？他说："这个康德式的问题摆在我们面前，这个问题一旦解决，贝叶斯方法论的合理性便得到进一步的辩护。……这一推理的合理性问题正是休谟问题在贝叶斯概率归纳逻辑中的体现，因此，对它的回答就是对休谟问题的回答。"（第215页）可见，陈晓平教授在这里是把贝叶斯方法的合理性置于康德式的问题之

① 康德，《未来形而上学导论》，第82—83页。

中，试图用康德的先验论证方式解决这个合理性问题，并由此说明对休谟问题的合理解决。然而，这种解决方式真的能够成立吗？

这就需要我们首先看一下贝叶斯方法是否可以纳入康德式的问题。正如作者所言，贝叶斯方法基本上是一种经验主义方法，虽然它采取的是对概率统计意义上的假设方法，但仍然属于一种对经验事实的判断范畴。根据作者对贝叶斯方法的论述，无论我们采用何种立场处理由于归纳推理的缺陷而导致的各种悖论，我们都无法完全排除偶然性事实的出现对我们的处理的影响。这就意味着，由于作为认知主体的人类本身存在认识上的局限，因此，我们很难对任何实验给出完全的最后的判决。这原本是人类的理性能力使然，也是我们必须面对的经验现实。而且，在这个意义上，应当说，贝叶斯主义以及其他概率逻辑体系，都是为了试图从偶然事实出现的频率上尽量减少人类认识的局限给实验可能带来的影响。这些已经在科学研究和科学发现的过程中得到了无数验证。但这是否意味着，我们可以由此推出对我们认识活动的理性能力的质疑呢？显然不能，因为贝叶斯方法正是要通过对概率的置信度解释而表明验前概率的自由空间度，而且正是在这个自由空间中，个人的信念以及对偶然事件发生的不确定性才有了存在的可能。相反，一旦我们把这种对验前概率的不确定性解释为先验的，就会使我们失去对经验事实的不断探索和追问。这或许正是科学的哲学与形而上学之间的最大区别。

从这个分析中我们似乎可以看出，对贝叶斯方法的解释，应当是对我们的经验行为的合理性解释，而不是对可能是支配着我们的经验行为的某种理性能力的解释。进一步说，贝叶斯主义就是对人类经验行为的一种逻辑描述，或者说，是用更为形式化的方式对人类行为和信念的精确刻画。在这种意义上，贝叶斯方法就是一种逻辑方法，是基于经验观察的逻辑方法。显然，这样一种逻辑方法是不能用康德式的先验范畴加以解释的，也不能用康德式的问题去说明贝叶斯方法的合理性。

那么，如果不能这样做，我们是否可以用康德的解决方案加上贝叶斯的方法，共同回答休谟的问题呢？根据上文的分析，我们似乎也很难对这个问题给出肯定的回答。首先，康德的解决方案与贝叶斯方法属于不同的思想传统，采取的也是不同的解决问题的思路，因此，要把两者简单地做一个整合并不能真正解决休谟问题，反而使得这个问题变得更为困难。其次，贝叶斯主义主要基于现代概率逻辑，是对概率统计的一种逻辑解释，而康德的先验范畴体系在思想出发点上就与现代逻辑格格不入，它更多地是基于对人类先天理性能力的思考，康德意义上的逻辑概念与现代逻辑本身就有着天壤之别。再次，把康德的解决方案与贝叶斯方法简单相加，并不能带来新的、更好的解决途径，相反，这会使得我们对这两者产生更多的误解。

由此，我提出的基本思路则是，应当按照康德的先验范畴体系和贝叶斯主义的自身逻辑，寻找它们各自理论中存在的问题，并由此推进对它们的解决方法的完善或放弃。显然，在这种思路中有一个基本前提，即承认对休谟问题解决的各种不同方案的可能性和合理性，不承认只有一种方案能够解决这个问题。而在这个前提之下，我们应当更清楚地看到，康德的先验范畴体系和贝叶斯的概率统计纲领是从两个不同侧面揭示了人类认识局限性的存在以及对这种局限性的可能的解决方法。从性质上说，休谟问题的提出就是对人类理性能力的局限性的挑战，而对这个问题的各种解决既是对人类认识世界过程及知识形成过程的深入探究，也是对人类知识表达形式的不断完善。在这个意义上，无论是康德的先验范畴体系还是贝叶斯的概率统计纲领，都为我们提供了理解和解决休谟问题的不同途径。

四、先验论与经验论

最后，我想就陈晓平教授在书中提出的一个核心观点谈一点我自己的看法。他认为，如果我们可以从贝叶斯纲领出发，借助康德的先验范畴，我们就可以比较好地解决休谟问题。这也就表明，康德的先验论与休谟的经验论是可以在贝叶斯纲领中得到调和的。他说："其实，**休谟和康德有一个共同的出发点，那就是对经验现象的肯定。**由此出发，休谟提出疑问：'超出经验现象的因果律的必然性和普遍性的根据何在？'这种根据只能从经验之外的理性中去寻找；休谟通过论证表明，理性中没有这种根据。康德从经验出发提出的问题是：'经验知识何以可能？'他在理性中找到了经验知识存在的必要条件，即先验范畴或先验综合判断；也就是说，没有这些先验范畴或先验综合判断，经验知识就不可能存在。**既然经验知识的存在是一个不争的事实，那么先验范畴或先验综合判断的存在也是一个不争的事实。**这样，因果律的必然性和普遍性的根据便在先验范畴或先验综合判断中找到了，休谟问题就此解决。"（第79页，其中的黑体是我加的）由此我提出的疑问是：其一，对经验现象的肯定是休谟和康德的共同出发点吗？其二，对经验知识存在的肯定能够必然推出先验范畴或先验综合判断的存在吗？由此，其三，无论是在何种意义上，康德的先验论与休谟的经验论真的能够得到调和吗？

对第一个问题，我们需要根据哲学家的文本说话。的确，休谟在他的著作中反复提醒人们，我们的因果概念不是来自我们的知识或任何的科学推理，而只能来自于我们的观察和经验。但他随后提出的问题则是：**"经验如何产生那样一个原则呢？……我们为什么断言，那样特定的原因必然有那样特定的结果，我们为什么形成由这一个推到那一个的推断呢？"**[①] 这个问题表

① 休谟，《人性论》上册，第99页。着重号为休谟所加。

明，休谟并不是把肯定“经验现象”（我更愿意说成是“经验事实”）的存在作为他讨论因果概念的出发点，而是把“我们的观察和经验”看作是“认为每一个新的产物都必然有一个原因的那个意见”得来的根据。如果说要肯定经验现象的存在，我相信没有一个哲学家会否认这一点，但关键的问题是，肯定这个存在的根据是什么？或者说，对经验现象的肯定是为了说明什么？显然，在休谟那里，对经验现象的肯定并不是他的目的，也不是他讨论因果概念的根据；相反，他要问的恰好是，经验如何能够让我们得到因果概念？经验本身有什么根据让我们接受因果概念？可见，休谟不是要在经验中寻找因果概念的根据，而是要为我们能够在经验中得到因果概念提供解释。这才是休谟讨论经验的出发点。

我们再来看康德。在《纯粹理性批判》导言中，康德开篇就明确地把经验看作是我们一切知识的开端，但同时，他又指出：“尽管我们的一切知识都以经验开始，它们却并不因此就都产生自经验。”① 由此，康德引出了他关于先天知识可能性的问题。然而，康德也指出，“即使是这种仅仅被限制在经验对象上的知识，并不因此就全都借自经验，而是无论就纯直观来说还是就纯粹知性概念来说，它们都是在我们里面先天地发现的知识要素。”② 可见，康德意义上的经验并非休谟意义上的经验，也非我们通常意义上的经验，而是我们以纯直观的形式或纯粹知性概念统摄的关于对象的具有先天性质的内容。在康德那里，“现象”和“经验”是两个不同的概念：“现象”是对象按照范畴的统一性而得到思维的表象，而“经验”则是我们以知性概念把握的对象内容，“经验惟有通过知觉的一种必然结合的表象才是可能的”③。这样，表象上的似是而非的“对经验现象的肯定”，对康德来说，就成为一个毫无意义的说辞，因为他既没有肯定任何“经验现象”的存在，也没有把这样的“经验现象”作为思考先验范畴的出发点。康德说：“经验是一种经验性的**知识**，也就是说，是一种通过知觉规定一个客体的**知识**。因此，它是知觉的一种综合，这种综合本身并不包含在知觉中，而是在一个意识中包含着知觉的杂多的综合统一性，这种综合统一性就构成了感官客体的**知识**亦即经验（不仅仅是直观或者感官的感觉）的本质性东西。”④ 可见，康德并非与休谟具有共同的出发点。

关于第二个问题，我认为这里的推论似乎是本末倒置的。的确，康德是把经验知识的可能性建立在先验范畴之上的，因为一切能够构成经验的东西就是经验性知识，而知识本身则是以纯粹直观或纯粹知性的方式对对象的把握。由此可以说，先验范畴的存在规定了知识的可能性，

---

① 康德，《纯粹理性批判》，第 31 页，B1。

② 同上书，第 137 页，B166。

③ 同上书，第 188 页，B218。

④ 同上书，第 188—189 页，B218 - B219，着重号是我加的。

但不能由此推出，经验知识的存在就必然地保证了先验范畴或先验综合判断的存在，正如我们不能从每个男人都可以有妻子就推出每个男人都有妻子一样。

应当说，能够从经验知识的存在推出先验范畴或先验综合判断的存在，这种观点本身却是需要严格论证的，是我们理解经验知识与先验范畴之间关系的一种理论预设，而并非它们之间的事实关系，或按照康德的说法，一种“自然的”关系。然而，从先验范畴的存在推出经验知识的存在却是符合这种“自然关系”的，因为先验范畴的存在保证了经验知识存在的必然性，也是我们理解经验知识的必要前提。在这种意义上，我们可以说，当我们需要理解经验知识的时候（实际上这也是我们在日常活动中经常做的事情），我们首先需要考虑的就是得到这种理解的前提。然而，这并不是说，只要我们有了对经验知识的理解，我们就“自然地”获得了这样的前提。更恰当地是说，如果我们需要这样的理解，我们就需要考虑这样的前提，否则我们就无法得到真正的理解，虽然我们也可以得到其他形式的理解，正如我们不需要学习文法也会说话，而一旦我们掌握了文法，我们就会更好地说话。

正是基于这样的考虑，我认为，休谟的经验论和康德的先验论在处理因果观念的普遍性问题上采取的是完全不同的立场，他们的观念在根本上就是无法调和的，因为他们的出发点不同，论证的方法不同，得出的结论也是大相径庭的。

首先，休谟的经验论立场在于，他把人类的一切知识都建立在经验和观察的基础之上，而我们通常持有的有果必有因的观念不是由知识或任何科学推论出来的，也是由观察和经验得来来。他反复表明，“关于因果的一切推理原来都是由某种印象得来的”；“因此，我们只能根据经验从一个对象的存在推断另一个对象的存在。经验的本性是这样的”；“原因和结果的观念是由经验得来的，经验报导我们那样一些特定的对象在过去的一切例子中都是经常结合在一起的”。[①] 他还明确地反对那种认为因果观念基于某个可靠的推理的观点，责问道：“为什么根据了这种经验，我们就超出我们所经验过的那些过去的例子而推得任何结论呢?”显然，休谟是反对以理性推理的方式解释因果概念的可靠性。与此相反，康德正是要用先验论反对这种经验论立场。康德认为，休谟根据经验而怀疑理性推理的作用，这并没有表明理性推理本身有问题，而是仅仅表明休谟本人还没有把这样的推理进行到底，他“仅仅采取了问题的一个片面”。由于康德把理性推理的作用规定为得到“纯思维”，因此，他认为，因果观念的实质在于这个概念是否能够“先天地”被理性所思维，是否具有一种独立于一切经验的内在真理，是否具有一种更为广泛的、不为经验的对象所限制的使用价值。康德甚至把这个要求看作是休谟所要解决

① 休谟，《人性论》上册，第 101、第 104、第 107 页。

的问题，但在我看来，这并不是休谟的问题，而恰好是康德要解决的问题。因为：其一，休谟并不要求因果概念是否能够被“先天地”认识，这完全是康德的要求。其二，休谟从经验出发怀疑理性推理的普遍有效性，并不要求能够找到一个可以独立于一切经验的内在真理，相反，他正是要反对有这样的真理存在，他明确地反对存在某种可以独立于一切经验的抽象观念，他说：“抽象观念本身就是特殊的，不论它们在表象作用上变得如何的一般。心中的意象只是一个特殊对象的意象，虽然在我们的推理中应用意象时好像它具有普遍性似的。”① 其三，休谟显然不会同意因果观念不受经验对象所限制，当然也不会同意因果观念可以具有不作用于经验对象之上的广泛的“使用价值”，从他的论述中我们看到的恰好是相反的情况。我们的一切印象和观念都是建立在对经验对象的感觉之上的，而在三种观念之间关系中最为广泛的因果关系则也完全是对象之间的关系，是我们在想象中产生的更强的联系于对象之间的关系。所以，在休谟那里，并不存在某种可以不为经验对象所限制的因果关系。这样的因果关系只能存在于康德的先验范畴之中。

其次，哲学立场的不同直接导致了哲学出发点的差异。休谟的经验论是为了说明人类经验对人类认识的基础作用，而不是为一切经验活动提供所谓理性的基础。这在休谟的著作中表达的非常清楚。他在《人性论》导论中就明确地说：“我们虽然必须努力将我们的实验推溯到底，并以最少的和最简单的原因来说明所有的结果，借以使我们的全部原则达到最大可能的普遍程度，但是我们不能超越经验，这一点仍然是确定的；凡自命为发现人性终极的原始性质的任何假设，一下子就应该被认为狂妄和虚幻，予以摈弃。”② 在《人类理智研究》中，他特别强调：“我们的理性如果离开经验的帮助，也不能作出关于真实的存在和事实的任何推论。”“每个结果都是与它的原因不同的事件。因此，结果是不能从原因中发现出来的，我们对于结果的先验的构想或概念必定是完全任意的。……我们如果没有观察和经验的帮助，要想决定任何单个的事件或推断出任何原因和结果，那是办不到的。”“当任何对象或原因呈现于我们的心灵面前，如果我们不依靠一切观察，只用先验的推理来考察，它就决不能给我们提供任何别的对象（如它的结果）的观念，更不能向我们指示出它们之间的不可分离、不可违背的联系。”③ 显然，休谟是把经验看作一切理性推理的基础。而随后，他在对经验的基础究竟是什么这个问题的回答则耐人寻味。他先是把那些“自负智慧非凡、能力超群”的哲学家们讥讽了一通，然后表明自

① 休谟，《人性论》上册，第32页。

② 同上书，第9页。

③ 休谟，《人类理智研究》，第21、第23—24、第25页。

己对这个问题的明确态度，即给出一个否定的答复。他说："我认为，即使在我们经验了因果作用之后，我们从这种经验中得出的结论也**不是**建立在推理或任何理解的过程之上的。"[①] 当然，休谟事实上是给出了这个问题的肯定答案的，这个答案就是"习惯"，"一切从经验而来的推论都是习惯的结果，而不是运用理性的结果。"[②] 这样，休谟就把经验和观察的基础归结为人类意识活动中的一种倾向。更有意思的是，休谟在一个长长的注释中完全否定了我们通常对理性和经验的区分，认为我们通过纯粹的推理和反省而得到的概括性的原则或结论应当归因于观察和经验，而不是归因于理性，因为"一个没有经验的推理者，如果他是绝对没有经验的话，他根本就不能算是一个推理者"[③]。这样，休谟就完全放弃了把经验奠基于理性之上的要求，而仅仅是在询问我们有何根据可以把一切知识奠基于经验。

康德先验论的出发点显然与休谟的完全不同。应当说，康德先验论的出发之处正是休谟要放弃的地方。正如上文所说，康德认为休谟所要解决的问题，其实正是康德自己要解决的问题。他把休谟的思考看作是仅仅求助于良知，而没有求助于批判的理性或思辨的理智：良知仅仅用于我们对经验的判断上，而只有思辨的理智才可以用于对纯粹概念的判断上。所以，康德的出发点是要为经验判断奠定形而上学的基础。他在《未来形而上学导论》中明确地宣称，形而上学的知识不能是经验的，它一定也不是来自经验，而是先天的，相反，一切经验的知识都应当以这种先天的形而上学为基础，这样的形而上学知识单独地通过理性而带有无可置疑的可靠性。他这样描述这种形而上学的知识："它具有完全无可置疑的可靠性，也就是说，具有绝对的必然性；它不根据任何经验，因而它是理性的一种纯粹产物，此外它又完全是综合的。"[④] 当然，更进一步地说，康德的最终目的是要为这样的形而上学提供可能的条件，这就是他的先验哲学所要完成的工作。无论如何，康德在处理因果问题上的出发点与休谟是南辕北辙的，他写道："**原因**，就它的因果性来说，就一定不受它的状态的时间规定性的支配，也就是说，一定决**不是现象**，也就是说，一定被视为自在之物，而只有**结果**才被视为现象。""理性的因果性，对感性世界里的结果来说，必须是自由，就**客观的根据**（它们本身是理念）之被视为结果的规定者而言。"[⑤]

再次，休谟与康德在因果问题上的论证方法也迥然相异。简单地说，休谟的论证更多地属

① 休谟，《人类理智研究》，第 26 页。
② 同上书，第 37 页。
③ 同上书，第 41 页。
④ 康德，《未来形而上学导论》，第 38 页。
⑤ 同上书，第 129、第 130 页。

于常识性推理，即根据我们在经验中得到的常识性认识，认为凡是违反了这样的认识的观念都是错误的，并由此推出我们的一切知识都来自于经验这个结论。休谟的推理方式是归纳的，是根据在观察和经验获得的具体印象和个别观念，推出具有普遍性的观念。康德认为休谟的论证方式本身就是自相矛盾的，因为休谟是在用归纳的方法去质疑归纳推理的可靠性，这样的论证显然无法得到正确的结论。但由此我们也可以看出，休谟的论证方式的确是归纳推理，而这种推理的缺陷也正是由于休谟的这番工作才得到清楚认识。与之相反，康德的论证方式则是演绎式的，就是说，他是根据自己的先验哲学或批判的唯心主义论证了因果概念的普遍性。因为在他看来，“关于物的经验知识，只有按照主观法则才有可能，而主观法则对于作为经验之对象的物，也是有效的。”“因此我们在这里所将对待的只是经验以及它的可能性的普遍的、先天提供的条件，并且从而我们将把自然规定为一切可能的经验的全部对象。”① 这样，康德就从这样的主观法则出发，推出我们关于因果关系的概念都不过是理性先天规定的结果这个结论。

最后，从以上的分析中可以表明，休谟和康德运用不同的论证方法得出的结论也显然是大相径庭的。康德明确表示自己根本不接受休谟的结论，但如果我们可以设想休谟得到了康德的结论，相信他同样是不会接受的，因为他们由此得到各自不同结论的方式和途径本身就是背道而驰的。康德认为，休谟虽然认识到了要使因果概念具有普遍性就必须使其拥有某种先天的起源，但“由于他根本不能解释，知性如何可能必须把自身在知性中并不结合在一起的概念却思维为在对象中必然地结合在一起的，而且也没有想到也许知性凭借这些概念本身就能够是在其中遇到它的对象的经验的创造者，所以他迫不得已从经验中推导出这些概念（也就是说，从一种通过经验中的经常性联想产生的主观必然性亦即习惯中推导出这些概念，这种主观必然性最终被误以为是客观的），但在此之后行事却如此前后一致，他宣称不可能凭借这些概念及其所导致的原理超出经验界限”②。康德在这里对休谟的两个责备，事实上仅仅是康德对休谟观念的理解，而且是一种有意的误解。因为我们从休谟本人的论述中可以清楚地看到，他并没有试图把知性（在休谟的概念里称作“理智”）中的概念与对象中的概念混同起来，他推导出的习惯概念也并非被看作是所谓“客观的” 概念，更不可能把知性概念看作是对象经验的创造者。还是让我们用休谟本人的话来说明这一点吧：“习惯是人类生活中的伟大指南。只有这个原则才能使我们的经验对我们有用，使我们能期待将来出现一连串事件，与过去出现的事件相似。如果没有习惯的影响，我们除了直接呈现于记忆和感觉的东西之外，对于其他的事实就会一无所

---

① 康德，《未来形而上学导论》，第61、第62页。

② 康德，《纯粹理性批判》，第115页，B127。

知；我们就会根本不知道如何使手段适应目的，或者运用我们的自然能力来产生任何效果；一切行动都会立刻终止，思辨的主要部分也会终止了。”①

可见，休谟的经验论是以经验上的习惯为指导的，而理性的思辨活动也是以这样的习惯为基础的。我认为，这正是我们无法在休谟与康德之间作出调和的关键之处。

参考文献

[1] 陈晓平，2010，《贝叶斯方法与科学合理性——对休谟问题的思考》，人民出版社。

[2] 休谟，1983，《人性论》上册，关文运译，商务印书馆。

[3] 休谟，1999，《人类理智研究》，吕大吉译，商务印书馆。

[4] 康德，2003，《纯粹理性批判》，李秋零译，中国人民大学出版社。

[5] 康德，1982，《未来形而上学导论》，庞景仁译，商务印书馆。

[6] 洪谦主编，1982，《逻辑经验主义》上卷，商务印书馆。

---

① 休谟，《人类理智研究》，第37页。

When Hume met Kant：A Critical Review of Professor Xiaoping Chen's Recent Book，*Bayes' Approach and the Scientific Rationality*

Yi Jiang
Beijing Normal University

Abstract：The essential point of the Hume Problem is to doubt，not the scientific rationality or rationality of reduction but，reliability of reduction regulated by the formulation of deduction as the requirement of necessity. Thus the Hume Problem is not about rationality of，but reliability of reduction. Kantian apriori categories is not the crucial step to solve the Problem but dissolve it，or in other words，to guide it to another way. It would be better to find their own ways to solve Kantian apriori categories and Baynes approach just by following their logic.

Keywords：The Hume Problem；Scientific Rationality；Kant's Apriori Categories；Baynes Approach；Empiricism and Apriorism

也谈“当休谟遇到了康德”

——答江怡教授

◎ 陈晓平

华南师范大学

摘　要：笔者和江怡对休谟与康德的理论进行比较的时候，在出发点上有着原则性的区别，即笔者更看重二者之间的可通约性而江怡更看重二者之间的不可通约性。笔者赞同库恩用范式之间的“局部不可通约性”取代“不可通约性”，并认为江怡犯了库恩前期的错误。

关键词：休谟；康德；理性；合理性；归纳问题

江怡教授撰长文对拙著《贝叶斯方法与科学合理性——对休谟问题的思考》进行评论。江怡教授首先肯定了拙著是内容较为丰富和深刻、并且富有创意和启发性的，这使本人感到欣慰。也许正如波普尔所说，越是具有科学价值的东西越是具有可证伪性，于是江怡教授把对拙著的欣赏转化为对拙著的批评。对他这种严肃认真的学术态度，本人致以敬意和谢意；同时，本人也应该对江怡教授的评论给以回应。

从江怡对拙著的批评中可以看到，我们两人对休谟与康德进行比较的时候，在出发点上有着原则性的区别，即我更看重二者之间的可通约性而江怡更看重二者之间的不可通约性。拙著的封面上写着：“康德说，休谟把他从独断论的迷梦中惊醒。我想，如果休谟能够看到康德的书，他也许会说：康德把他从经验论的泥潭中拯救。在我看来，这两位最伟大的哲学家，其哲学思想是相互补充的。”江怡在其文章的最后谈到：“康德在这里对休谟的两个责备，事实上仅仅是康德对休谟观念的理解，而且是一种有意的误解。……休谟的经验论是以经验上的习惯为指导的，而理性的思辨活动也是以这样的习惯为基础的。我认为，这正是我们无法在休谟与康德之间作出调和的关键之处。”

江怡强调休谟把经验推理或经验知识最终置放在习惯的基础之上，而康德则是把它们置放在先验观念之上，二者相去甚远，不可调和。笔者认为，此话不无道理，正因为此，康德才说，他的理论对于包括休谟理论在内的认识论算是进行了一场“哥白尼式的革命”。借用库恩的范式理论来说，康德理论对于休谟理论实现了一次范式的转换。不过，库恩面临的一个问题是：新范式和旧范式之间具有可通约性吗？事实上，这也是本人和江怡所面临的问题，并且我们各自给出了不同的回答。于是，我们可以从库恩范式理论的通约性问题着眼来审查本人和江怡之间的分歧。

我们知道，库恩的范式理论曾经被冠以"不可通约论"，即主张新旧范式之间是不可通约的，说白了，就是不可比较的。然而，库恩本人反对这样理解他的观点。于是，库恩在《科学革命的结构》第二版（1970年）中增加了一个后记，其中特别强调范式之间虽然不可通约但却可以比较，因为"他们共有日常生活与大部分科学世界和语言。拥有如此多的共同之处，他们应该能找出许多使他们得以不同的东西"①。后来库恩进一步提出"局部不可通约性（Local Incommensurability)"的概念，用以代替原来笼统的"不可通约性"。他谈到："两个理论中的多数共同术语在两者中的作用还是相同的；它们的意义被保持下来（不管是什么），它们的翻译是简单同义的。引起可译性问题的只是一小部分术语（通常是相互定义的）以及包含它们的那些语句。关于两个理论不可通约的断言其实要比它的许多批评者所认为的要有节制得多。我将把不可通约性的这一有节制的解读称为'局部不可通约性'。……在理论变化过程中保持意义的那些术语为讨论有关理论选择的差别和比较提供了足够的基础。我们还将看到，它们甚至为我们提供了一个基础，以使探讨不可通约术语的意义成为可能。"②

在这里，库恩强调了不同范式之间的可通约性的重要性：如果没有两个范式之间的可通约性，那么它们之间的不可通约性也就无从谈起，这是一种可通约性和不可通约性之间的张力，也就是所谓的"局部不可通约性"。正是有了这种张力，我们才可以说，新范式比旧范式更好尽管二者在基本观念和基本原理上如此不同；否则，科学革命的结果只不过是在历史上多了一个范式，而无所谓科学是否在进步。

与科学范式相比，哲学范式要显得松散一些，因此，新范式对旧范式的进步性也许并不明显，正因为此，在两个哲学范式之间进行比较尤为重要。比较的结果并不一定得出新范式比旧范式更好，也有可能更坏。但是无论如何不应说，两个不同的哲学范式是各说各话，如同"鸭对鸡讲"，因而不能比较。如果真是这样的话，哲学是否有资格被称为一门"学科"就成问题了，因为这种眼光中的哲学不过是若干"理论"的杂乱堆集。

---

① 托马斯·库恩，2003，《科学革命的结构》，金吾伦、胡新和译，北京大学出版社，第180—181页。

② Thomas S. Kuhn，2000，"Commensurability，Comparability，Communicability"，in *The Road Since Structure*. J. Conant & J. Haugeland，Eds.，Chicago：University of Chicago Press，p. 36.

在康德眼中，哲学是有承接性的，至少他的理论是对休谟理论的承接，当然不是简单的承接，而是批判的承接。在很大程度上可以说，康德的《纯粹理性批判》就是为了解答休谟问题而写的。我不否认康德对休谟的某些观点可能有误解，但我否认康德对他最为关注的休谟问题有大的误解，更不用说“有意的误解”。这是笔者不同意江怡观点的地方之一，下面对此给以分析。

江怡指出：“休谟的经验论是以经验上的习惯为指导的，而理性的思辨活动也是以这样的习惯为基础的。”这是休谟论题，休谟论题是对休谟问题的一种回答。休谟问题是：所谓“经验推理”（如因果推理）的理性根据是什么？休谟通过论证表明，这种“推理”没有任何理性根据，只不过是人的一种心理本能即心理习惯。休谟是这样提出问题的：

“因为根据经验而来的一切推断，都假设将来和过去相似，而且相似的能力将来会伴有相似的可感的性质——这个假设正是那些推断的基础。如果我们猜想，自然的途径会发生变化，过去的不能为将来的规则，那一切经验都会成为无用的，再也生不起任何推断或结论。……那么一切物象方面为什么不能总有这种情形呢？你用什么逻辑，什么论证过程，来驳倒这个假设呢？你或者会说我的实行驳倒我的怀疑。不过你这样说，就误解了我这个问题的意义了。如果作为行事人的身份我是很满足于这一点的；但是作为一个哲学家，我就不能没有几分好奇心（我且不说有怀疑主义），我在这里就不能不来追问这个推断的基础。在这样重要的事体方面，我的研读从不曾把我的困难免除了，从不曾给我以任何满意。那么我不是除了把这个难题向公众提出来而外，再无别的好方法么？——虽然在提出以后，也难希望把它解决了。”①

对于休谟提出的这一问题，康德的反应是：“我坦率地承认，就是休谟的提示在多年以前首先打破了我教条主义的迷梦。”“自从有形而上学以来，对于这一科学的命运来说，它所遭受的没有什么能比休谟所给予的打击更为致命。休谟并没有给这一类知识带来什么光明，不过他却打出来一颗火星……从这个火星是能得出光明来的。”② 康德自认为他的哲学体系把形而上学从黑暗中带入光明，那休谟问题就是激发那片光明的火星。可见，休谟问题是康德哲学的出发点；在康德心目中，休谟问题的深刻性和启发性简直是无与伦比的。不过，康德对休谟的答案并不赞赏，说它没有带来什么光明；正因为此，康德要另辟新径，与休谟分道扬镳。

休谟倾向于对这个问题没有正面的答案，于是他给出一个反面的答案即经验推论没有逻辑

① 休谟，1982，《人类理解研究》，关文运译，商务印书馆，第 37 页。

② 康德，1978，《未来形而上学导论》，庞景仁译，商务印书馆，第 9、第 5—6 页。

的或理性的基础。他说："根据经验来的一切推论都是习惯的结果，而不是理性的结果。"① (All inferences from experience, therefore, are effects of custom, not of reasoning.) 从上下文来看，休谟这里所说的"理性"（reasoning）是指具有逻辑基础的推理或论证。他对经验推论的置疑是对其逻辑基础的置疑，而不是对某种特殊"理性"的置疑，更不是对它的实际有效性的置疑。正因为此，休谟追问"你用什么逻辑，什么论证过程，来驳倒这个假设呢?"这就是休谟提出的经验推论的合理性问题亦即归纳问题，对休谟问题的回答就是给出经验推论或归纳推论的逻辑基础或逻辑理由。

江怡认为拙著中没有将"理性"（reason）和"合理性"（rationality）区别开来，因而对休谟问题有所误解。我以为，无论在中文和英文中，在日常语言中和在哲学语言中，对语词的使用都是有一定灵活性的，是多义的而不是单义的，因而需要根据上下文关系来确定。笔者所说的合理性就是休谟所追问的逻辑基础和逻辑理由，因而也常称之为"逻辑合理性"，这里没有误解。至于笔者所说的合理性是不是对应于"rationality"并不重要，况且"rationality"无论从词典上看还是从有关文献上看都不排除"合乎逻辑"的释义。

江怡说"合理性"的通常意义是"行动者为自己设定的目标作出了合理的选择"。严格说，这样定义的"合理性"是循环定义。试想一个不知"合理性"为何物的人怎么会知道"合理"是什么？事实上，"合理性"正如"理性"是有一个有歧义的术语，有狭义和广义之分。休谟所强调的逻辑合理性是狭义的，它与真理密切相关；而一种广义的合理性不是与真理相关，而是与实用目的相关。为此，莱欣巴赫特地区分了"真理的合理性"和"实用的合理性"，后者是对前者的一种弱化。不难看出，江怡所说的"合理性"（rationality）靠近实用的合理性。莱欣巴赫指出，从真理合理性的意义上讲，休谟问题是无解的，但从实用合理性的意义上讲，休谟问题可能是有解的。正因为此，莱欣巴赫试图对休谟问题给出一种实用主义的解决方案。② 莱欣巴赫这样做不是对休谟问题的误解，而是对休谟问题的转换，现在大多数试图解决休谟问题的学者都是从实用合理性的角度着眼的，包括笔者在内。这种思路就是对归纳法或其他经验推论给出某种辩护，即说出采纳它们的逻辑理由，而这种逻辑理由是相对于某种实用的目的而言的。这种辩护也叫做"局部辩护"（local justification)，以区别于休谟当初要求的"整体辩护"(global justification)。

---

① 休谟，《人类理解研究》，第 42 页。

② 参阅陈晓平，2010，《贝叶斯方法与科学合理性——关于休谟问题的思考》，人民出版社，第 135—136 页。

现在，让我们回到康德对休谟问题的解决上。在康德看来，休谟之所以没有给出关于休谟问题的正确答案，那是传统哲学自身的缺陷所致，即让人的理智符合经验。休谟总是试图从前后相继的两类事件的经验现象中去发现因果必然性，当然是做不到的。康德则把这个次序颠倒过来，让经验符合理智，是理智把因果必然性加到前后相继的两类事件之中。这就是康德所自诩的“哥白尼式的革命”。他说：“休谟的问题的全面解决虽然同他自己的预料相反，然而却给纯粹理智概念恢复了它们应有的先天来源，给普遍的自然法则恢复了它们作为理智的法则应有的有效性，只是限制它们用在经验之中而已；因为它们的可能性仅仅建筑在理智对经验的关系上，但这并不是说它们来自经验，倒是说经验来自它们。这种完全颠倒的连结方式，是休谟从来没有想到过的。”①

“经验知识如何可能”是康德哲学的首要问题，也是他对休谟问题的转换，而不是对休谟问题的误解。康德清醒地认识到，按照休谟原先的思路，只能得出休谟的结论，即经验推论没有理性的依据；当他开发了一个新思路之后，休谟问题可望得到解决。这个新思路就是回答“经验知识如何可能?”为此康德给出构成经验知识所必不可少的先验范畴，用康德的话说：“没有它们，对象就不能被思维”。也就是说，先验范畴是构成经验知识的先决条件，人们不只是被动的接受感觉资料，而且积极地运用先验范畴去组织感觉资料。而休谟却忽视了先验范畴的这种作用，致使他无法看到经验推论的合理性。

对于康德来说，经验知识的存在是一个不争的事实，他所要解决的问题是经验知识的合理性。经验知识的合理性通过先验范畴给以解决，而先验范畴的存在性又是由经验知识的存在性保证的。对此，江怡提出质疑：“对经验知识存在的肯定能够必然推出先验范畴或先验综合判断的存在吗?”并回答说：“我认为这里的推论似乎是本末倒置的。的确，康德是把经验知识的可能性建立在先验范畴之上的，因为一切能够构成经验的东西就是经验性知识，而知识本身则是以纯粹直观或纯粹知性的方式对对象的把握。由此可以说，先验范畴的存在规定了知识的可能性，但不能由此推出，经验知识的存在就必然地保证了先验范畴或先验综合判断的存在，正如我们不能从每个男人都可以有妻子就推出每个男人都有妻子一样。”笔者认为，江怡关于男人有妻子的比喻不准确，应该改为：女人的存在是男人有妻子的先决条件，因此，某些男人有妻子这一事实保证了女人存在也是事实。正如先验范畴的存在是经验知识得以存在的先决条件，因此，经验知识存在这一事实保证了先验范畴的存在也是一个事实。

拙著对康德的先验范畴系统加以改进，其中包括将“随机性”和“统计性”加入先验范

① 康德，《未来形而上学导论》，第80页。

畴，并同“因果性”构成一组。对此，江怡批评道：“随机性和统计性概念与康德先验范畴之间的根本区别，还表现在它们的阐述方式的不同。……统计性概念则是对事件出现频率的说明，即对概率的说明。我们的统计性概念是建立在对经验事实的观察之上的。”需要指出，江怡所说的“随机性”和“统计性”是日常语言中的概念，无疑是经验性的，不能纳入先验范畴；其实，日常语言中的“因果性”概念何尝不是如此。而笔者所说的“随机性”和“统计性”正如康德所说的“因果性”则是先验的。拙著中这样谈道：

“需要强调，随机事件的统计性不是经验的，而是先验的，因为它不是基于经验统计的结果，而是数学概率论的一条定理。令人欣慰的是，实际统计的结果常常与伯努利大数定律是一致的，这只是验证了伯努利大数定律的正确性，而不改变这条定律的先验性质。随机事件的统计性（即伯努利大数定律）表明，一个随机事件的可能性即概率可以表现为它的某种实然性，即它在大量试验中出现的频率，并且概率和频率之间的关系在试验次数充分大的时候接近于因果必然性，即随机事件的概率是因，频率是果。在这个意义上，统计性是因果性和随机性的统一，相应地，统计性所体现的实然性是因果必然性和随机可能性的统一。‘必然性—可能性—实然性’属于康德的先验范畴，现在我们看到，这组范畴与‘因果性—随机性—统计性’是密切相关的；这从一个侧面表明，我们对康德的先验范畴体系的这一改变是有其内在根据的。”①

江怡教授不仅对笔者关于休谟问题的解决方案表示怀疑，而且也对康德关于休谟问题的解决方案表示怀疑，这种怀疑精神和批判精神是非常可贵的。不过，笔者认为江怡教授所持的理由尚缺乏说服力，其中最关键的一点是把不同理论范式之间的对话看作是“鸭对鸡讲”、不可通约的。用他的话说：“康德的先验范畴思想并没有‘朝向解决休谟问题迈出了关键的一步’，而是彻底瓦解了休谟问题，或者说，康德是用先验范畴体系把休谟问题引向了另一条道路。”在他眼中，笔者对休谟问题的解决也避免不了这样的归宿。按此思路，只有休谟本人的回答是关于休谟问题的正确解决；因为任何不同于休谟的解答都或多或少地对休谟问题有所“误解”。在笔者看来，江怡在一定程度上犯了库恩前期的“不可通约论”的错误。

尽管笔者在许多方面不接受江怡教授的批评，但是对他的如下论述是赞成的：“康德的先验范畴体系和贝叶斯的概率统计纲领是从两个不同侧面揭示了人类认识局限性的存在以及对这种局限性的可能的解决方法。从性质上说，休谟问题的提出就是对人类理性能力的局限性的挑战，而对这个问题的各种解决既是对人类认识世界过程及知识形成过程的深入探究，也是对人

---

① 陈晓平，《贝叶斯方法与科学合理性——关于休谟问题的思考》，第 224 页。

类知识表达形式的不断完善。在这个意义上，无论是康德的先验范畴体系还是贝叶斯的概率统计纲领，都为我们提供了理解和解决休谟问题的不同途径。”

在此，江怡教授承认了康德方案和贝叶斯方案都是对休谟问题的某种解决，而不是对休谟问题的“瓦解”。

A Discussion about When Hume Met Kant
——A Reply to Professor Jiang Yi

Xiaoping Chen
South China Normal University

Abstract: There is a difference in principle between the start points of mine and Jiang Yi's when we make the comparisons between the theories of Hume's and Kant's, i. e. , I pay attention to the commensurability between them while Jiang Yi to the incommensurability. I agree with Kuhn to replace 'incommensurability' with 'local incommensurability' between paradigms, and think that Jiangyi made a mistake Kuhn had made in his earlier stage.

Keywords: Hume; Kant; Reason; Rationality; Problem of Induction

编后记

2010年6月，《中国分析哲学2009》正式出版，揭开了中国分析哲学研究的新的一页。从此，我国的分析哲学研究有了自己专门的阵地，哲学分析也不再仅仅属于少数人的专业领域，而成为当代中国哲学研究中的一种重要方法。

2010年8月10日至12日在山西大学举办的“第六届全国分析哲学学术研讨会”上，来自国内外不同研究领域的专家学者90余人齐聚一堂，共同讨论分析哲学的重要问题，充分运用分析的方法探讨了心理学、逻辑学、计算机科学、认知科学以及传媒科学等等领域的问题，形成了热烈的学术讨论和交锋。在这次会议上，首届“洪谦优秀分析哲学论文奖”也正式宣布了获奖结果，共有五位青年学者获得了首届论文奖的二等奖和三等奖。同时，由上海社会科学院哲学所主办的、新近创刊的《哲学分析》杂志也对与会者作了隆重的推荐，该杂志的出版发行标志着哲学分析方法已经在中国哲学界得到了广泛的认同。在本次会议提交论文的基础上，我们对作者专门提交本文集的所有论文都进行了严格的专家匿名评审，最后选定了收入本文集的论文。本文集中发表的论文全部为首次发表。在此，我们要对所有参与论文评审的专家们无私地奉献于中国的分析哲学事业表示衷心感谢！

我们要衷心地感谢组织和承办第六届全国分析哲学学术研讨会的山西大学科学技术研究中心和哲学社会学学院，特别要感谢魏屹东教授和陈敬坤博士。我们还要衷心感谢承办和参与承办过以往分析哲学会议的其他单位，它们是：北京大学哲学系、中山大学逻辑与认知研究所、武汉大学哲学院、华中科技大学哲学系、浙江大学人文学院哲学系和语言与认知研究中心，感谢赵敦华教授、徐向东教授、鞠实儿教授、朱志方教授、陈刚教授、盛晓明教授、黄华新教授等对分析哲学会议的大力支持。

本辑《中国分析哲学2010》由山西大学科学技术研究中心和哲学社会学学院共同资助出版，中国现代外国哲学学会分析哲学专业委员会对此表示衷心感谢和崇高敬意！当然，更要感谢浙江大学出版社的大力支持，感谢北京启真馆文化传播有限责任公司对分析哲学事业鼎立相助，感谢朱岳先生对中国分析哲学事业的持久热情和有效组织。没有他们的这些帮助，就不会有《中国分析哲学》系列文集的持续问世！

《中国分析哲学》编辑委员会

2011年4月5日